finding
nice
words!

伝わる
ことば探し辞典

三省堂編修所 編

JN028843

三省堂

装丁・本文設計・イラスト
グリッド有限会社　八十島博明　石川幸彦

組版
株式会社ぷれす

構成・執筆・編集
三省堂編修所

校正
加地耕三　田村豪　長坂亮子

編集協力
東春奈　　　　伊藤佑衣菜　岡田明希　岡本有子
小川みなも　髙田愛未　　玉川美咲　内藤里沙
古川華子　　村松佳奈　　山本雅幸

前書き 🔍

　メールや SNS で気軽にやりとりできる時代になり、日々だれもが発信しています。

　こんなとき、どう言ったらいい？　ぴったりの言葉が出てこない……日々もどかしさを抱えているかもしれません。言葉は人と人をつなぐこともあれば、たった一言が誤解を与えるもとになることもあります。

　「より適切な言葉を選びたい」「等身大の表現を見つけたい」「伝えたい気持ちを素直にあらわす言葉が欲しい」——そんなときに役立ち、いつも手元に置いておきたくなるような「ことば探し」のための一冊があればと思い本書を企画いたしました。

　日常生活に必要な基本的な言葉から、ちょっと気のきいた表現まで、おおよそ 3,500 項目を収録しています。簡潔な説明を添え、よくいっしょに使われる言葉とともに使用例も示しました。巻末には索引を付し、連想からさらに語彙が豊かになることを期しました。

　本書があなたの相談役となり、言葉があなたの味方になりますように！

　伝えたいことがあるすべての人に——
さまざまな機会に皆さまのお役に立てば幸いです。

2022 年 10 月　三省堂編修所

伝わる
ことば探し辞典 | # 目 次

前書き 3
この辞典の使い方 6

あいする・このむ 8
あう・わかれる 10
あじ・あじわう・かぐ・におい 12
あそび・あそぶ 14
あたえる 16
あたたかい・あつい・すずしい・さむい 18
あたらしい・ふるい 20
あらためる 22
いう・とく・のべる 24
いく・くる 28
いそぐ 30
いつも 32
いま・とき 34
いましめる 36
いわい・いわう 38
うしなう・なくす 40
うたがう 42
えらぶ 44

おおきい・ちいさい 46
おくる・むかえる 48
おこる・しょうじる 50
おしえる・みちびく 52
おどろく 54
おもう・かんじる・かんがえる 56
おわり・おわる 60
かえる・かわる 62
かく・しるす 64
かす・かりる・かえす 66
かつ・まける 68
がんばる・ふるう 72
きく（聞く） 74
きめる 76
くつろぐ・ひとやすみする 78
くらべる 80
くわしい・こまかい 82
こたえる 84
ことわる 86
こまる・なやむ 88
さかえる 90
さがす・しらべる 92
したがう 94

しる・わかる ──────── 96
しんじる ──────── 100
すくう・たすける・ささえる
──────── 102
すぐれる・ひいでる ──── 104
すすめる・さそう ───── 106
する・おこなう ────── 108
たえる・がまんする・ゆるす
──────── 110
たたかう・きそう・あらそう
──────── 112
たのむ・まかせる・ゆずる
──────── 116
たべる・のむ ─────── 118
ちがう・おなじ ────── 120
つかう ──────── 124
つきあう ──────── 128
つくる ──────── 130
つたえる・しらせる・つげる
──────── 134
つどう・あつまる・あつめる
──────── 136
つながる・つづく・つぐ ── 138
ととのえる・みだれる ── 140

とまる・とめる・とどめる ── 142
なおす・なおる ────── 144
なれる・ならわす ───── 146
になう・つとめる ───── 148
ねがう ──────── 150
ねむる ──────── 152
のがれる・さける ───── 154
はげます ──────── 156
はたらく ──────── 158
はなす（話す） ────── 160
はやい・おそい ────── 162
ふせぐ・まもる ────── 164
ほこる・たたえる ───── 166
みる ──────── 168
もつ ──────── 172
やめる・あきらめる ──── 174
やる・もらう ─────── 176
よい ──────── 178
よぶ・まねく ─────── 180
わるい ──────── 182

さくいん ──────── 184
参考情報 ──────── 207

5

🔍 この辞典の使い方

この辞典に収録した言葉

79テーマ／約3,500項目
日本語で表現するために必要な、基本的な79のテーマを選定し、
その類義語・類表現を取り上げました。

言葉の探し方

● 目次から探す

目次にはテーマ名を示しました。

● さくいんから探す

この辞典に掲載した言葉を五十音順に並べたさくいん（索引）を巻末（184ペー
ジ〜206ページ）に付しました。
太字の数字は、その言葉をテーマとして取り上げているページを表しています。

この辞典の見方

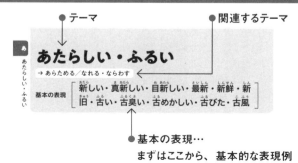

● テーマ　　　　　　　　　　● 関連するテーマ

あ
あたらしい・ふるい

あたらしい・ふるい

→ あらためる／なれる・ならわす

基本の表現　　新しい・真新しい・目新しい・最新・新鮮・新
旧・古い・古臭い・古めかしい・古びた・古風

● 基本の表現…
まずはここから、基本的な表現例

6

● 言い換え文例・漢字書き分け・敬語の使い方…
日本語での表現・発信に役立つ情報

言い換え文例

「助けてもらう」 ➡ 「(協力・応援・力添え)を仰ぐ」

「締切までに間に合わないので手伝って ➡ 「期日までに終えられそうにないので(応
もらう」 援・救力・助力)を求める」

「みんな助けてくれ

漢字書き分け

あたたかい
【温】冷たくない。
「温かい料理」
【暖】寒くない(主に気象や気温で使う)。
「日ごとに暖かくなる/暖かい日差し」

あつい
【熱】温度がとても高く感じられる。
「お茶が熱くて飲めない/熱い湯」
【暑】不快になるくらい気温が高い。
「今年の夏は暑い/暑い部屋」

● 配列…テーマごとの五十音順

● 表記…漢字でどう書くかを見出しに

● 解説…語義は簡潔に、補足情報は丁寧に

軽暖（けい だん） 少しあたたかいこと。春先のあたたかさなどに使う。軽煖。[夏]
「―の空気」

> 見出しと別の表記や別の読みかたがある場合は、解説末尾に太字で示しました。また、季語になるものはその季節を示しました。

◆「救助」は命にかかわる危険な状態にある人、「救援」は災害など困難な状態にある人を助ける意。

> 補足的な情報には*を、いくつかの項目に関係する情報には◆を付しました。

● 用例…使い方がわかる例を豊富に

慈愛（じ あい） 慈しみかわいがること。大切に思うこと。
「―が深い/―に(欠ける・富む・満ちる)/―の(まなざし・微笑み)」

> ―は見出し部分を表します。
> ここではこれだけの例をあげています。
> 「慈愛が深い」「慈愛に欠ける」「慈愛に富む」「慈愛に満ちる」「慈愛のまなざし」「慈愛の微笑み」
> 用例内の太字は活用形を表します。

● その他の表現…さらに語彙を豊かに

あいする・このむ

→ おしえる／しんじる／まもる

基本の表現　[愛する・恋しい・恋する・気に入る・好む・好き・
慈しむ・愛しい・恋い慕う・慕う・惚れる・愛でる]

愛顧（あい こ）引き立てること。
「日頃のご一感謝申し上げます
／一を(賜る・いただく)」

愛好（あい こう）好んで楽しむこと。
「一(家・会・者)」

愛情（あい じょう）愛しく思う気持ち。
「一(表現・不足・豊か・たっぷり)
／一が(こもる・わく・ない・薄くなる)
／一に(あふれる・包まれる・変わる・
飢える)／一を(感じる・育む・注ぐ)／
深い一(本物・本当・精一杯)の一」

愛着（あい ちゃく）心が引かれ(て手放せなくな)
ること。あいじゃく。
「一が(わく・増す)／一を(持つ・感じ
る・覚える)／一のある品」

恩愛（おん あい）慈しむ気持ち。
「一を(断ち切る・忘れない)／
一の人格者／一のきずな」

求愛（きゅう あい）愛してくれるよう求めること。
「一行動／一を(受ける・退ける・
逃れる)／熱烈な一」

敬愛（けい あい）尊敬し、親しみの気持ちをも
つこと。
「一する作家／一を受ける／一の念」

懸想（けい そう）思いを懸けること。恋い慕うこ
と。[古風]
「一文（＝ラブレター）」

好意（こう い）好ましく思う気持ち。親切な
気持ち。
「一が(こもる・通じる)／一に(甘える・
こたえる)／一を(持つ・いだく・寄せ
る・見せる)／一的」

慈愛（じ あい）慈しみかわいがること。大切に
思うこと。
「一が深い／一に(欠ける・富む・満
る)／一の(まなざし・微笑み)」

嗜好（し こう）特に好むこと。
「一品／一が(偏る・変わる)／
一を(欠く・持つ・寄せる)／一に(合う・
反する)／一の変化・趣味一」

執心（しゅう しん）ある物事にひかれ、それにこ
だわること。
「一を(訴える・示す・晴らす)／あの子
にご一だ／金に一する」

情愛（じょう あい）深く愛する気持ち。
「一深い／一が(うまれる・通う・
にじみ出る)／一を(感じる・こめる)
／一のこもった」

親愛（しん あい）親しみを感じていること。
「一なるあなたへ／一の(情・
念)」

仁愛（じん あい）いつくしむこと。
「一を説く／一に(厚い・生きる・
過ぎる)／一の人」

「好き！」（作家への尊敬の念） ➡ 「この作者を敬愛しております」

「好き！」（スイーツ大好き） ➡ 「甘いものには目がなくて……」

「好き！」（カメラ撮影が趣味） ➡ 「カメラを（愛好・熱愛）している」

「好き！」（前からずっと） ➡ 「以前から好意を寄せておりました」

「好き！」（止められない気持ち） ➡ 「熱い思いに胸を焦がしている」

相思（そう し）互いに相手を（恋しく）思うこと。
「―相愛／―の仲になる」

寵愛（ちょう あい）特別にかわいがること。
「―を（受ける・一身に集める）」

追慕（つい ぼ）亡くなった人や離れて会えない人を思い慕うこと。
「―の（思い・情・念）」

溺愛（でき あい）むやみにかわいがること。
「孫を―する／―ぶり」

熱愛（ねつ あい）熱烈に愛すること。
「ゴルフを―する／―報道」

熱を上げる（ねつ あ）夢中になる。
「アイドルに―」

博愛（はく あい）全ての人を平等に愛すること。
「―（主義・心）／―の精神」

偏愛（へん あい）特定の人や物だけを愛すること。またその愛情。
「―するアイテム／―ぶりが伝わる」

慕情（ぼ じょう）恋い慕う気持ち。
「―がこみ上げる／―を（感じ取る・抱く）」

身を焼く（み や）激しく思い悩む。身を焦がす。
「―ほどの愛／愛に―」

胸を焦がす（むね こ）思い悩む。
「（切ない片思い・熱き思い）に―」

目がない（め）夢中になり、判断力が失われるほど好きだ。
「（甘いもの・かわいいもの）に―」

落花流水（らっ か りゅう すい）（散り落ちた花は流水に沿って流れたいと思い、流水は散った花をのせて流れたいと思う意から）互いに慕い合うことのたとえ。対落花情あれども流水意なし

恋愛（れん あい）（互いに）恋い慕うこと。またその気持ち。
「―（感情・結婚・関係・小説）／―を（経験する・禁じる・見守る）／―に（憧れる・臆病になる・悩む）／（純粋・ロマンティック）な―」

恋慕（れん ぼ）恋しく思うこと。
「横―／―の情／―が募る」

その他の表現

思いを寄せる・心を奪われる・心を惹（ひ）かれる・虜（とりこ）になる・贔屓（ひいき）にする・身も心も捧（ささ）げる・可愛がる・首ったけ・ときめく・ライク・ラブ・ロマンス・きゅんきゅん

あう・わかれる

→ つきあう／みる／やめる

基本の表現 「会う・出会う・巡り会う・落ち合う・出くわす
離れる・分ける・分かれる・別れる・巣立つ」

あう

一見 初めて会うこと。
「一さんお断り／一の客」

一期一会 一生に一度の機会。
「一の(縁・精神・心)」

逢瀬 (恋人どうしが)会う機会。[古風]
「一を(重ねる・交わす・拒む・楽しむ)／(束の間・一夜)の一」

御目見得 目上の人に会うこと。
「一が叶う」

会見 公式の場で人に会うこと。
「一を開く／一に臨む／歴史的な一／(記者・単独・引退・謝罪)一」

邂逅 思いがけず出会うこと。
「旧友との一／一を(喜ぶ・驚く)」

奇遇 不思議なめぐり合わせ。
「こんな所で会うとは一だ」

謦咳に接する 尊敬する人に直接会って話を聞く。「謦」「咳」ともにせきの意。
「恩師の一」

再会 また会うこと。
「一を(果たす・期す・約束する・祝う・喜ぶ)／一に(立ち会う・驚く)／一の日を待つ／10年ぶりの一」

接見 身分の高い人が公の場で人に会うこと。

遭遇 不意に出会うこと。
「(アクシデント・敵・困難・危険・事故・問題)に一する／未知との一」

対面 顔と顔を合わせること。
「初▷一／一(販売・授業)／離れていた親子が一する／一で話す」

直面 じかに接すること。
「(困難・危機・死)に一する」

拝顔 お目にかかること。[謙譲語]
「一の栄に浴する」

拝眉 お目にかかること。[謙譲語]
「詳細は一の上お伝えします」

逢着 出くわすこと。
「(難問・奇妙な現象)に一する」

面会 訪ねていって、人と会うこと。
「一を(求める・申し込む・拒絶する)／一に(行く・応じる・来る)／一(日・人・時間・謝絶)」

面接 (試験などのために)直接会うこと。
「一を受ける／一に臨む／一(官・試験・室)／(集団・個別)一」

面と向かう 相手に直接顔を合わせる。
「面と向かって(言いづらい・言いにくい・話す・非難する)」

漢字書き分け

あう
【会】主に人と人が顔を合わせる。
「客と会う時刻／人に会いに行く／投票に立ち会う／二人が出会った場所」
【合】一致する。調和する。互いにする。

「意見が合う／目が合う／好みに合う／部屋に合った家具／会議で話し合う」
【遭】思わぬことや好ましくない出来事に出くわす。
「災難に遭う／にわか雨に遭う」

わかれる

縁が切れる 関係がなくなる。「家族と―」

隔離（かくり）へだて離すこと。「患者を―する／世間から―した場所／―（病棟・施設・措置）」

決別（けつべつ）きっぱり別れること。「（過去・友人・派閥）と―する／―を告げる／青春との―」
＊本来は**訣別**と書く。**訣**「別」とも別れる意。**決別**は代用表記。

四散（しさん）四方にばらばらになること。「一家が―する」

絶交（ぜっこう）付き合いを絶つこと。「友達と―する／お前とは―だ」

袂を分かつ（たもとをわかつ）（仲違いなどで）関係を絶つ。「一覚悟／盟友と―」

手を切る（てをきる）（よくない）関係を絶つ。「悪い仲間と―」

暖簾を分ける（のれんをわける）長くつとめた者に、同じ屋号で新しく店を作らせる。

分岐（ぶんき）分かれること。分かれ道。「川が―する／―点〔＝分かれめ〕」

分散（ぶんさん）ばらばらに分かれること、分けること。

「（勢力・人口）が―する／（リスク・産業）を―させる／光の―」

分断（ぶんだん）（一つのものを）分けること。「東西に―する／敵の―を図る」

分離（ぶんり）（一つだったものから）離れること、離すこと。「水と油が―する／（政教・遠心）―」

分裂（ぶんれつ）（まとまっていたものが）ばらばらになること。「（政党・意見）が―する／細胞―」

別離（べつり）（人と）別れること。「―を（悲しむ・惜しむ）／―の涙／友との―」

三行半（みくだりはん）三下り半。離縁状。離縁すること。「―を（書く・突き付ける・渡す）」
＊江戸時代、夫から妻への離縁状が3行半で書かれた習慣から。

離散（りさん）離ればなれになること。「家族が―する／―家―」

離別（りべつ）（人と）別れること。「夫婦が―する／突然の―」

その他の表現

お目に掛かる・顔を合わせる・ばったり
さよならする・おさらばする

11

あじ・あじわう・かぐ・におい

→ たべる・のむ／ほこる・たたえる

基本の表現
```
味・かおり・におい
味わう・喫する・嗅ぐ・におう
```

あじ・あじわう

顎が落ちる 味が非常によいことのたとえ。
「—ほどうまい／おいしくて**顎が落ち**そうだ」

味見（あじみ） 味の加減をみること。
「(スープ・煮物・料理)の—／料理を—する／一口—してみて」

味を利く（あじをきく） 味のよしあしをみきわめる。**味を聞く**。
「(酒・ワイン)の—」

玩味（がんみ） 十分に味わうこと。翫味。
「舌で—する／(くまなく・じっくり)—する／熟読—」

含味（がんみ） 口に含んでよく味わうこと。
「もう一度—してみる」

舌が肥える（したがこえる） おいしいものを食べ慣れて、味のよしあしがわかる。**口が肥える**とも。
「どんどん—」

舌鼓を打つ（したつづみをうつ） おいしさに舌を鳴らす。
「海の幸に—」

舌に残る（したにのこる） 後味がする。類**舌に付く**
「(脂のしつこさ・うまみ・甘さ)が—／—味わい」

賞玩（しょうがん） おいしさを楽しむこと。賞翫。
「(珍味・骨董品)を—する」

賞味（しょうみ） 味わいを楽しむこと。
「手料理を—する／思う存分—する／どうぞご—ください／—期限」

咀嚼（そしゃく） 食べ物をよくかみ砕くこと。よくかんで味わうこと。転じて言葉や文章などの意味をよく考えて十分に理解し味わうこと。
「消化しやすいよう—する／彼の言葉を—する／—(運動・音・筋)／—玩味」

毒見（どくみ） (毒が入っていないか確かめるため)味見すること。

反芻（はんすう） 一度のみこんだものを口に戻してかむこと。転じて、繰り返し考え、よく味わうこと。
「牛が—する／—動物／(師の言葉・思い出・美しい日々・歌)を—する」

味覚（みかく） 味を感じる感覚。
「—をそそる／—に合う／—が一致する／秋の—／—障害」

味にも香りにも

佳味（かみ） よい味。よい味の食べ物。よい趣。嘉味。

香味（こうみ） 香りと味わい。
「—野菜〔=料理に風味を加えるため

「ちょっと一口（食べてみて）」 ➡ 「まずは一口ご賞味ください」

「ちょっと一口（食べてみる）」 ➡ 「一つ味を利いてみましょう」

「体によさそうな味だな」 ➡ 「(滋味に富む・滋味深い)味ですね」

「すごくいい香り！」 ➡ 「芳醇な香りが漂っている」

「なにか臭う」 ➡ 「嗅覚を刺激するものがある」

調理に用いる野菜類）」

五味（ご・み）甘い・辛い・酸っぱい・苦い・塩辛いの5種の味。

「―が程よく調和した味」

滋味（じ・み）深い味わい。栄養のある食べ物。

「―に富む料理／―深い」

風味（ふう・み）(趣のある)香りや味わい。

「独特の―がある／―が(生きる・落ちる)／―を(つける・損なう)／カレー―」

芳純（ほう・じゅん）香りが高く味がいい。**芳醇**。

「―な(ワイン・味わい・香り)」

かおり・におい・かぐ

嗅覚（きゅう・かく）においを感じる感覚。臭覚。

「―が(鋭い・働く・すぐれている・敏感になる)／―を(奪う・駆使する・刺激する・とらえる)／―に訴える」

香気（こう・き）よいかおり。

「甘い―を放つ花／―に(包まれる・満ちる)／―を漂わせる」

香を聞く（こう・を・きく）香をたいて、そのにおいをかぐ。

臭気（しゅう・き）いやなにおい。

「―が(鼻をつく・こもる・立ちこめる)／―を(放つ・避ける)／(不快な・

強烈な・生臭い)―」

臭味（しゅう・み）くさいにおい。

「―が強い／―を感じる」

鼻に付く（はな・に・つく）(いやな)においが感じられて、残る。

鼻を突く（はな・を・つく）嗅覚を強く刺激する。鼻を打つ。**鼻を衝く**。

馥郁（ふく・いく）よい香りがただよう様子。

「―たる香／―とした香り／花が―と香る庭」

芬々（ふん・ぷん）においが強く感じられる様子。

「―たる(香り・悪臭)」

芳香（ほう・こう）よい香り。

「―剤／―を放つ／―が充満する／甘ったるい―」

芳烈（ほう・れつ）香りが強いこと。

「―な(香り・匂い)」

余香（よ・こう）あとに残ったいい香り。残り香。

その他の表現

舌を刺す・つんとする・テイスト・テイスティング・フレーバー・もぐもぐ・くんくん・ひくひく・ふんふん・むんむん

あそび・あそぶ

→ くつろぐ・ひとやすみする

基本の表現 [遊ぶ・楽しむ・ふざける・戯れる・興じる]

あそぶ

命の洗濯（いのちのせんたく） 日頃の苦労を忘れて保養すること。
「―にと、のんびり旅に出る」

回遊（かいゆう） あちこちを見て回ること。**廻遊**。
「―(券・式庭園)」

外遊（がいゆう） 外国に旅行すること。
「アジア諸国を―する／―先」

快楽（かいらく） 気持ちよく楽しいこと。
「―を(求める・味わう)／―に(溺れる・浸る・ふける・身を任せる)／つかの間の―／一時的な―」

観光（かんこう） 景色や風物、史跡などを見物すること。
「各地を―して回る／―(客・案内・名所・地・スポット・シーズン・バス)」

歓楽（かんらく） よろこび楽しむこと。
「―に(溺れる・酔う)／―街」

気晴らし（きばらし） 憂鬱な気分を晴らすこと。[類]気散じ
「―に(出かける・散歩する・遊ぶ)／ほんの―のつもり」

旧遊（きゅうゆう） かつてその地に訪れたことがあること。[類]曽遊（そうゆう）
「―の地」

興（きょう） おもしろいこと。おもしろみ。
「―に乗る(＝おもしろさに任せてする)／

―に入る(＝おもしろがる)／―がさめる／―を添える」

享楽（きょうらく） 快楽を味わうこと。
「(人生・青春・自由)を―する／―を(貪る・ほしいままにする)／―にふける／―的」

豪遊（ごうゆう） 大金を使って、ぜいたくに遊ぶこと。
「料亭で―する／―を重ねる」

行楽（こうらく） 旅行などをして楽しむこと。
「―(日和・客・シーズン)／―の秋／―に出かける／―を満喫する」

娯楽（ごらく） 楽しむこと。
「―(施設・設備・室・映画・雑誌・番組)／大衆―／―に(飢える・興じる・ふける)」

座興（ざきょう） その場かぎりの戯れ。
「ほんの―のつもりで」

児戯（じぎ） 子どもの遊び。
＊「子どもの遊びのようなもので価値に乏しい」という意味で「―に(等しい・類する)」と使われる。

酒色（しゅしょく） 飲酒と色事。
「―に溺れる／―を断つ」

趣味（しゅみ） 楽しみとして愛好するもの。
「―を(生かす・楽しむ・深める・持つ)／―と実益を兼ねる／―に(生

きる・のめり込む・溺れる）／ーの豊富
な人／（読書・料理・仕事）がー／知的
なー」

巡遊 じゅんゆう　各地をめぐりまわること。
「欧米をーする／ー（記・録）」

清遊 せいゆう　①風流な遊びをすること。
②手紙などで相手の遊びや旅
行を敬っていう言葉。
「ごーをお待ちしております」

団欒 だんらん　（「団」も「欒」もまるい意）親しい
者同士が集まって楽しくすごす
こと。
「一家ー／和やかなー／ーの（時間・
場）／ーを楽しむ」

道楽 どうらく　趣味として楽しむこと。
「ーが（高じる・すぎる）／（食い・
着）ー／金持ちのー」

漫遊 まんゆう　気の向くままに各地を旅する。
「諸国ー／ー記」

遊技 ゆうぎ　娯楽としておこなう勝負事。
「ー（場・設備）」

遊戯 ゆうぎ　遊びたわむれる。
「ーを（覚える・楽しむ）／ーに
（熱中する・ふける）／言葉のー／おー
／ー（室・場・施設）」

遊興 ゆうきょう　遊び興じること。
「ーにふける／ーを（禁じる・重
ねる）／ー（費・税）」

遊楽 ゆうらく　遊び楽しむこと。ゆらく。
「ーの旅／ーを覚える」

遊覧 ゆうらん　見物してまわること。
「空中ーを楽しむ／ー（飛行・船・
バス・客）」

遊歴 ゆうれき　各地をめぐり歩くこと。
「諸国をーする／地方ー」

遊山 ゆさん　（野山に）遊びに行くこと。
「物見ー」

来遊 らいゆう　来て遊ぶこと。
「日本にーする／ー期間」

もてあそぶ

玩具にする おもちゃにする　もてあそぶ。
＊「おもちゃ」は
「持ち遊び」から。

弄ぶ もてあそぶ　手にもって遊ぶ。いじくる。
「（人の気持ち・政治・若さ）をー
／運命に弄ばれる」

その他の表現

レジャー・レクリエーション・
アミューズメント・エンターテ
インメント

15

あたえる

→ おくる・むかえる／かす・かりる・かえす／やる・もらう

基本の表現 「与える・渡す・授ける・差し上げる・差し出す・恵む・もたらす」

恩賜（おん し） 天皇や主君から授かること。
「―（公園・庭園・林・賞）」

下賜（か し） （天皇・皇族など）身分の高い人がくださること。
「（天皇・皇后・皇帝）より―を受ける／（勲章・贈り物）を―する」

下付（か ふ） 役所から渡すこと。
「―金／（免許・土地・金）を―する」

喜捨（き しゃ） 進んで寺などに寄付すること。
「―を（仰ぐ・与える・乞う）／（お金・財産）を―する」

寄贈（き ぞう） 品物を贈ること。「きそう」とも。
「（蔵書・銅像・苗木）を―する／―を（託す・申し出る）／―（者・本）」

給付（きゅう ふ） 物品を支給したり便宜をはかったりすること。
「―金／（年金・保険金・補助金）を―する」

供与（きょう よ） 物や利益などを提供すること。
「（技術・金銭・便宜）を―する／―を（依頼する・受ける）」

謹呈（きん てい） つつしんで差し上げること。
「（お世話になった人・目上の人）に―する／著者―」

恵送（けい そう） 物を送ってもらったことを敬って言う語。

「ご―いただく」

献上（けん じょう） 身分の高い人に物を差し上げること。
「―（品・物）／（酒・特産の品）を―する」

交付（こう ふ） 役所などが（手続きをふませて）渡すこと。
「（住民票・許可証・年金・補助金）を―する／―を（受ける・申請する）／―（金・税）」

互恵（ご けい） たがいに恩恵や利益などを与え合うこと。
「―（性・主義・関係・関税）」

支給（し きゅう） 金銭や物品などを渡すこと。
「（給与・生活費・手当・年金・ボーナス）を―する／―を（受ける・辞退する・待つ）」

授与（じゅ よ） さずけあたえること。
「―（式・品）／（学位・賞・卒業証書・文化勲章・褒章）を―する」

譲渡（じょう と） 財産や権利などをゆずりわたすこと。
「（権利・財産・持ち株・持ち分）を―する／―を（受ける・制限する）」

所与（しょ よ） あたえられていることやもの。
「―の（意味・事柄・条件・前提）」

進上（しん じょう） 品物を差し上げること。
「―（品・人・物）」

「100ポイントをプレゼント！」 ➡ 「100ポイントを付与します」

「100ポイントでプレゼント！」 ➡ 「100ポイントで記念品を進呈します」

「先生に著書をプレゼントします」 ➡ 「先生に拙著を謹呈いたします」

「チャンスをありがとう」 ➡ 「このような機会を与えていただいたことに感謝しております」

進呈（しん てい）品物を贈ること。
「（粗品・薄謝・記念品）を—する」

送呈（そう てい）物を送って差し上げること。
「資料を—いたします」

贈呈（ぞう てい）（公の場などで）人に物を贈ること。
「（記念品・色紙・賞金・花束・本）を—する／—式」

贈与（ぞう よ）金品を贈り与えること。
「—（税・契約）／—を受ける／（子・孫）に（財産・土地）を—する」

貸与（たい よ）貸すこと。
「—（制度・権・契約・申請・金）／—を（受ける・許可する）／（金品・制服・奨学金）を—する」

提供（てい きょう）自分のものを他人に差し出すこと。
「—を（受ける・求める・拒む・行う）／（衣装・サービス・資金・自宅・情報・楽しみ・知識）を—する」

天与（てん よ）天から与えられたもの。
「—の（才能・才・美貌・生・恵み）」

投与（とう よ）薬を患者に与えること。
「（薬剤・過剰・経口）—／（薬・カフェイン）を—する／」

付与（ふ よ）名誉や権限などを与えること。
「—を（求める・拒む・受ける）／（権利・ポイント・責任）を—する」

賦与（ふ よ）（神などが）与えること。
「（価値・才能・人格）を—する／天から—される」

分与（ぶん よ）分け与えること。
「（権利・財産）を—する／—を（認める・求める）」

与奪（よ だつ）与えることと奪うこと。
「生殺（せいさつ）—の権〔＝殺すか生かすか、物を奪うか与えるか、相手の命運を思うままにする力〕」

その他の表現

お裾（すそ）分け・振る舞う・握（にぎ）らせる・ねじ込む・ばらまく・ギブ・サプライ・サーブ・スポンサー・プレゼント

あたたかい・あつい・すずしい・さむい

→ いま・とき

基本の表現 [温かい・暖かい・生あたたかい・ぬ
るい・暑い・涼しい・寒い・肌寒い]

あたたかい・あつい

熱れ（ねつれ）むされるような熱気。
「(草・人)の―／―が(こもる・においたつ・濛々とする)」

温順（おんじゅん）気候がおだやかなこと。

温暖（おんだん）気候があたたかなようす。対 寒冷
「―化／―な(地域・時期・気候)／―の地／陽が―に降り注ぐ」

温和（おんわ）気候があたたかくおだやかなこと。
「―な(気候・土地)」

軽暖（けいだん）少しあたたかいこと。春先のあたたかさなどに使う。軽煖。[夏]
「―の空気」

酷熱（こくねつ）厳しい暑さ。酷暑。
「―の(地・砂漠)」

小春日和（こはるびより）(春の気分がすることから)陰暦10月ごろのあたたかくおだやかな気候。[冬]
「―が(訪れる・続く)／―を楽しむ」

灼熱（しゃくねつ）焼けつくように熱いこと。「灼」は焼けること。
「―の(太陽・アスファルト・砂漠)」

焦熱（しょうねつ）焼き焦がされるような暑さ。

暑気（しょき）夏の暑さ。対 寒気
「―(当たり・払い)／―を運ぶ」

暖気（だんき）あたたかい空気・気候。煖気。
「―が加わる／―を(逃す・欲する)／―に包まれる」

暖を取る（だんをとる）体をあたためる。煖を取る。
「たき火で―」

薄暑（はくしょ）初夏のころに感じられる暑さ。[夏]
「旅帰り軽暖―心地よし」

微温（びおん）なまあたたかいこと。
「―の(雨・風・お湯)」

陽気（ようき）(あたたかな)気候。
「―が(変わる・戻る・良くなる)／(汗ばむほどの・春のような・ぽかぽかとした・不安定な)―」

すずしい・さむい

凍てつく（いてつく）凍りつく。
「―ような(寒さ・空気)」

かじかむ寒さで手足がこごえて動かしにくくなる。
「かじかんだ(手・指)」

寒気（かんき）寒さ。[冬]対 暑気
「―が(迫る・強まる・吹き込む・ゆるむ)／―を(しのぐ・防ぐ)／―に

あたたかい
【温】冷たくない。
「温かい料理」
【暖】寒くない(主に気象や気温で使う)。
「日ごとに暖かくなる／暖かい日差し」

あつい
【熱】温度がとても高く感じられる。
「お茶が熱くて飲めない／熱い湯」
【暑】不快になるくらい気温が高い。
「今年の夏は暑い／暑い部屋」

(覆われる・さらされる・震える)／(厳しい・猛烈な)―

寒冷（かんれい）寒さがきびしい様子。対温暖
「―な(気候・空気・地方)／―(化・前線・地・期)」

厳寒（げんかん）きびしい寒さ。
「―の(空・さなか・地)／―が(身に迫る・始まる)／―に(見舞われる・苦しむ)／―(地帯・期)」

酷寒（こっかん）きびしい寒さ。[冬]対酷暑
「―に(苦しむ・耐える)／―の(地・時期・雨・季節)」

極寒（ごっかん）きわめて寒いこと。[冬]
「―に(苦しむ・耐える)／―の(シベリア・シーズン・地)」

冴え返る（さかえる）①ひどく冷える。②春になってゆるんだ寒さが、ぶり返す。[春]

刺す（さす）鋭い刺激を与える。
「肌を―空気／―ような寒さ」

清涼（せいりょう）涼しくさわやかなこと。
「―な(気候・空気・風)」

爽涼（そうりょう）さわやかで涼しいこと。
「―の(秋・気)／―な朝の風」

底冷え（そこびえ）体のしんまで冷える(ように寒い)こと。
「―のする(部屋・朝)」

花冷え（はなびえ）桜が咲くころの冷え込み。
「―の(春・四月・昼)」

歯の根が合わない（はのねがあわない）
寒さで歯をがちがちさせてふるえる。

身を切る（みをきる）寒さが厳しく体を切るように感じられる。
「―ように冷たい／―ような寒さ」

凛冽（りんれつ）きびしく寒いさま。凜烈。類凜々（りんりん）
「―な空気／―たる(朝・寒気)」

冷気（れいき）つめたい空気。
「―(心地よい・肌を突き刺す)―／―が(襲う・立ちこめる・漂う・しみる・こたえる)」

冷涼（れいりょう）ひんやりとしてすずしいこと。
「―な(空気・風・晩秋)／―感」

ぬくぬく・ほかほか・ぽかぽか・ホット・ウォーム
暑さ寒さも彼岸まで
身が縮こまる・ひやひや・ぞくぞく・ぶるぶる・ひんやり・ひややか・コールド・クール

あたらしい・ふるい

→ あらためる／なれる・ならわす

基本の表現
> 新しい・真新しい・目新しい・最新・新鮮・新
> 旧・古い・古臭い・古めかしい・古びた・古風

新しい

今様（いまよう） 現代ふう。
「一の(建築様式・歌・遊び)」

革新（かくしん） 改めて新しくする。
「一的／一が(起こる・生じる・進む)／一を(図る・もたらす)／技術一」

空前（くうぜん） これまでに例のないこと。
「一の(売れ行き・規模・勝利・大恐慌)／一絶後の(快挙・記録・発明)」

最先端（さいせんたん） 最も進んだ新しい部分。
「一の(医療・技術・研究)／(時代・流行)の一」

斬新（ざんしん） きわだって新しいさま。
「一な(アイデア・感覚・趣向・配色・試み・考え・演出・切り口)」

新鋭（しんえい） (新進気鋭から)新しく出てきてすぐれている人やもの。
「一(作家・監督)／一の(機材・システム)／一が登場する／(ゴルフ界・画壇)の一」

新奇（しんき） 新しくめずらしいさま。
「一な(アイデア・着想・世界・作風・商品・技術)／一を追う」

新規（しんき） 新しいこと。
「一に(契約する・参入する)／一で購入する／一の(計画・会員・契約)／一(事業・ファイル・作成)」

新機軸（しんきじく） 新しい方法。
「一を(打ち出す・取り入れる・開く)」
　＊「機軸」は車軸のこと。転じて物事の大事なところ、しくみ・方法の意。

新式（しんしき） 新しい形式。対旧式
「一の(考え方・機械・設備)」

新進（しんしん） 新しく出てきた人(こと)。
「一の(演出家・画家・科学者・企業)／一気鋭」

新鮮味（しんせんみ） 今までとちがった新しさ。
「一を(感じる・失う)／一に欠ける／一が(乏しい・薄い)」

新風（しんぷう） 新しい風潮・やり方。
「一が巻き起こる／一を(送り込む・もたらす・吹き込む)」

新米（しんまい） ①新しい米。②まだ慣れていない(未熟な)人。
「一の(カメラマン・アナウンサー)／一教師」

新味（しんみ） 今までになかった新しい感じ。あたらしみ。
「一を(出す・盛る)／一に乏しい／一がない小説／一のある企画」

新来（しんらい） 新しく来た人やこと・もの。
「一の(客・文化・トラック)」

生新 <ruby>生<rt>せい</rt></ruby><ruby>新<rt>しん</rt></ruby> 生き生きとして新しいさま。
「―な文化／―の気」

清新 <ruby>清<rt>せい</rt></ruby><ruby>新<rt>しん</rt></ruby> あたらしくさわやかなさま。
「―な文体／―さに欠ける」

前衛的 <ruby>前<rt>ぜん</rt></ruby><ruby>衛<rt>えい</rt></ruby><ruby>的<rt>てき</rt></ruby> （芸術などで）時代に先駆けていること。
「―な（ダンス・バンド・作品・実験）」

先駆的 <ruby>先<rt>せん</rt></ruby><ruby>駆<rt>く</rt></ruby><ruby>的<rt>てき</rt></ruby> 他よりさきがけていること。
「―な（作品・理論・試み）／―に取り入れる」

前代未聞 <ruby>前<rt>ぜん</rt></ruby><ruby>代<rt>だい</rt></ruby><ruby>未<rt>み</rt></ruby><ruby>聞<rt>もん</rt></ruby> 今まで聞いたことがないこと。
「―の（事件・規模・出来事）」

モダン 現代的であること。
「―な（外見・感覚・建物・趣味）／―（ジャズ・ダンス・アート）」

古い

旧式 <ruby>旧<rt>きゅう</rt></ruby><ruby>式<rt>しき</rt></ruby> 古い形式。古くさいこと。 対 新式
「―（な・の）（考え・やり方・車・人間）」

旧態依然 <ruby>旧<rt>きゅう</rt></ruby><ruby>態<rt>たい</rt></ruby><ruby>依<rt>い</rt></ruby><ruby>然<rt>ぜん</rt></ruby> 昔のままで進展のないさま。
「―たる（政治・考え）／―とした（システム・制度・仕事・手法）」

経年 <ruby>経<rt>けい</rt></ruby><ruby>年<rt>ねん</rt></ruby> 年月を経ること。
「―による（劣化・老朽化）／―変化」

原始的 <ruby>原<rt>げん</rt></ruby><ruby>始<rt>し</rt></ruby><ruby>的<rt>てき</rt></ruby> 自然のままで進歩していない様子。
「―な（発想・やり方・教え）」

古雅 <ruby>古<rt>こ</rt></ruby><ruby>雅<rt>が</rt></ruby> 古風で優雅なこと。
「―な（建築・歌・町）」

古参 <ruby>古<rt>こ</rt></ruby><ruby>参<rt>さん</rt></ruby> 古くからその職にあること・人。
「―をしのぐ／―の職員」

古式 <ruby>古<rt>こ</rt></ruby><ruby>式<rt>しき</rt></ruby> 昔からの方式。
「―な（舞台・印象・デザイン）／―に則る／―ゆかしい」

古色 <ruby>古<rt>こ</rt></ruby><ruby>色<rt>しょく</rt></ruby> 古風なおもむき。
「―を帯びる／―蒼然」

時代がかる <ruby>時<rt>じ</rt></ruby><ruby>代<rt>だい</rt></ruby>がかる 古い時代の感じがする。
「時代がかった（建物・表現）」

中古 <ruby>中<rt>ちゅう</rt></ruby><ruby>古<rt>こ</rt></ruby> （一度使われて）すこし古いこと。
「―を買う／―で（買う・売る・間に合わせる）／―の（家具・車）」

年代物 <ruby>年<rt>ねん</rt></ruby><ruby>代<rt>だい</rt></ruby><ruby>物<rt>もの</rt></ruby> 年月を経る（ことで価値が出）たもの。
「―の（ワイン・ジーンズ・家具・チーズ・絵画）」

保守的 <ruby>保<rt>ほ</rt></ruby><ruby>守<rt>しゅ</rt></ruby><ruby>的<rt>てき</rt></ruby> 古い制度や習慣を守ろうとするよう。
「―な（思想・政治家・人間・考え方）／―に考える」

その他の表現

現代的・当風・フレッシュ・ニュー・ブランニュー・ネオ・ホット・アバンギャルド・ぴちぴち・ほやほや
温故知新
時代遅れ・手垢が付く・黴が生える・骨董・年季の入った・歴史的・古き良き時代・ベテラン・オールド・ビンテージ・アンティーク・クラシック・レトロ・よれよれ・がたがた

あらためる

→ いましめる／かえる・かわる／なおす・なおる／やめる・あきらめる

基本の表現 ┃ 改める・立て直す・出直す・修正する ┃

維新（い しん） すべてが新しくなること。
「一が成る／一で没落する」
＊「維新（これあらた）なり」の意。

一新（いっ しん） すべてを新しくすること。新しくなること。
「(気分・人身)の一を図る／(考え方・生活・コンセプト)を一する」

改悪（かい あく） 物事をあらためて、結果的に悪くなること。
「一を(阻止する・進める・強行する・支持する・許す)／(制度・憲法・法律・医療)を一する」

改革（かい かく） あらためること。
「一が(進む・必要となる・失速する・後退する)／一を(図る・実現する)／一は(待ったなし・道半ば)／一に着手する／(教育・組織・制度)を一する／一案を進言する」
＊「改」も「革」もあらためる意。

改竄（かい ざん） 文字を書き換えること。
「一を(疑う・見つける・もちかける)／一に関与する／(記録・業績・書類・データ・文章)を一する」
＊「竄」は文字を変える意。おもに悪用する意味で使われる。

改修（かい しゅう） 悪いところに手を入れ、つくりなおすこと。

「一を(実施する・中止する)／(河川・設備・道路・橋・コース)を一する／一(計画・工事・費用)」

改心（かい しん） 心をあらためること。
「一を(促す・誓う・願う・求める)／一の見込みがない／(やっと・すっかり)一する」

改新（かい しん） 制度をあらためること。
「大化の一」

改善（かい ぜん） よくなる(ようにする)こと。
「一が(進む・遅れる・みられる)／一を(図る・求める・望む)／一に(貢献する・努める・役立つ)／(関係・事態・体質)が一する／(環境・制度・現状・財政・生活)を一する」

改定（かい てい） あらためて定めること。
「一を促す／(大幅・小刻み)な一／(運賃・基準・憲法・税率・報酬・法律・料金・給与)を一する」

改訂（かい てい） (書物の内容などを)あらため直すこと。
「一を加える／(ガイドライン・辞書)を一する／一版」

改変（かい へん） 物事をあらためること。
「一を(指示する・受け入れる)／(意識・システム・制度)を一する／根本から一する」

改編 ^{かい へん} 編成・編集をやり直すこと。
「(大幅・小規模)な—/(組織・番組)を—する/—を(図る・加える・実施する・重ねる)」

改良 ^{かい りょう} よくなるようにする。
「—が進む/—を(加える・実現する・図る・要請する)/—に努める/—の余地がある/(アイデア・仕掛け・設備・製品・土壌)を—する」

◆「改善」は抽象的なものに、「改良」は具体的なものに使う傾向がある。

革新 ^{かく しん} あらためて新しくすること。
「—を(実践する・促進する・助長する・成し遂げる)/技術—/—的なアプローチ」

革命 ^{かく めい} 根本的に変革すること。
「—が(起こる・成就する・失敗する・勃発する)/—を(起こす・指導する・もたらす)/—にあこがれる/—の(嵐・前夜)/(世界・技術・社会)を—する」

更改 ^{こう かい} 制度や契約などをあらためること。
「(契約・設備)を—する/—交渉」

更新 ^{こう しん} 新しいものにあらためること。
「(記録・契約・最高益・最安値・免許・旅券)を—する」

更正 ^{こう せい} あらためて正しくすること。
「(税額・予算)を—する」

刷新 ^{さっ しん} (悪いところを除いて)新しくすること。
「(体制・経営陣・人事)を—する」

是正 ^{ぜ せい} よくないところをなおして正しくすること。
「格差の—をめざす/—に取り組む/(考え・偏り・年齢バランス・不平等)を—する」

訂正 ^{てい せい} 誤りを直すこと。
「—を(繰り返す・加える・申し入れる)/(言い間違い・情報・記録・誤字・言葉・金額・名簿)を—する」

変改 ^{へん かい} 変え改めること。
「—を加える/(言葉・制度)を—する」

変革 ^{へん かく} 物事が変わり改まること。変え改めること。
「—が進行する/—を(促す・遂行する・なしとげる・望む・もたらす)/(システム・社会)を—する/—期をむかえる」

補正 ^{ほ せい} 足りないところを補ってただすこと。
「—を求める/(大型の・小幅な・わずかな)—/(誤差・予算)を—する」

その他の表現

朝令暮改・君子は豹変す・襟を正す・褌を締め直す・ねじを締める・足を洗う・頭を冷やす・心を入れ替える・気持ちを新たにする・手を入れる・まき直し・レボリューション・イノベーション・バージョンアップ・リニューアル・シフト

23

いう・とく・のべる

→ かく・しるす／きく（聞く）／つたえる・しらせる・つげる／はなす（話す）

基本の表現 「言う・説く・述べる・黙る・喋る・申す・おっしゃる・発言する・説明する・宣言する・主張する」

いう・とく・のべる

一言（いちごん）ひとこと。ひとこと言うこと。
「あえて―すれば／―も述べない」

一言一句（いちごんいっく）一つひとつの言葉。
「―もおろそかにしない／―に耳を傾ける」

云々（うんぬん）あれこれ口に出すこと。
「今さら―しても遅い」

演説（えんぜつ）大勢の前で自分の意見を述べること。
「―(会・口調)／街頭―」

開口一番（かいこういちばん）口を開いて真っ先に。
「―、元気かと尋ねる」

解説（かいせつ）わかりやすく説明すること。また、その説明。
「―を(求める・頼む)／―(者・ページ・放送)」

開陳（かいちん）自分の意見などを人前で発表すること。
「自己の(意見・見解・所信・信念)を―する」

確言（かくげん）はっきり言うこと。
「―を(得る・避ける)／―に基づく」

甘言（かんげん）口先だけのうまい言葉。
「―を(重ねる・弄する)／―に(釣られる・乗る・負ける・惑わされる)」

換言（かんげん）同じことを別の言葉で表すこと。
「―すれば／単なる―にすぎない／…であると―できる」

諫言（かんげん）(目上の人に)忠告すること。
「―を(聞き入れる・申し上げる)／上司に―する」

既述（きじゅつ）(文章で)既に述べてあること。 類 上述・前述
「―の(如く・通り・ように)」

供述（きょうじゅつ）被告人・証人などが事実に関して述べること。
「―が得られる／―調書」

極言（きょくげん）極端な言いかたをすること。
「一切が自己責任だと―する」

口車に乗せる（くちぐるまにのせる）うまいことを言ってごまかす。
「口車に乗せられて、本心を打ち明けてしまった」

口火を切る（くちびをきる）最初に話し始める。
「(話・論議)の―」

口を利く（くちをきく）言う。話をする。
「(生意気・乱暴)な―／あの一件から一切口を利いてもらえなくなった／心安く―仲」

敬語の使い方

仰<ruby>せになる<rt>おお</rt></ruby>…「言う」の尊敬語
仰<ruby>せられる<rt>おお</rt></ruby>…「言う」の尊敬語
仰<ruby>る<rt>おお</rt></ruby>…「言う」の尊敬語
「先生のおっしゃるとおりです／そうおっしゃらずにどうかお願いいたします」

申し上げる…「言う」の謙譲語
「私の思うところを申し上げます／日頃のご愛顧に感謝を申し上げます」
申す…「言う」の謙譲語
「お礼の申しようもございません」

口を出す（でしゃばって）話に入る。
「（横から・老婆心から・無遠慮に）―」

口を挟む 割り込んで話に入る。
「（脇から・遠慮がちに・あれこれと）―／―言も口を挟まずに聴く」

口を開く 話し始める。
「（おもむろに・重い・力なく）―／口を開けば文句ばかり」

口を割る 白状する。
「容疑者が―／ようやく―」

言及 その話題に触れること。
「（過去の例・問題点）に―する／直接―する／簡単に―にとどめる」

言明 はっきり言うこと。
「―を避ける／正式に―がなされた」

口外 他人に話すこと。
「―を禁ずる／（秘密・弱み）を―する／―（無用・禁止）」

公言 人前で言うこと。
「信念を―する／常々―している／―してはばからない」

広言 大げさに言うこと。
「―を（吐く・笑いものにする）／―してはばからない」

巧言 口先だけの言葉。
「―を（ならべる・用いる・弄する）／―令色／―に（屈する・乗る）」

抗言 相手に逆らって言うこと。
「―しても無益だ」

高言 えらそうに言うこと。
「―を吐く／―することなかれ」

豪語 自信たっぷりに言うこと。
「（必ず勝つ・天下無敵）と―する／意気揚々―する」

口述 口頭で述べること。
「―（記録・試験・筆記・録）」

言葉を尽くす 知っている限りの言葉を用いて表現する。
「言葉を尽くして（愛を伝える・説得する）」

細説 くわしく説明すること。
「教授の―に耳を傾ける」

舌が回る（つかえずに）よくしゃべる。
「よくそこまで―ものだ」

失言 言ってはいけないことをうっかり言うこと。
「―が（多い・たたる・相次ぐ）／―を（埋め合わせる・繰り返す）」

25

述懐 じゅっかい 心の中の思いを述べること。
「しみじみとした―/往時を―する」

詳述 しょうじゅつ くわしく述べること。
「(趣旨・事情・方法)を―する/―するまでもない/―を(避ける・省く・求める)」

詳説 しょうせつ くわしく説明すること。
「後に―する/細部にわたって―する」

饒舌 じょうぜつ おしゃべり。
「―な文章/―をふるう/―に過ぎる」

所述 しょじゅつ 述べてある事柄。
「本書の―によれば」

叙述 じょじゅつ 順を追って述べること。
「ありのままに―する/事細かに―する」

雑言 ぞうごん いろいろな悪口。
「(罵詈ばり・悪口あっこう)―/―を浴びせる」

大言 たいげん おおげさに言うこと。
「―を吐く/―壮語を(ぶちかます・弄する)」

多言 たげん 口数が多いこと。
「―を(費やす・慎む・要しない)」

他言 たごん 他人に話すこと。
「―無用/―を戒める/決して―してはならない話」

啖呵を切る たんかをきる (胸がすくような)歯切れのよい言葉で勢いよくまくしたてる。
「威勢のいい―」

断言 だんげん 言い切ること。
「―はできない/(即座に・きっ

ぱりと・自信たっぷりに)―する/―してはばからない/―的に言う」

直言 ちょくげん 遠慮せずに言うこと。
「(上司・上役)に―する/(あえて・遠慮なく)―する」

陳述 ちんじゅつ 口頭で意見などを述べること。
「―書/―を(退ける・取り消す・なす)/虚偽の―」

痛言 つうげん 手きびしく言うこと。
「―を浴びる」

独言 どくげん ひとりごと。 類独語
「―のように呟く」

毒舌 どくぜつ 手きびしい悪口を言うこと。
「―を(浴びせかける・聞き流す・吐く・ふるう)/―家」

独白 どくはく (劇や小説などで)ひとりごとを言うこと。
「長い―/苦しい胸の内を―する」

吐露 とろ 考えていることを隠さずに言うこと。
「(内なる・激しい)感情の―/(胸中・思い・内心)を―する」

白状 はくじょう 隠していたことを打ち明けること。
「ついに―した/(秘密・目論見)を―する/(潔く・全部)―する」

吹聴 ふいちょう 言いふらすこと。
「(知識・手柄)を―する/(大袈裟・得意気)に―する/―して歩く」

付言 ふげん つけくわえて言うこと。
「―を要しない/さらに―しておきたい/終わりに―すれば」

弁が立つ べんがたつ しゃべるのがうまい。
「彼は―のでかなわない」

弁舌〔べん ぜつ〕 言いかた。話しぶり。
「―を振るう／―に(長ける・釣られる)／―(さわやか・巧み・華麗)」

放言〔ほう げん〕 勝手なことを言うこと。
「―が(続く・目立つ)／(不粋・無責任)な―／(悔しまぎれ・手当たり次第)の―／―癖」

暴言〔ぼう げん〕 乱暴な言葉。
「―を(浴びせる・吐く・ほざく・詫びる)／―に(たまりかねる・憤慨する)／酔余の―／突飛な―」

明言〔めい げん〕 はっきり言うこと。
「―を避ける／本人が―する／責任を持って―する／賛否を―しない」

妄言〔もう げん〕 でたらめな言葉。
「―多謝／―を(繰り返す・慎む・吐く)／―につきあいきれない」

約言〔やく げん〕 短くして言うこと。
「趣旨を―すればこういうことだ／よって、次のように―できる」

遺言〔ゆい ごん〕 死後のために言い残すこと。またその言葉。いごん。
「―(状・書)／―を聞く／―に(従う・背く)／親の―」

予言〔よ げん〕 未来を予測して言う言葉。
「―が(当たる・的中する)／―を(試みる・待つ・求める)／(死・終焉・終末・将来)を―する／―者」

力説〔りき せつ〕 力をこめて主張すること。
「(計画・効果・必要性)を―する／(真剣な口ぶり・熱っぽい調子)で―する」

略述〔りゃくじゅつ〕 要点だけを述べること。
「(経緯・作り方)を―する」

屢述〔る じゅつ〕 繰り返し述べること。類 屢説

「すでに―した通り／―するまでもない」

縷説〔る せつ〕 こまごまと説明すること。類 縷言〔る げん〕

「長々と―する／―に及ばぬ」

論及〔ろん きゅう〕 触れて論じること。
「細部にわたり―する／(芸術論・諸問題・提案の不備)に―する」

論述〔ろん じゅつ〕 論じ述べること。
「―(試験・問題)／―を進める／(事実・正しさ)を―する／(具体例で・資料を用いて)―する」

だまる

暗黙〔あん もく〕 黙って何も言わないこと。
「―の了解／―のうちに決まる」

箝口〔かん こう〕 発言させないこと。
「―令を敷く」

緘黙〔かん もく〕 だまっていること。
「―して語らず」

絶句〔ぜっ く〕 言葉に詰まって言えないこと。
「あまりのひどさに―する」

沈黙〔ちん もく〕 だまりこむこと。
「―を(守る・破る)」

その他の表現

口にする・口に出す・スピーチ・ぺらぺら・べらべら・ぺちゃくちゃ・ぶつぶつ・たらたら・くどくど・もごもご

いく・くる

→ する・おこなう

基本の表現 [行く・来る・通う・訪ねる・訪れる・出掛ける・
出向く・向かう・行き来する・往復する]

足が向く （無意識に）その方向へ行く。
「つい慣れた場所に—／自然と—」

足を延ばす （出かけた先よりさらに）遠くへ行く。
足を伸ばす。
「郊外（へ・に・まで）—／ちょっと—だけで出会える素敵な景色」

遠征 遠方まで行くこと。
「1泊2日の—／（海外・地方）—／—試合」

遠来 遠くから来ること。
「—の客をもてなす」

往還 行き来すること。

往来 行ったり来たりすること。
「人の—の多い通り／親しく—する」

訪う 「訪れる」の古雅な表現。
「秋の訪い」

赴く 向かう。向かっていく。
「（任地・戦地・取材）に—／（気持ち・欲望・心）の—まま」
＊「面向く」から。反対語「そむく」は「背向く」から。

外来 外部・外国から来ること。
「—（者・語・生物）」

顔を出す 訪問する。
「ちょっと顔を出してから帰る」

御足労 「わざわざ出向くこと」の尊敬語。
「—くださりありがとうございます／—おかけして申し訳ありません」

再来 また来ること。
「古き良き時代の—を望む／—をおそれる」

参上 「行くこと」の謙譲語。
「直ちに—いたします」

出席 会合や学校の授業などに出ること。
「同窓会に—する／—日数」

出動 活動のため出て行くこと。
「救急車が—する／—要請」

上京 都にのぼること。現在では地方から東京へ行くこと。
「就職のために—する／単身で—する」

進行 目的地に向かって行くこと。
「電車が—する／—方向」

進路 進んでいく道。対退路
「台風の—／—に立ちふさがる」

帯同 いっしょに連れて行くこと。
「ツアーに—する／家族—」

敬語の使い方

いらっしゃる…「行く」「来る」の尊敬語
　「先生がいらっしゃった」
伺う…「行く」の謙譲語
お出でになる…「行く」「来る」の尊敬語
　「今度の会はお出でになりますか」

お越しになる…「来る」の尊敬語
参ずる…「行く」の謙譲語
参る…「行く」の謙譲語
見える…「来る」の尊敬語

直行（ちょっこう）まっすぐに目的地へ行くこと。
「現地へ―する／―便／―直帰」

土を踏む（つちをふむ）その場所を訪れる。
「（祖国・異国）の―」

同行（どうこう）いっしょに行くこと。
「遠征に―する／―を求める／―者」

到来（とうらい）時機が来ること。
「（時代・春・チャンス）の―」

遠出（とおで）遠くへ出かけること。
「車で―する／久しぶりの―」

渡航（とこう）航空機や船で外国へ行くこと。
「―（費・者）／海外―」

訪う（とぶらう）訪ねる。
「―人もない孤独な暮らし」

渡来（とらい）外国から渡ってくること。
「大陸から―した品／海を渡って日本に―する／―人」

舶来（はくらい）外国から（船で）運ばれて来ること。
「―品」

尾行（びこう）（人のあとを気づかれないように）ついていくこと。
「こっそり―する／―をまく」

飛来（ひらい）とんでくること。
「大群で―する／―物」

訪問（ほうもん）人（の家）や場所を訪ねること。
「（会社・家庭）―／―（客・販売）」

門を叩く（もんをたたく）訪ねていく。また、訪ねて弟子入りを頼む。

来場（らいじょう）その場所に来ること。
「皆様のご―を心よりお待ちしております／―（者・客）」

来訪（らいほう）人が訪ねてくること。
「予期せぬ―に戸惑う／―（者・客）」

来臨（らいりん）「その場に来ること」の尊敬語。
「お忙しい中ご―くださいまして、誠にありがとうございます」

歴訪（れきほう）人や土地を次々と訪れる。
「諸国を―する」

連行（れんこう）連れて行くこと。
「警察によって―される／強制―」

その他の表現

足を運ぶ・腰を上げる・尻を上げる・やって来る

いそぐ

→ はやい・おそい

基本の表現 [急ぐ・大急ぎ・急く・慌てる]

急がば回れ〔いそがばまわれ〕 急いでいるときは、近くて危険な道よりも、遠回りでも安全な道のほうが目的を達成できるというたとえ。

一刻を争う〔いっこくをあらそう〕 わずかな時間も無駄にできない。急を要する。
「―(状況・時・事態)」

押っ取り刀〔おっとりがたな〕 大急ぎ。
「―で駆けつける」
＊急なことで、刀を腰にさす暇もなく、手に持ったままであること。取るものも取りあえず駆けつけることの形容に用いる。

火急〔かきゅう〕 (火が付いているように)非常に差し迫っているさま。急がなくてはいけないこと。
「―の(用・大事)」

駆け足〔かけあし〕 あわただしいようす。駆け足。
「―で(終える・読み上げる)」

緩急〔かんきゅう〕 ①おそいこととはやいこと。ゆるやかなこときびしいこと。
「―をつける／―自在」
②差し迫った事態。いざという時。
「いったん―あれば……」
＊②の「緩」は語調をととのえるだけ

で意味はない。

危急〔ききゅう〕 危険や災難が目前に迫っていること。
「―存亡の秋〔＝危機が迫り、生き残るか滅びるかという瀬戸際〕」

喫緊〔きっきん〕 差し迫って重要なこと。
「―の(課題・問題・関心事)」

急遽〔きゅうきょ〕 急いで。にわかに。
「悪天候のため、―延期になる」
＊「遽」もにわかの意。

急激〔きゅうげき〕 変化などが急で激しい。**急劇**。
「―に(変化・成長・増加)する」

急行〔きゅうこう〕 急いで行くこと。
「現場に―する」

急進〔きゅうしん〕 急に進むこと。
「円安が―する／敵が―してくる」

急場〔きゅうば〕 差し迫った場面。
「―しのぎ／―に間に合う」

急迫〔きゅうはく〕 差し迫っていること。せっぱつまること。
「事態が―する／―の危険」

緊急〔きんきゅう〕 重大で急ぐ必要のあること。
「―かつ重要な問題／―(事態・課題・停止・入院)／―を要する」

緊切〔きんせつ〕 差し迫って切実なこと。
「―な問題」

早急 ^{さっ きゅう} 非常に急ぐこと。**そうきゅう**。
「―に申請してください／―な（対応・処置）」

至急 ^{し きゅう} 非常に急ぐこと。大急ぎ。
「―検討いたします／大―」

焦眉 ^{しょう び} 一刻の猶予もないほど差し迫っていること。
「―の急／―の課題／―に迫る」
＊眉を焦がすほどに火が近づいている＝差し迫っているということ。

尻に火が付く ^{しり ひ つ} 差し迫って（落ち着いていられないで）いる。

性急 ^{せい きゅう} せっかちなこと。あわただしく急ぐこと。
「―に結論を出さないほうがいい」

切迫 ^{せっ ぱく} 差し迫ること。
「―の度が高まる／―した（気配・状態）／―感」

切羽詰まる ^{せっ ぱ つ} 差し迫ってどうにもならなくなる。

倉皇 ^{そう こう} あわただしく落ち着かないさま。蒼惶。
「―と立ち去る」

匆々 ^{そう そう} あわただしいさま。怱々・草々。
「―に駆け付ける／―に日々をすごす」

倉卒 ^{そう そつ} あわただしいこと。怱卒・草卒・匆卒。
「これ大事なり、―にすべからず」

促進 ^{そく しん} 物事の実現を早めようとすること。
「―を図る／（販売・利用）―」

速急 ^{そっ きゅう} 大急ぎ。即急。
「―に対応する」

速決 ^{そく けつ} すみやかに決めること。
「―で採用する」

即決 ^{そっ けつ} その場ですぐに決めること。
「―で購入する／即断―」

即行 ^{そっ こう} その場ですぐにおこなうこと。
「災害対策を―する／即決―」

突貫工事 ^{とっ かん こう じ} ①一気に完成させる工事。
②（①を曲解して）（手抜きで）急いですること。

特急 ^{とっ きゅう} 特に急ぐこと。大急ぎ。
「―で仕上げる／―便」

取る物も取り敢えず ^{と もの と あ}
大急ぎで。あわてて。
＊「取るべき物も取らずに」の意。たんに「取り敢えず」と使われ、転じて「さしあたって」の意にもなった。

拍車を掛ける ^{はく しゃ か} 物事の進行を早める。
「このことが発展に**拍車を掛けた**」
＊「拍車」は乗馬靴のかかとにつける金具。馬の腹にあてて速度を調節するのに用いる。

その他の表現

急を要する・寸刻を争う・急いては事をし損じる・せかせか・ちゃっちゃと・ばたばた・てきぱき・あたふた・急ピッチ・猛スピード・フルスピード・スピーディー・アクセル全開

いつも

→ いま・とき

基本の表現 ［ いつも・普段・通常・日常・常・常に ］

相変わらず
いつものとおり。
「―の(物言い・光景)／―(進歩がない・帰りが遅い・元気がいい)」

明けても暮れても
年がら年中。
「―(考えている・くよくよしている・ゲームばかりしている)」

朝な夕な
朝に夜に。通年。
「―に散策する／―庭いじりをしてすごす」

朝晩
朝も晩も。
「―めっきり冷え込む季節になった／―の挨拶」

起き臥し
寝ても覚めても。**起き伏し。**
「同じ屋根の下に―する」

経常
対臨時
常に一定して変わらないこと。
「―(利益・収支)／―的な収入」

恒常
一定して変わらないこと。
「―な存在／―不変／残業が―化する／―性／―的な(関係・問題・支援)」

始終
①はじめから終わりまで。
「―を(聞く・見届ける)」

②いつも。しょっちゅう。
「―(遊びまわっている・出入りする・夢を見ている)」

終始
はじめから終わりまで。ずっと。
「―上機嫌だ／――貫」

十年一日
長い間変わることなく同じ状態であること。
「―のごとく変わらない」

常時
ふだん。つねひごろ。
「―(接続する・身に着ける)」

常住
ふだん。しょっちゅう。
「―(気を付ける・心にかかっている)／―座臥ざ(=行住座臥。つねづね)」

常態
いつもの状態。
「―に復する／長時間勤務が―化する」

常套手段
いつものやり方。
「(詐欺・恋愛)の―」

四六時中
一日じゅう。
「―(聞こえる・走り回る・生活を共にする・そばにいる)」

尋常
あたりまえ。ふつう。いつも。
「―ではない(気配・空気・量)／―な(関係・手段)ではない」

随時
その時々。いつでも。
「―(対処する・利用できる・募集

する）」

朝夕〔ちょうせき〕 いつも。あさゆう。「—をすがすがしく送る／—努力を怠らない」

常々〔つねづね〕 いつも。ふだん。「—（考えている・公言している・不思議に思っている）」

常日頃〔つねひごろ〕 ふだん。「—から（心配する・接している・根回ししておく）／—の親しい風景」

日常茶飯〔にちじょうさはん〕 （ふだんの食事の意）ありふれたこと。「—に過ぎない／—の（出来事・風景）／—事」

日夜〔にちや〕 昼と夜。いつも。「—頭を痛めている問題／—研鑽する」

二六時中〔にろくじちゅう〕 一日じゅう。「—（居室にいる・つきっきりだ・勉学に励む）」

◆昔、昼を六時、夜を六時に分けたことから。「四六時中」はこの新しい言い方。

寝ても覚めても〔ねてもさめても〕 いつも。「—（気にかかる・忘れられない）」

年がら年中〔ねんがらねんじゅう〕 一年中。「—（飛び回っている・働きづめだ）」

日頃〔ひごろ〕 ふだん。「—から（世話になる・親しくしている）／—の（心がけ・備え）／—の（ご厚情に感謝する・不満が爆発する・

運動不足がたたる）」

平常〔へいじょう〕 いつもと同じであること。「—に（返る・戻る・復する）／—どおり（店を開ける・生活する）／—（運転・心）」

平生〔へいぜい〕 ふだん。平常。「—を（失する・知る）／—から抱いている考え／—と変わりない／—の心掛け／—行きつけた家」

平素〔へいそ〕 ふだん。日ごろ。「—よりご愛顧をいただく／—のご無沙汰をお詫びします」

平年〔へいねん〕 ふつうの年。「—を（上回る・下回る）／—より（遅い・多い）／—並みの（気温・出来）」

毎度〔まいど〕 いつも。「—（ありがとうございます・おなじみ）／—のことながら……」

毎々〔まいまい〕 いつも。「—（お世話になっております・恐れ入ります）」

例年〔れいねん〕 いつもの年。「—を割る／—より開花が早い／—に比べて厳しい暑さ／—になく暖かい冬／—にもまして少ない雨／—どおり」

その他の表現

エブリデイ・オールウェイズ・コンスタント・しょっちゅう・絶えず・よくある・ざら・都度都度

33

いま・とき

→ いつも／はやい・おそい

基本の表現 「今・現在・現代・時・折・頃・
時間・時刻・時代・時期・機会」

暁 あかつき ①空が少し明るくなりかけるころ。
②望んでいる物事が実現したその時。
「(完成・帰国・成功)した—には」

一刻 いっこく わずかな時間。
「—を争う／—も(気が緩められない・忘れてはならない)／—の猶予もない／春宵—値千金」

一時 いっとき ①すこしの間。
「—の辛抱だ／—たりとも忘れたことはない」
②昔の時間区分。ひととき。

◆「一時」「一刻」は昔の時間区分で今の2時間にあたる。「片時」はその半分。

折柄 おりから ①ちょうどその時。
「—の(ブーム・雨・西日)／—吹いてきた風」
②(手紙などで)…の時であるから。
「天候不順の—ご自愛ください」

折節 おりふし ①その時どき。
「—に読んできた本」
②季節。
「—の(挨拶・移り変わり)」
③ちょうどその時。
「—(思い出す・涼風が吹きすぎる)」

片時 かたとき わずかな時間。
「—といえども忘れたことはない／—も(じっとしていられない・油断できない・休むことなく動く)」

機運 きうん 時のめぐりあわせ。
「—が(起こる・生じる・熟す・高まる・漂う・広がる)／—を(生かす・とらえる)／—に(乗じる・水をさす)」

現下 げんか 現在。目下。
「—の(経済状況・社会における問題・深刻な課題)」

現行 げんこう 現在おこなわれていること。
「—の(憲法・手続き・法規)」

現今 げんこん 現在。今。
「—の(風潮・情勢・世相・流行)」

現時 げんじ (古風)今の時点。
「—の(情勢・見解)」

現時点 げんじてん 今の時点。
「—で(確認できない・計画はない・判明している)／—では明言を避けたい」

光陰 こういん 月日。
「—矢の如し／一寸の—軽んずべからず」
＊「光」は日、「陰」は月の意。

今日 こんにち (あらたまって)きょう。本日。
現在。

「**―**の繁栄を築き上げる／**―**に(たどり着く・及ぶ・至る)」

歳月 <ruby>歳<rt>さい</rt></ruby><ruby>月<rt>げつ</rt></ruby> としつき。
「**―**が(過ぎる・すべてを解決する)／**―**を送る・重ねる・過ごす・費やす・要する)／長い**―**にわたる／**―**の(重み・彼方)／幸福な**―**」

昨今 <ruby>昨<rt>さっ</rt></ruby><ruby>今<rt>こん</rt></ruby> このごろ。
「話題になっている**―**／**―**の(情勢・世相・風潮)」

潮時 <ruby>潮<rt>しお</rt></ruby><ruby>時<rt>どき</rt></ruby> ちょうどいい時。
「**―**が過ぎる／**―**を(待つ・見計らう)／(今・この辺)が**―**だ／(そろそろ・もう)**―**だ」

時下 <ruby>時<rt>じ</rt></ruby><ruby>下<rt>か</rt></ruby> (手紙文などで)このごろ。
「拝啓 **―**ますますご健勝のこととお慶び申し上げます」

時機 <ruby>時<rt>じ</rt></ruby><ruby>機<rt>き</rt></ruby> 適した頃合い。チャンス。
「**―**が(熟す・到来する)／**―**を(うかがう・失う・見計らう・見る)」

時宜 <ruby>時<rt>じ</rt></ruby><ruby>宜<rt>ぎ</rt></ruby> ちょうどよい時期。
「**―**を(はかる・得る・とらえる)／**―**に適う」

時限 <ruby>時<rt>じ</rt></ruby><ruby>限<rt>げん</rt></ruby> 時間を限定すること。
「**―**を(切る・過ぎる)／**―**(爆弾・装置・立法・販売・措置)」

時世 <ruby>時<rt>じ</rt></ruby><ruby>世<rt>せい</rt></ruby> 時代。
「**―**が変わる／**―**を見通す／**―**に(合わない・遅れる)／**―**の(移り変わり・流れ)」

時点 <ruby>時<rt>じ</rt></ruby><ruby>点<rt>てん</rt></ruby> 時の流れのうえでのある一点。
「試合に負けた**―**で引退が決まった」

星霜 <ruby>星<rt>せい</rt></ruby><ruby>霜<rt>そう</rt></ruby> (やや古風)年月。
「**―**を(重ねる・経る)／幾**―**」

刹那 <ruby>刹<rt>せつ</rt></ruby><ruby>那<rt>な</rt></ruby> 非常に短い時間。瞬間。
「**―**に一切を了解する／**―**の(快楽・感動)／**―**的な(気持ち・関係)」

只今 <ruby>只<rt>ただ</rt></ruby><ruby>今<rt>いま</rt></ruby> (あらたまって)いま。唯今。
「**―**工事中／**―**まいります／**―**の時刻をもって終了いたしました」

定刻 <ruby>定<rt>てい</rt></ruby><ruby>刻<rt>こく</rt></ruby> 定められた時刻。
「**―**を1時間過ぎる／**―**に(遅れる・着く・来る)／**―**になりましたので始めます」

定時 <ruby>定<rt>てい</rt></ruby><ruby>時<rt>じ</rt></ruby> 定期。定刻。
「**―**を(過ぎる・守る)／**―**に発車する／**―**出社／**―**株主総会」

当今 <ruby>当<rt>とう</rt></ruby><ruby>今<rt>こん</rt></ruby> (古風)このごろ。
「**―**の(学生・事情・風潮・流行)」

当世 <ruby>当<rt>とう</rt></ruby><ruby>世<rt>せい</rt></ruby> (古風)今の世。
「**―**の(サラリーマン・若者)／**―**〇〇事情」

当節 <ruby>当<rt>とう</rt></ruby><ruby>節<rt>せつ</rt></ruby> (古風)近ごろ。
「**―**の(学生・流行・若者)」

当代 <ruby>当<rt>とう</rt></ruby><ruby>代<rt>だい</rt></ruby> 今の時代。
「**―**きっての名人／**―**随一の歌人」

一時 <ruby>一<rt>ひと</rt></ruby><ruby>時<rt>とき</rt></ruby> すこしの時間。いっとき。
「(楽しい・くつろいだ)**―**／**―**の安らぎ」

砌 <ruby>砌<rt>みぎり</rt></ruby> (あらたまって)おり。ころ。
「向寒の**―** ご自愛専一に／幼少の**―**」

目下 <ruby>目<rt>もっ</rt></ruby><ruby>下<rt>か</rt></ruby> ただいま。
「**―**(進行・調査)中／**―**の(関心事・急務・問題)」

その他の表現

タイミング・リアルタイム・モーメント・チャンス

いましめる

→ あらためる／おしえる・みちびく／なおす・なおる

基本の表現 ［ 戒める・叱る・諭す・諫める・懲らしめる ］

遺戒 いかい 故人が言い残した戒め。類遺訓

「(会長・父上)の一／一に(従う・そむく)／一を(守る・胸に刻む)」

大目玉 おおめだま (目を見開いて)ひどく叱ること。

「一を食らう」

戒告 かいこく 戒め注意すること。 ＊法律では懲戒処分の一つ。

諫言 かんげん (目上の人を)いさめること。

「一を(申し上げる・受け入れる・無視する・試みる)」

噛んで含める かんでふくめる (消化しやすいように噛んで口の中へ入れてやるように)よく理解できるよう教えさとす。

「一ような口調／一ように話す」

教戒 きょうかい 教え戒めること。

「一(師・書)」

教訓 きょうくん 教えさとすこと。また、その内容や言葉。

「一に(なる・学ぶ・従う)／一を(生かす・得る)／(大きな・貴重な)一」

釘を刺す くぎをさす あとで問題とならないようあらかじめ注意する。

「上司から釘を刺される／小声で一

／(相手方・最後)に一／(きつく・一言・念のため・わざわざ)一」

口を酸っぱくする

くちをすっぱくする (忠告などを)何度も繰り返す。

「口を酸っぱくして(言う・注意する・怒る)」

訓戒 くんかい 善悪などを教えさとして戒めること。

「一を(与える・受ける・する・垂れる)／一処分／文書一」

訓告 くんこく 教え告げること。

「一処分／(文書・口頭)一／だけで済む」

訓示 くんじ 教え示すこと。特に上位の者が下位の者に示す仕事上の心得など。

「一を(垂れる・述べる・する)／(社長・大臣)一／厳しい一」

訓辞 くんじ 教え戒める言葉。訓示。

「一を受ける／校長一」

訓諭 くんゆ 教えさとすこと。

「部下に一する」

警戒 けいかい (悪いことが起こらないよう)あらかじめ戒めること。用心すること。

「一(心・感・音・区域・態勢・レベル)／

ー が(厳しい・緩む)／ーに当たる／ーを(要する・解く・怠る・呼び掛ける)／厳重なー」

警告〔けい こく〕あらかじめ注意を与えること。「ー(メッセージ・音・文)／ーが(出る・来る)／ーに(従う・耳を貸そうとしない)／ーを(発する・与える・受ける)／(違反・事前)ー」

警鐘〔けい しょう〕危険を知らせるために鳴らす鐘。「(社会・温暖化・業界)にーを鳴らす〔＝(比喩的に)警告する〕」

譴責〔けん せき〕(「譴」はとがめる意)悪いおこないを戒めること。「ーを(受ける・被る)」

小言〔こ ごと〕とがめる(非難がましい)言葉。「ーを食らう／おー」

自戒〔じ かい〕自分で自分を戒めること。「ーの(念・文・言葉)／ーを(込める・促す)／深いー」

叱正〔しっ せい〕しかってただすこと。「ごーを(賜る・乞う・仰ぐ)」＊特に詩文の添削や批評を請うときに謙遜して用いる言葉。

叱責〔しっ せき〕しかること。「ーが飛ぶ／ーを(受ける・浴びせる)／(厳しく・きつく・激しく・こっぴどく)ーする」

説教〔せっ きょう〕①宗教の教えを説く。②目下の者への堅苦しい小言。「(口うるさく・くどくど・えらそうに)ーする／ーくさい(話・小説)／長ったらしいー／おー」

切言〔せつ げん〕言葉を尽くして忠告すること。またその言葉。

ー(悪いおこないを改めるよう)

説諭〔せつ ゆ〕言って聞かせること。「ーを受ける／懇々とーする」

忠言〔ちゅう げん〕まごころをこめた戒めの言葉。「ー耳に逆らう／ーに(従う・耳を傾ける)／ーを(容れる・聞く)」

忠告〔ちゅう こく〕相手のことを思い戒めること。また、その言葉。「ーに(従う・逆らう・感謝する)／ーを(受ける・与える・無視する・守る)／(厳重に・見かねて)ーする」

懲戒〔ちょう かい〕こらしめ戒めること。「ー(処分・免職)／ーを受ける」

頂門の一針〔ちょう もん の いっ しん〕(「頂門」は頭の上。頭の上に1本の針を刺すように)急所をおさえて戒めること。

破戒〔は かい〕戒めを破ること。「ー僧／ーの罪」

反面教師〔はん めん きょう し〕戒めとなる悪い手本。「(親・失敗・事件)をーとする」

諭告〔ゆ こく〕さとし聞かせること。「ー文／ーを発する」

諭旨〔ゆ し〕目下の者にさとし告げること。「ー(免職・退学)／ーが下る」

その他の表現

油を絞〔しぼ〕る・言い聞かせる・意見する・言い含める・説き聞かす・灸〔きゅう〕を据える

37

いわい・いわう

→ すぐれる・ひいでる／よい

基本の表現 祝う・おめでたい・祝す・慶ぶ

内祝（うちいわい）自分の家の祝事を喜び他家に贈る物。
「―の(お返し・品・準備)／―を(贈る・渡す・貰う)」

賀意（がい）祝う気持ち。
「―を表す」

賀正（がしょう）新年の正月を祝うこと。
「―を述べる」

賀する（がする）祝意を述べる。
「―し奉る／福を―」

吉事（きちじ）縁起のよいこと。
「―がある／―を執り行う」

吉慶（きっけい）めでたいこと。祝うべきこと。
「新春の―」

恭賀（きょうが）つつしんで祝うこと。
「―(新年・新春)」

御慶（ぎょけい）祝うこと。また新年を祝う言葉。
「新年の―を申し上げます」

謹賀（きんが）つつしんで祝うこと。
「―新年」

慶賀（けいが）よろこび祝うこと。
「―(行事・会食)／―に堪えない／―の至りに存じます」

慶事（けいじ）よろこばしいできごと。
「―が(続く・重なる)／―の記念品／―を(祝う・報告する)」

慶祝（けいしゅく）よろこび祝うこと。
「―行事／―の意を表す／―の宴を張る／(偉業・初陣)を―する」

慶する（けいする）よろこび祝う。
「慶すべき発見」

慶弔（けいちょう）よろこばしいことと悲しいこと。慶事と弔事。
「―(費・金・用・休暇・電報・切手・見舞い)」

好事（こうじ）よいこと。めでたいこと。
「―魔多し〔=よいことにはとかく邪魔が入りやすい〕／―門を出ず」

寿ぐ（ことほぐ）祝い喜ぶ言葉を述べる。
「寿ぎの(席・日)／(新年・新春・栄光)を―／和歌を詠じて―」

参賀（さんが）皇居に行き祝意を表すこと。
「―に行く／―を(する・終える)／(一般・皇居・国民・新春)―」

祝儀（しゅうぎ）祝事に人に贈る金品。
「御―／―袋／―が(入る・必要になる)／―で賄う／―のお返し／―を(いただく・包む・弾む・辞退する)／(結婚・門出)の―」

祝言（しゅうげん）婚礼。また、お祝いの言葉。
「めでたく―が済む／―の(相手・日取り)／―を(挙げる・控える・拒む)」

言い換え文例

「昇格おめでとう！」

→ 「ご栄進を心より（お祝い・お慶び）申し上げます」
「ご昇進の由、心から祝意を表します」
「長年にわたるご尽力が実を結びましたこと、ご同慶の至りに存じます」

祝着 しゅうちゃく　相手の慶事を喜び祝う。
「─に存じます」

祝意 しゅく い　祝う気持ち。
「─訪問／─を（述べる・表する・伝える）」

祝賀 しゅく が　めでたいことを祝うこと。
「─（パーティー・行事・会）を開催する／─に（臨む・参列する）／─の（席・儀・宴を張る）／（記念・古希・新年・卒業・優勝）─会」

祝辞 しゅく じ　祝意を述べる言葉。
「─を（述べる・いただく・送る）／（たどたどしい・懇ろな）─／（来賓・学校長・会長）─」

祝勝 しゅくしょう　勝利を祝うこと。
「─（会・パーティー）／─の宴」

祝杯 しゅく はい　祝いの酒を飲むさかずき。
「─を交わす／（勝利・新年）の─／ささやかな─をあげる」

祝福 しゅく ふく　祝いよろこぶこと。
「─メッセージ／─に満ちる／─の（言葉・花束・手紙・拍手）／─を（受ける・与える・贈る）／天が─する／（快挙・前途・二人）を─する」

祝砲 しゅく ほう　祝意をこめて打つ空砲。
「─が上がる／─を（打つ・放つ）」

大安吉日 たい あん きち じつ　何をおこなうにもよいとされる日。たいあんきちにち。
「─に（祭り・式）を執り行う」

大慶 たい けい　非常にめでたく喜ばしいこと。
「─至極に存じます」

同慶 どう けい　（相手の慶事を祝って）自分にとっても喜ばしいこと。
「御─の至りに存じます／御─に堪えません」

年賀 ねん が　新年を祝うあいさつ。
「─（葉書・状・欠礼・郵便）／─の（挨拶・行事・客）／─を（受ける・賜る・渡す・贈る）」

拝賀 はい が　目上の人に祝意を述べること。
「宮中で─する」

奉祝 ほう しゅく　国民がつつしんで祝うこと。
「─（式典・行事・記念）／（御即位・建国）を─する」

その他の表現

コングラチュレーション・セレブレート・ハッピー・拍手・万歳・晴れ（ハレ）

うしなう・なくす

→ おわり・おわる／つかう

基本の表現　　失う・消える・なくす・絶える・欠ける・失せる・逸する・失する・消去する

遺失　持ち物を置き忘れること。
「一(物・届・主・者・金)」

一掃　すっかりなくすこと。
「走者一／(悪習・不安・敵・暴力・疑惑)を一する／在庫一セール」

烏有に帰す　火事などでなにもなくなる。
「(火災・戦災)で一／多くの(資料・絵画)が烏有に帰した」

雲散霧消　雲や霧のように、跡形もなく消えること。
「(望み・お金・悩み・不安)が一する／(抵抗・怒り)を一させる」

灰燼に帰す　燃えてすっかりなくなる。
「(火災・震災・爆撃)で建物が灰燼に帰した」

枯渇　なくなりそうになること。
「(資金・資源・財源・水・泉)が一する／一を防ぐ／一が生じる」

根絶　根元からたちきること。
「(人種差別・性暴力・害虫・疫病)を一する／一を(訴える・目指す・誓う)」

散逸　(まとまっていたものが)あちこちに散らばること。
「(資料・書物・文献)が一する／一を防ぐ／一した文献を集める」

散失　「散逸」のかたい言いかた。
「(重要な書類・研究資料)が一した」

失墜　失敗によって信用や権威を失うこと。
「(名誉・権威)を一した／(信用・権威・権力)が一する／信用一行為」

消散　消えてなくなること。
「(霧・煙・恨み)が一する／(不安・悩み)を一させる」

消失　すっかりなくなること。
「(すぐ・速やか)に一する／(身体の感覚・権力・意識)が一した／一を(まぬがれる・回避する)」

消尽　使いはたすこと。
「(体力・精力)を一する／相手の一を待つ」

消費　使ってなくすこと。
「一(期限・電力・者・カロリー)／一を(減らす・増やす・抑制する)」

消滅　消えてなくなること。
「一寸前／一の危機／自然一／(権利・可能性)が一する」

衰亡　勢いが衰えてほろびること。
「国家一／一の(一途をたどる・危機)／(国・文明・民族・政権)が一す

る／―を招く」

衰滅（すい めつ） しだいに衰えてなくなること。
「―に(向かう・帰する・瀕する)／(国家・政権・伝統芸能)が―する」

絶滅（ぜつ めつ） 絶えてほろびること。
「―(危惧種・寸前)／(人類・恐竜)が―する／大量―／―の危機に瀕する／―に(追いやる・向かう)」

喪失（そう しつ） だいじなものを失うこと。
「―感／(記憶・国籍・戦意・権威)―／(資格・記憶・自信)を―する」

風化（ふう か） 印象や記憶などが時を経てしだいに薄れていくこと。
「記憶の―／戦争の記憶が―している／(事故・記憶)を―させない／―を防止する」

紛失（ふん しつ） 他にまぎれてなくなること。
「―(届・物・状)／(免許証・文書)を―する／(海外・盗難)で―した／―を防止する／―に備える」

亡失（ぼう しつ） なくしてしまうこと。
「(現金・物品・証券)を―する／―の届出」

忘失（ぼう しつ） すっかり忘れること。忘れたままなくすこと。
「(名前・記憶)を―する」

棒に振る（ぼう に ふ る） 手に入れかけたものをなくす。
「(チャンス・一生・1年間)を―」

撲滅（ぼく めつ） 悪いものを完全になくすこと。
「―運動／(感染症・犯罪・貧困・飢餓・性暴力・いじめ)を―する／―を(図る・目指す・訴える・求める)」

没却（ぼっ きゃく） 頭のなかから消し去ること。
「(趣旨・自我・個性)を―する」

抹殺（まっ さつ） 存在を消すこと。
「社会から―される」

抹消（まっ しょう） 書かれていたものを消すこと。
「(籍・登録・名前・過去・記録)を―する／名簿から―される」

霧散（む さん） 霧のように散って消えること。
「(疑い・決意・気力)が―する／跡形もなく―した」

滅却（めっ きゃく） 消し去ること。
「心頭―／(煩悩・自己)を―する」

滅失（めっ しつ） 価値あるものがなくなること。
「(建造物・古寺)が―する」

滅尽（めつ じん） 跡形もなく消えること。
「(煩悩・身心)を―した／渇愛の―」

滅亡（めつ ぼう） 国などがほろびること。
「(国家・人類・地球)が―する／―の一途をたどる／―の危機」

流失（りゅう しつ） (洪水などで)流されてなくなること。
「大雨で橋が―する」

流出（りゅうしゅつ） (中にあったものが外へ)流れ出ること。
「―(物・事故)／(写真・データ・個人情報・通貨・技術・土砂・人材)が―する／―を防ぐ」

その他の表現

ロス・ロスト・すっからかん・ぽっかりと穴があいたよう・跡形もなくなる・影も形もない

うたがう

→ いましめる

基本の表現 [疑う・怪しむ・訝しむ・危ぶむ・
勘繰る・疑問・疑惑]

訝る（いぶかる） うたがわしく思う。
「（記憶・心・言葉・真意・様子）を
―／―ような目つき」

胡散臭い（うさんくさい） 挙動がなんとなくあやしい。
「―（顔・客・人物・説明）／―視線を一
斉に注ぐ／いかにも―」

胡乱（うろん） 挙動があやしく疑わしいこと。
「―な（人物・視線・目付き・客・行
動・記憶）」

懐疑（かいぎ） 本当にそうなのかと疑いを持
つこと。
「―が（起こる・兆す・芽生える）／―の
目を向ける／漠然たる―／―心」

合点がいかない（がてんがいかない） 納得でき
ない。
「なぜこうなったのか―」

疑雲（ぎうん） 疑いがかかっているようす（を
雲にたとえた言い方）。
「―に（つつまれる・覆われる）／―を
晴らす」

疑義（ぎぎ） 意味がはっきりしないこと。
「―が生じる／（幾つか・重大な）
―がある／―を（差し挟む・呈する）」

疑懼（ぎく） うたがい不安になること。
「―が頭をもたげる／娘の将来
を―する／―の念を抱かせる」

疑心（ぎしん） うたがう気持ち。
「―が湧く／―を（抱く・深める）
／何の―もない／―の渦が広がる」

疑心暗鬼（ぎしんあんき） 見聞きするものすべて
が疑わしいこと。
「―に（陥る・駆られる・とらわれる）／
―を生ず」

疑団（ぎだん） 心のなかにある疑い。
「―が（残る・広がる）／胸中の
―全く氷解する」

疑点（ぎてん） うたがわしい点。
「―が（残る・氷解する）／―を
（探る・ただす・晴らす）」

疑念（ぎねん） うたがわしく思う気持ち。
「―が（生じる・高まる・ぬぐえな
い深まる）／―を（募らせる・晴らす）
／―に駆られる／一抹の―」

疑問符（ぎもんぷ） 疑問を表すしるし。また、
疑問、うたがいの気持ち。
「（資質・指導力）に―がつく／―で頭
の中を一杯にする」

怪訝（けげん） 不思議で納得がいかない様子。
「―な（面持ちを解く・視線を投
げる・笑いを漏らす）／―そうな（顔・
声・表情）」

嫌疑（けんぎ） 悪事をはたらいた疑い。
「―が（薄い・かかる・深まる）／

狐疑 〔キツネはうたがい深い動物と
_{こぎ} 考えられたことから〕疑問が多
く決心がつかないこと。

「—する人／—逡巡」

猜疑 〔「猜」もうたがう意〕人をうたが
_{さいぎ} うこと。

「—心／—が(渦巻く・横行する・深く
なる)／—に満ちる」

釈然としない すっきりせず
_{しゃくぜん} に落ち着かな
い。

「—(面持ち・気持ち・弁解)／(どうも・
まだ)—」

邪推 他人の言動をわざと疑ってか
_{じゃすい} かること。

「—で固まる／—に過ぎない／勝手
に—する／二人の仲を—する」

灰色 はっきりせずに疑いが残るこ
_{はいいろ} と。グレー。

「容疑は—のままだ」

半信半疑 本当かうそか判断に苦
_{はんしんはんぎ} しむ。

「—で話を聞く／—のまま使ってみる
／いまだに—だ」

不信 信用できないと思うこと。
_{ふしん} 「—感／—が(渦巻く・高まる・
根深い)／—を(植え付ける・解消す
る・助長する)／—に陥る／人間—」

不審 よくわからずおかしいと思うこ
_{ふしん} と。あやしいと思うこと。

「—者／—が(生じる・募る・胸に巣食
う)／—な(足跡・顔つき・車・人影)／
—に思う／挙動—」

腑に落ちない 納得がいかな
_ふ _お い。

「その説明はどうにも—／—顔」

眉に唾を付ける だまされ
_{まゆ} _{つば} _つ ないよう
に疑ってかかる。

「—眉に唾を付けて聞く」

眉を顰める 不安や不審のため
_{まゆ} _{ひそ} に不快な気持ちが
おさえられない。

「(怪訝そうに・険しく・露骨に)—」

容疑 「—が(確定する・濃い・増大す
_{ようぎ} 罪をおかしたうたがい。
る・深い)／—を(晴らす・否認する・認
める)／—者」

その他の表現

グレー・ダウト・クエスチョン・
ミステリー・眉唾_{まゆつば}・首を
ねる・首を傾げる・小首を傾
げる・痛くない腹を探られる・
疑いの目・人を見たら泥棒と
思え・もやもや・ぐるぐる

えらぶ

→ きめる／たのむ・まかせる・ゆずる

基本の表現 | 選ぶ・選りすぐる・選り抜く・選挙・選択・採用

簡抜 かん ばつ　えらんで抜きだす。
「優秀な人材を―する」

決選投票 けっ せん とう ひょう　一回の投票では決まらず、上位二人でもう一度おこなう投票。
「―を(おこなう・実施する)／―にもつれこむ」

厳選 げん せん　きびしい基準で選ぶこと。
「世界各国から―した紅茶／―素材にこだわりました／(原料・材料・素材)を―する／ソムリエ―」

候補 こう ほ　選ばれる対象となる人・もの。
「―が乱立する／―を(絞り込む・立てる)／―に(あがる・加える)／―(地・者)／(優勝・幹部)―」

互選 ご せん　(関係する人の間で)互いに選ぶこと。
「―で決める／(委員会・取締役)による―/(委員長・議長)を―する」

採択 さい たく　よいものを選びとること。
「(決議・憲法・条約・声明・戦術・不信任案)を―する／宣言が―される」

採否 さい ひ　採用するかしないかということ。
「―を(決める・決定する・検討する)／―(結果・権・通知)／―の(決定・結果・連絡)／―に影響する」

取捨 しゅ しゃ　必要なものを選び不要なものをすてること。
「資料を―する／―に迷う／―の余地がない／―(分別・選択)」

白羽の矢が立つ しら は の や が た つ　(人身御供を求める神が、選んだ家の屋根に白羽の矢を立てるという俗説から)多くのなかから選ばれる。

精選 せい せん　念入りに選びとること。
「(品物・著作)を―する／―された(商品・美術品)／―(米・品・本)／とびきり―された材料」

選 せん　選ぶこと。選んだもの。
「―を異にする／―に(入る・漏れる)／名作百―／短歌の―にあたる」

選外 せん がい　選ばれなかったこと。
「―に(落ちる・漏れる)／―佳作」

選考 せん こう　多くのもののなかからすぐれたものを選ぶこと。
「―が難航する／(公正・不正)な―／(学生・作品)を―する／―に漏れる／―(基準・結果)／書類―」

選出 せん しゅつ　選び出すこと。
「―を要求する／(会員・クラス委員・首相)を―する／地元―の議員」

選定 多くのもののなかから選んで決めること。

「一に(叶う・苦しむ)/(候補者・場所)を一する/一(基準・理由)」

選任 ある人を選んでその任につかせること。

「役員の一に当たる/(委員・会長・教授)を一する/補欠一/委員の一及び解任」

選抜 多くのもののなかからすぐれたものを選びぬくこと。

「一に漏れる/(精鋭・隊員・メンバー)を一する/候補者の中から一する/一(試験・チーム)」

選別 ある基準でよりわけること。「一が進む/(果物・種・人材・物品)を一する/成績で一する」

択一 二つ以上のなかから一つを選ぶこと。

「二者一/一的」

抽出 必要なものだけをとりだすこと。「無作為一/(エキス・エッセンス・結晶)を一する/リストから条件を満たすものを一する」

抽籤 くじを引いて選ぶこと。「一で(選ぶ・決める)/一に(当たる・外れる・漏れる)/厳選な一/一会」

粒選り すぐれたものをよりぬくこと。また、よりぬいたもの。

「一の(苺・作品・人材・みかん・メンバー)/一の選手を派遣する/一の品を揃える」

当選 選挙で選ばれること。

「一おめでとう!/無投票で一

が決まる/委員長に一する/一無効」

特選 特にすぐれているとして選ばれたもの。

「一に入る/一品」

入選 審査の結果、選ばれること。「(コンクール・展覧会)で一する/一を(逸する・逃す・祝う・確信する・果たす)/一作」

抜粋 必要な部分を選び抜き取ること。

「(小説・本)からの一/(記事・必要な箇所・要点)を一する」

篩に掛ける よいものだけを選び出す。

「(受験生・志願者)を一」

見繕う 適当な品を選んで整える。「(贈り物・プレゼント・料理の材料・酒の肴)を一/適当に一」

選り取り 自由に選び取ること。「一の(お菓子・物件)/一見取り」

選りに選って いろいろな選択肢のうち困ったものを選んだという気持ちを表す。

「一こんなものを買ってくるなんて」

落選 審査や選挙の結果、選ばれないこと。

「一の憂き目/(コンテスト・懸賞小説)に一する/惜しくも一する」

その他の表現

セレクト・ピックアップ・チョイス

おおきい・ちいさい

→ くわしい・こまかい／さかえる

基本の表現 　[大きい・大柄・巨大・特大・
大小・小さい・小柄・微小]

おおきい

遠大（えん だい）　先を見通して規模が大きいこと。
「―な(計画・目的・理想・志)」

大形（おお がた）　形が大きいこと。
「―の(花柄・模様)」

大型（おお がた）　似たもののなかで大きいほう。
「―の(財政出動・台風・トラック)／―(株・テレビ・動物・連休・新人)」

大粒（おお つぶ）　粒が大きいこと。
「―の(雨滴・真珠・雪)／額に―の汗がふき出す／―な苺」

過大（か だい）　大きすぎること。
「―な(責任が生じる・費用を要する・期待をする)／―に(見積もる・礼賛する)／―評価」

強大（きょう だい）　強くて大きいこと。
「―な(勢い・引力・牽引力・組織・力・爆発力)／帝国が―になる」

極大（きょく だい）　とても大きいこと。
「―値／―な被害／生産量の―化をはかる／利潤の―を目指す」

広大（こう だい）　広くて大きいこと。
「―な(宇宙・海・原生林・敷地・大地・領土)／―な活字の海」

甚大（じん だい）　程度が極めて大きいこと。
「―な損害／はかり知れない―な影響／長大な時間と―な労力」

盛大（せい だい）　とてもさかんなこと。
「―な(歓迎を受ける・拍手を送る)／―に(祝う・肉を焼く)」

絶大（ぜつ だい）　程度が極めて大きいこと。
「―な(影響力・権威・支援・自信・人気)／―な(成功をおさめる・権力をふるう・信用を得る)」

壮大（そう だい）　規模が大きいこと。
「―な(嘘・仮説・スケール・ストーリー)／雲をつかむような―な夢／気宇―」

長大（ちょう だい）　長くて大きいこと。
「―な(記録・作品・山脈・小説・交響曲・データ)／―重厚な産業」

肥大（ひ だい）　太って大きくなること。ふくれあがること。
「想像力が―する／―した体／―化を(避ける・招く・抑制する)」

無限大（む げん だい）　限りなく大きいこと。
「―に(増長する・楽しめる・続く)／夢が―に膨らむ」

雄大（ゆう だい）　規模が大きく堂々としていること。
「―な(景色・白浜・構想・情景・発展・富士山)／―積雲／自然の―さ」

あ

おおきい・ちいさい

ちいさい

一寸 いっ すん とても短い／小さいこと。
「―の光陰軽んずべからず／―の虫にも五分の魂／―先は闇」

過小 か しょう 小さすぎること。
「―に(評価する・見積もる)／―(視・評価)／力量を―に見誤る」

極小 きょく しょう とても小さいこと。
「―(期・化・値・国・面積)／―の(粒子・結晶・生物・物質)」

群小 ぐん しょう 多くの小さいもの。
「―(国家・企業・勢力・惑星)」

小形 こ がた 形が小さいこと。
「―の(模様・個体)」

小型 こ がた 似たもののなかで小さいほう。
「―の(犬・辞書・タクシー)」

小粒 こ つぶ 粒が小さいこと。
「―の(汗・雨・体・花・ボタン・実)／山椒は―だがぴりりと辛い」

些々 さ さ ほんのわずか。
「―たる(感情・言動・問題)」

些細 さ さい 問題にならないほど小さいこと。
「―な(過ち・きっかけ・仕草・トラブル)／―な事から喧嘩が始まる」

瑣末 さ まつ 小さくて大事でない。
「―な(現象・事柄)／―なことに(かかずらう・拘泥する)」

袖珍 しゅう ちん ポケットに入るくらいの大きさ。
「―版の辞書／―本」

露 つゆ ごくわずかなこと。はかないこと。
「―の(命・世)／―ほども疑わない」

猫の額 ねこ の ひたい 土地が極めて狭いことのたとえ。
「―ほどの(庭・畑・店先・土地)」

微細 び さい こまかいこと。
「―な(動き・変化)／―に(描写する・渡って書き記す)」

微々 び び かすかなこと。小さいこと。
「―たる(収入・力・知識・変化・勢力・差)」

豆粒 まめ つぶ 小さいことやもののたとえ。
「人が―のように小さく見える」

微塵 み じん 細かいこと。わずかなこと。
「―に(打ち砕く・壊れる)」

零細 れい さい 規模や数が小さいこと。
「―(企業・農家)」

矮小 わい しょう 規模が小さいこと。
「―な考え／―化／―惑星」

その他の表現

ビッグ・ジャンボ・ラージ・メガ・マクロ
ミニ・プチ・コンパクト・マイクロ

47

おくる・むかえる

→ あう・わかれる／あたえる／はげます／やる・もらう

基本の表現 ［ 送る・届ける・送り届ける・送り出す・運ぶ・
見送る・送迎・迎える・出迎える・受ける ］

おくる

移送 他の場所へ移し送ること。
「(患者・事件・容疑者)を―する」

運送 荷物を送ること。
「(家具・貨物・救援物資)を―する／―(会社・店・費)」

回送 他の場所へ送ること。
「(手紙・郵便物)を―する／転居先に―する／電車を車庫に―する」

歓送 旅立ちを祝い送り出すこと。
「―会／(卒業生・転任の同僚・選手団)を―する」

後送 後で送ること。
「資料は追って―する／荷物は別便で―する」

護送 守りながら送りとどけること。
「(囚人・大金・タンカー・現金輸送車)を―する」

去る者は追わず 自分から離れていこうとする者は無理に引きとめない。
「―、彼の意思を尊重しよう」

送還 送りかえすこと。
「(使者・捕虜・拘留者)を―する／本国に―する／強制―」

壮行 旅立ちを祝い励ますこと。
「―を祝する／―会」

送信 通信を送ること。
「(画像・メール・緊急信号)を―する／(インターネット・電波)で―する／―機」

送達 文書を送りとどけること。
「―を受ける／(召喚状・書類・信書)を―する／令状の―／―受取人」

送付 (書類や品物を)送りとどけること。
「書類を―する／―(状・先)」

送別 別れていく人を送ること。
「―の(歌・宴・言葉)／―会／(転勤する同僚・卒業生)を―する／―の辞を述べる」

託送 業者にたのんで送ること。
「(書類・手荷物)を―する／―(電報・料金・手荷物)」

直送 直接送ること。
「(海産物・野菜)を―する／(産地・農家)から―する／―便」

追送 後でもう一度送ること。
「予備品は―する／(書類・予備の部品)を―する」

転送 別の場所へ送ること。
「(手紙・メール・郵便物)を―する／(海外・関係者・転居先)に―する」

漢字書き分け

おくる

【送】届ける。見送る。次に移す。過ごす。

「荷物を送る／声援を送る／送り状／卒業生を送る／順に席を送る／楽しい日々を送る」

【贈】金品などを人に与える。

「お祝いの品を贈る／感謝状を贈る／名誉博士の称号を贈る」

／一願います／一(先・速度)」

配送 はい そう 配達して送りとどけること。

「一を依頼する／(商品・注文品・荷物)を一する／一係／都内は無料で一します」

派遣 は けん 指示して人を行かせること。

「一を(急ぐ・受け入れる・頼む)／(軍隊・使節・調査団)を一する／人材一業／一(社員・労働者)」

派出 は しゅつ 仕事先に行かせること。

「看護師を一する／臨時一所／一看護師」

発送 はっ そう 荷物を送り出すこと。

「(案内状・お歳暮・注文品)を一する／ご注文の品はまもなく一いたします」

別送 べっ そう 別に送ること。

「書籍は明日一します／代金一」

輸送 ゆ そう 大量の物や人を運ぶこと。

「(貨物・商品・物資)を一する／(鉄道・トラック・船)で一する／万難を排して一する／一(船・費)」

むかえる

歓迎 かん げい よろこんで迎え入れること。

「一を(受ける・示す)／一に出会う／一の意を表する／一の(言葉・辞)を述べる／(あたたかい・至れり尽くせりの・盛大な)一／(心から・こぞって・渡りに船と)一する」

門戸を開く もん こ ひら 自由に出入りさせること。

「広く一／(外国・一般市民)に一／日本はその頃から世界に**門戸を開いて**いた」

その他の表現

ウェルカム・いらっしゃい・ようこそ

おこる・しょうじる

→ やる・もらう

基本の表現 [起こる・生じる・生まれる・芽生える・
兆す・発する・発生・出現・誕生]

喚起〔かんき〕 呼び起こすこと。
「―を(促す・図る)／(イマジネーション・恐怖・注意)を―する」

偶発〔ぐうはつ〕 思いがけずに起こること。
「(戦争・事故)が―する／思いがけない―事／―的な(幸運・事件・出来事)／―事件」

継起〔けいき〕 相次いで起こること。
「(凶悪犯罪・重大な事件・不祥事)が―する／政界に―する疑惑」

興起〔こうき〕 意気が奮い起こること。
「(開発・軍備の充実・世論)を―する／感奮―する」

興亡〔こうぼう〕 盛んになったり衰えたりすること。
「―を(賭ける・共にする)／(一族・国家・民族)の―」

再燃〔さいねん〕 (いったんおさまっていたものが)再び問題になること。
「(運動・金融危機・対立・世論)が―する／問題がにわかに―する」

再発〔さいはつ〕 (よくないことが)再び起こること。
「―を(繰り返す・予防する)／(危機・病気・病)が―する／―防止」

散発〔さんぱつ〕 間をおいて起こること。
「(事故・地震)が―する／―的な(回答・笑い)」

惹起〔じゃっき〕 (事件・問題を)引き起こすこと。
「(破綻・大混乱)を―する／(怖れていた事態・論争)が―される」

出来〔しゅったい〕 事件が起こること。
「(異変・火急の用・珍事)が―する／大事件―」

触発〔しょくはつ〕 刺激されて(ほかのことを)起こすこと。
「(行動・庶民)を―する／友人の成功に―される／彼女に―されてジョギングを始めた」

新興〔しんこう〕 新しくおこること。
「―(国・宗教・勢力)」

生起〔せいき〕 (事件・現象が)現れ起こること。
「絶えず新しい心配事が―する／現代社会に―するさまざまな問題」

続発〔ぞくはつ〕 たてつづけに起こること。
「(事故・テロ)が―する／同じ手口の盗難が―している」

台頭〔たいとう〕 新しい勢力が力を得ること。
「―が(著しい・目につく・めざましい)／―を(警戒する・許す・喜ぶ)／(機運・新興勢力)が―する」

多発〔たはつ〕 たくさん発生すること。
「―を防ぐ／(事故・地震)が―する／―外傷／―する豪雨」

突発 とっぱつ とつぜん起こること。
「(事件・異変・問題)が―する／―事故が起こる／―的な行動」

派生 はせい （もとのものから）分かれて生じること。
「(意味・単語)が―する／―的な表現／別の問題が―する」

発現 はつげん 実際に現れ出る。
「自我の―／効果が―する」

発祥 はっしょう 物事が起こり現れること。
「(先祖・仏教・ジャズ)の―地／古代文明―の地」

発動 はつどう 活動を始める。行動を起こす。
「(拒否権・法・強権)を―する／情意の―／作戦が―される」

頻発 ひんぱつ くりかえし起こること。
「(火災・災害・衝突)が―する／―地震」

復興 ふっこう （いちど衰えたものが）再びさかんになること。
「―が軌道に乗る／―を(祈念する・成し遂げる・やってのける)／―は道半ば／(奇跡の・華々しい)―」

併発 へいはつ 別のものといっしょに起きること。
「(余病・嘔吐感と頭痛・風邪から肺炎)を―する／別の問題が―した」

蜂起 ほうき 大勢の人が一斉に反乱を起こすこと。
「―を(企てる・鎮圧する・呼び起こす)／―に(加わる・参加する)／(住民・労働者)が―する／武装―」

発起 ほっき （「発」も「起」もおこす意）なにかを始めようと計画すること。
「(事業・送別会・新計画)を―する／一人／一念―」

勃興 ぼっこう 急にさかんになること。
「(科学・大衆芸術・文学)が―する／新しい国家が―する」

発作 ほっさ はげしい症状が急に起こること。
「―が(誘発される・おさまる)」

勃発 ぼっぱつ 事件が突然起こること。
「―を(押さえこむ・引きおこす)／戦争が―する」

誘発 ゆうはつ ある事が他の事を誘い起こすこと。
「(事故・嫉妬・笑い)を―する」

連発 れんぱつ たてつづけに起きること。
「(新記録・生あくび・凡ミス)を―する」

その他の表現

産声を上げる・火のない所に煙は立たぬ・端を発する・ハプニング・ベンチャー

おしえる・みちびく

→ いう・とく・のべる／いましめる／すすめる・さそう

基本の表現 | 教える・導く・躾ける・教育・教授

涵養（かんよう）（水がしみこむようにゆっくりと）養い育てること。
「―に努める／（道徳心・表現力）を―する」

教化（きょうか）教えみちびくこと。
「（学生・住民・民衆）を―する／同じ思想に―する」

教学（きょうがく）教育と学問。
「―の（振興・研鑽）」

教訓（きょうくん）教えさとすこと。その教え。
「―を生かす／―に従う／人生のよい―となった／―的な話」

教示（きょうじ）具体的なやりかたを教えること。
「―に従う／（技術・戦略）を―する／ご―を（仰ぐ・頂く・賜る）／ご―のほどよろしくお願いいたします」

教習（きょうしゅう）技術などを教え身につけさせること。
「―所／―を受ける」

教導（きょうどう）教えみちびくこと。
「―に（あたる・携わる）／（懇切に・きびしく）―する／（青少年・民衆）を―する／ご―を賜りたく」

訓育（くんいく）品性を高めるように教育すること。
「児童を―する／―を重んじる」

薫陶（くんとう）すぐれた人格や人徳で感化しみちびくこと。
「恩師の―を受ける／―のたまもの／有形無形の―」

啓発（けいはつ）気づかないでいることを教え示すこと。
「（国民・読者・自ら）を―する／（考え・言葉）に―される／自己―」

啓蒙（けいもう）（「蒙」は道理にくらい意）新しい知識や考えを示し、教えみちびくこと。
「―に貢献する／（大衆・人々・労働者）を―する／―的な文章／―書／（講義・本）に―される」

指示（しじ）さししめすこと。命令すること。
「―が飛ぶ／適切な―／―を（受ける・伝える・仰ぐ・与える）／―に（任せる・従う）／―書」

指導（しどう）目標をめざして教えみちびくこと。
「―を（仰ぐ・怠る）／―に当たる／（懇切・的確・丁寧）な―／（生活・進路）―／―力」

指南（しなん）（芸術や武術などを）教えみちびくこと。教えみちびく人。
「―を（受ける・請う）／―（書・役）／ご―願います」

言い換え文例

「どうやったらいいか教えてほしい」 ➡ 「ご教示のほど、よろしくお願いします」

「次に何をやったらいいか教えて」 ➡ 「次にすべきことをご指示いただけますでしょうか」

「先生に教えてもらったおかげです」 ➡ 「これもひとえに先生の薫陶の賜物です」

「教えてもらったことを忘れない」 ➡ 「教訓として胸に刻みます」

主導 しゅどう 中心となってみちびくこと。
「(クーデター・政策・歴史)を―する／―的な役割を果たす／―権」

唱導 しょうどう 人の先に立って主張すること。
「(新説・必要・運動)を―する」

助言 じょげん 人の助けになることを言うこと。
「―が役立つ／―を(与える・疑う・得る・必要とする・求める)／(気軽・具体的・親身・適切)な―／―に従う」

先導 せんどう 先に立ってみちびくこと。
「―を預ける／―に従う／白バイが―する／―(車・役)」

善導 ぜんどう よい方向へみちびくこと。
「(精神・若者)を―する」

調教 ちょうきょう 犬や馬などを訓練すること。
「―を受ける／―師」

手取り足取り てとりあしとり こまかいところまでていねいに教えること。
「―(教える・指導する・説明する)」

手解き てほどき 初歩を教えること。
「―を(受ける・教わる)／(囲碁・恋・商売)の―／親切に―する」

伝授 でんじゅ 学問や武芸のだいじなところを教えさずけること。
「―を(請う・望む)／(極意・知識・秘術)を―する／―を受ける／筆法―」

陶冶 とうや 能力や人格をきたえて育てること。
「(人格・知性)の―／(青年・人間性)を―する／自己の―に余念がない」

徳化 とっか 徳によって教えみちびくこと。
「―を及ぼす／民衆を―する」

布教 ふきょう 宗教の教えを広めること。
「―を(施す・許す)／―活動／―(師・団・者)」

補導 ほどう 青少年を正しい道に守りみちびくこと。
「(青少年・非行少年)を―する／警察に―される／―処分／―歴」

蒙を啓く もうをひらく 世の道理を教えみちびくこと。啓蒙。
「庶民の―／彼の説が―／世の―」

誘掖 ゆうえき わきからみちびき助けること。
「―に努める」

その他の表現

教鞭(きょうべん)を執る・教壇に立つ・入れ知恵・アドバイス・コーチ・ガイド・インストラクション・オリエンテーション・チュートリアル

おどろく

→ みる

基本の表現 [驚く]

啞然 おどろきのあまり言葉を失うこと。
「(意外な事実・あまりのこと)に―とする/―として声一つ出なかった」

泡を食う おどろきあわてる。
「泡を食って逃げ出す/その変貌を見たら誰だって―」

息を呑む おどろいて息をするのを忘れたようになる。
「はっと―/思わず―美しさだ」

一驚 すっかりおどろくこと。
「(意外な事実・ただならぬ様子・あまりの迫力)に―する/―を喫する」

意表を突く 思いもよらない行動をする。
「―(作戦・攻撃・人事)」

愕然 思いがけないことにひどくおどろくこと。
「(真実を知らされて・意外な話に)―とする/―として顔色を変える」

喫驚 非常におどろくこと。
「父は私の苦しみを知って―した/その時の―を察する」

肝を冷やす あぶない目にあってひやりとする。
「突然後ろから押されて―/一時はどうなることかと肝を冷やした」

驚異 おどろくほど並外れていること。
「―の(生命力・走り・数字)/―的な(速さ・人気・価格・発明・記録)/自然の―/―に満ちる」

驚愕 非常におどろくこと。
「その光景を見て―した/町中を―させた出来事/―に値する/―の(事実・面持ち・色)」

驚喜 おどろくと同時によろこぶこと。
「(思わぬ再会・まさかの勝利)に―する/―の(表情を浮かべる・叫びをあげる)/一同は―した」

驚嘆 おどろき感心すること。
「この成果は―に値する/(画力・新しい発見)に―する/―して息を呑む/―すべき光景/―の声」

仰天 非常におどろきあわてること。
「―して腰が抜ける/びっくり―/先生の話を聞いて―する」

驚倒 非常におどろくこと。おどろかせること。
「世間を―させた出来事/―せずにはいられない/―すべき事実を聞く」

腰を抜かす おどろいて立っていられなくなる。
「その光景を見て腰を抜かした」

舌を巻く ひどく感心させられる。
「巧みな手腕に一」

周章狼狽 おどろいて大いにあわてること。
「(不意の質問・気まずい人物との遭遇)に一する/詰問されて一する」

衝撃 思いがけない出来事に非常におどろくこと。
「一の事実/あまりの一にたえられない/一を(与えた・受けた)/一的」

震駭 非常に驚き、おそえふるえること。
「全世界が一した」

震撼 世間をおどろかせること。
「戦争の勃発は世界中の人々を一させた/音が小刻みに一した」

青天の霹靂 突発的な出来事におどろく。
「その知らせは私にとって一だった」

血の気が引く 思いがけない出来事に正気を失うことのたとえ。
「一思いがした」

動転 おどろきのあまり正気を失うこと。
「気が一する/(娘の家出・その光景)に一した/一した父は意味不明なことを呟いている」

瞠目 おどろきなどで目を見開くこと。
「一すべき成果/この絵画は一に値する出来映えだ」

二の句が継げない
おどろいて言葉が出てこない。
「二の句が継げず黙ってしまった」

寝耳に水 突然の出来事におどろくことのたとえ。
「一の(話・知らせ・出来事)」

呆然 あっけにとられるようす。
「一人残され一とする/まさかの結末に一とした/一と立ち尽くす」

目玉が飛び出る 値段が高くてとてもおどろく。

目を疑う 自分の見たものが信じられない。
「変貌ぶりに一/一光景/一ばかりの美しさ/夢ではないかと一」

目を見張る おどろきのあまり目を大きく開いて見る。
「思わず**目を見張った**/一ような光景/あまりの庭の広さに一」

藪から棒 いきなり物事をおこなうこと。だしぬけ。
「一に(怒鳴られる・縁談を持ち出した)」

その他の表現

開いた口が塞がらない・呆気に取られる・あっと言わせる・顎が外れる・驚き桃の木山椒の木・狐につままれる・肝を潰す・度肝を抜かれる・鳩に豆鉄砲・サプライズ・ショック・びっくり・ぽかん・どぎまぎ

おもう・かんじる・かんがえる

→ あいする・このむ／うたがう／しる・わかる／しんじる／ねがう／みる

基本の表現 「思う・感じる・考える・鑑みる・慮る・顧みる・思考・思想・想像・印象」

感情を生じる

意中 い ちゅう　心の中(で考えていること)。
「―を(察する・探る)／―の人」

感懐 かん かい　心に感じ思うこと。
「―を(述べる・抱く)」

感慨 かん がい　しみじみとした思い。
「―にふける／―を抱く／―無量」

感心 かん しん　心に深く感じること。感服。
「いたく―する」
＊「感心」には評価の意が含まれるので、目上に使うのに向かない。

感知 かん ち　感づくこと。
「地震を―して作動する」

共感 きょう かん　同じような気持ちになること。
「―を(呼ぶ・覚える・得る)」

雑感 ざっ かん　とりとめのない感想。
「日々の―を綴る／―を述べる」

実感 じっ かん　実際に感じること。
「効果を―する／生きている―／―がわく／―を(持つ・伴う)」

思念 し ねん　心に思うこと。
「―をこらす／―が残る」

邪念 じゃ ねん　①よこしまな考え。邪心。
②気を散らすいろいろの思い。雑念。

「―がわく／―を払う」

執念 しゅう ねん　深く思いつめる気持ち。
「―を燃やす／―深い」

情念 じょう ねん　理性で抑えられない感情。
「―がわく／人間の―を描く」

所懐 しょ かい　心に思っていること。所感。
「―を(述べる・示す)」

所存 しょ ぞん　心に思っていること。つもり。
「日々邁進していく―です」

心境 しん きょう　(そのときの)気持ち。
「―を語る／―の変化」

想念 そう ねん　心に浮かぶ思い。
「―にとらわれる／―と感情」

俗念 ぞく ねん　(名誉や利益にひかれる)世俗的な考え。

直感 ちょっ かん　ひらめき。
「―を大事にする／―で選ぶ」

痛感 つう かん　身にしみて感じること。
「力不足を―する／日々―している」

同感 どう かん　同じように感じること。
「まったくもって―です」

予感 よ かん　前もって感じること。
「嫌な―がする／―が的中する」

余念 よ ねん　ほかの考え。余計な考え。
「(準備・計画)に―がない」

「私が思うのは……」　➡　「推測いたしますと……」
「……と愚考いたします」

「よく考えてほしい」　➡　「熟考のほどお願いいたします」
「何卒ご賢慮ください」

「ちょっと考え直して」　➡　「ご一考願います」

おもいうかべる・おもいだす

回顧 かい こ　昔を思い出すこと。
「幼少時代の―／―録」

回想 かい そう　昔のことを思い出すこと。
「主人公の―／―シーン」

空想 くう そう　現実を離れて想像すること。
「―にふける／―上の生物」

随想 ずい そう　折にふれて思うこと。またそれ
をまとめた文章。
「―を巡らす／―録」

想起 そう き　おもいおこすこと。
「記憶の―／―と忘却」

追憶 つい おく　昔を思いしのぶこと。
「遠い―の彼方／―をたどる」

追懐 つい かい　昔を想って懐かしむこと。
「往事を―する／―の情」

夢想 む そう　①夢のなかで思うこと。
②夢のようなことを思うこと。
「―を抱く／―家」

連想 れん そう　ある事柄から、関連する別の
事柄を思い浮かべること。
「―が働く／勝手な―／―ゲーム」

おもいめぐらす

一考 いっ こう　一度考えてみること。
「―の余地がある／ご―くださ
い」

意図 い と　しようとすること・考え。
「作者の―／―を(伝える・も
つ)」

遠慮 えん りょ　先のことまで見通して考えるこ
と。深慮。
「深謀―」

憶測 おく そく　根拠なく推測すること。
「―が外れる／―が―を呼ぶ」

勘案 かん あん　いろいろと考えあわせること。
「双方の言い分を―して決める」

勘考 かん こう　じっくりと考えること。
「ご―願えればと思います」

観想 かん そう　心を静かにして集中し思いを
こらすこと。

愚考 ぐ こう　(愚かな考えの意)自分が考え
ること。[謙譲語]
「……と―いたします」

賢慮 けん りょ　(賢い考えの意)考えること。[尊
敬語]
「何卒ご―ください」

考察 こう さつ　よく調べたり考えたりすること。
「―を(加える・進める・深める)」

考慮 こう りょ　関係する要素も含めてよく考
えること。
「―に入れる／特別の―を要する」

考量 こう りょう　あれこれ考えあわせること。
「比較―を行う／―を図る」

顧慮（こ りょ） 気にかけること。
「一切―していない」

思案（し あん） あれこれ思い考えること。
「―に暮れる／―顔」

思惟（し い） （宗教や哲学上の問題などについて）深く考えること。

思索（し さく） 筋道を立ててよく考えること。
「―にふける／―を（深める・重ねる）」

熟思（じゅく し） じっくり考えること。
「―黙想」

熟慮（じゅく りょ） 時間をかけて、じっくり考えること。
「―を（重ねる・望む）」

熟考（じゅく こう） じっくり考えること。
「―を重ねる／―の上、ご返信ください」

小考（しょう こう） すこし考えること。また、自分の考えを謙遜していう。

思慮（し りょ） 慎重に考えること。
「―を（巡らす・働かせる）／―深い／―分別／―を欠いた振る舞い」

思量（し りょう） あれこれと考えること。おもいはかる。**思料**。

心慮（しん りょ） 心に思っていること。
「―を悩ます」

深慮（しん りょ） 深く考えをめぐらすこと。
「―を（巡らす・欠く）／―遠謀」

静思（せい し） 心を落ち着かせて考えること。
「ひとりで―する／―黙考」

千思万考（せん し ばん こう） あれこれ思いをめぐらすこと。
「―の末たどりついた結論」

千慮（せん りょ） さまざまに考えをめぐらすこと。
「―の一失〔＝慎重に考えても一つく

らい間違いがあるというたとえ〕」

浅慮（せん りょ） あさはかな考え。
「―の至り／―を悔やむ」

想定（そう てい） 状況や条件を仮定すること。
「―を超える大災害／―以上／―外」

尊慮（そん りょ） お考え。
＊他人を敬ってその考えをいう語。

短慮（たん りょ） ①あさはかな考え。
「―な振る舞い」
②気が短いこと。

長考（ちょう こう） 長いあいだ考えること。
「―の末に指した一手」

沈吟（ちん ぎん） ①思いにふけって口ずさむ。
②じっと考え込むこと。

沈思（ちん し） ふかく思う。じっくり考える。
「―黙考／―にふける」

沈潜（ちん せん） ①水底にしずみかくれること。
②深く思索すること。

配慮（はい りょ） （よく考えて）心をくばること。
「―を（求める・欠く）／―が行き届く／十分な―が必要だ／環境―型車両／合理的―」

瞑想（めい そう） 目を閉じて深く考えること。**冥想**。
「しばし―にふける／―に入る」

妄想（もう そう） ありえないことをあれこれ想像すること。
「―にとらわれる／誇大―」

黙想（もく そう） だまったまま思いにふけること。**類黙思**

黙考（もっ こう） だまったまま考えこむこと。
「沈思―／しばし―する」

考え・意見・見方

意向（い こう）心の向かうところ。どうしたいか、どうするつもりかという考え。
「―を(示す・確かめる・無視する)／―に沿う／上の―を反映する」

意思（い し）なにかをしようという思い。考え。
「―がかたい／―を尊重する／明確な―がある／―(表示・決定・確認)」

異論（い ろん）異なる意見。
「―を(差し挟む・唱える)／―噴出」

管見（かん けん）①見識が狭いこと。
②自分の見識や見聞。[謙譲語]
「―によると……」

見識（けん しき）物事の本質をとらえる判断力。
「―を(深める・有する・疑う)／幅広い―が要求される」

主観（しゅ かん）①物事をとらえる個人の心の働き。対**客観**
②自分ひとりの考え。
「―を交えず判断する／―を排する／―が(入る・強すぎる)／―的評価」

所見（しょ けん）①見たところ。見た結果。
「医師の―」
②意見や考え。
「―を(うかがう・述べる・求める)」

先入観（せん にゅう かん）前もって入っている固定観念。
「―にとらわれる／―を捨てる」

卓見（たっ けん）すぐれた意見・見識。
「まさしく―／―に富む」

達見（たっ けん）見通しをもったすぐれた見解。
「博識―／敬服すべき―」

定見（てい けん）一定の見識。
「―をもつ／―がない」

謬見（びゅう けん）誤った考え。
「とんでもない―」

偏見（へん けん）かたよった見方。
「―を(もつ・なくす・助長する)／―に(満ちる・基づく)／社会の―」

凡慮（ぼん りょ）凡人の考え。
「―の及ぶところではない」

料簡（りょう けん）もっている考え。気持ち。了見・了簡。
「―違い／―が狭い／けちな―」

その他の表現

心中・胸中・頭を使う・頭を働かせる・頭を捻る・頭を搾る・脳漿(のうしょう)を絞る・胸に手を当てる・胸の内・心積もり・心を砕く・掘り下げる・煎(せん)じ詰める・突き詰める・走馬灯・アイデア・イマジネーション・イメージ・フィーリング・センス・ポリシー・コンセプト・マインド・リメンバー・フラッシュバック

おわり・おわる

→ とまる・とめる・とどめる／やめる・あきらめる

基本の表現 [終わる・終える・済む・済ます・尽きる・果てる]

一巻の終わり
（よくない形で）すべてが終わること。
「(今寝たら・もし見つかったら・ここでミスしたら)一だ」

今際
死にぎわ。
「一の(言葉・時・別れ)」

解決
事件や問題がかたづくこと。
「一(策・方法・手段)／(早期・未)一／一が難しい／一に(繋がる・至る・向かう)／一を(図る・願う・目指す)／一の(手がかり・糸口・見込み)」

完結
ひとまとまりのものが完全に終わること。
「自己一／一(編・版)／物語が一する／5巻で一する」

完了
すっかり終わること。
「(調査・準備)が一する／(任務・登録)一」

帰趨
状況が結果的にいきつくところ。
「勝敗の一を(見届ける・予測する・握る・悟る)」

帰する所
物事がおちつくところ。つまり。結局。
「(これらの意見・言っていること)は一同じだ」

決着
物事のきまりがつくこと。
「一を(付ける・見る)／一が付く／示談金を払うことで一した」

結末
物事の終わり方。
「(悲惨・幸せ)な一／話に一をつける／(恐ろしい・悲しい)一／(事件・物語・話)の一」

結論
最終的な判断。
「一から話す／一を(得る・導く・出す・下す)／一に(達する・至る)／一付ける／一としましては」

けりが付く
物事をしめくくる。結論を出す。
「(ようやく課題・争議)にけりが付いた」

最後
いちばん終わり。
「一の(一人・勝負・仕上げ・ページ・力)／一に笑うのは私たちだ／一までやり遂げる／列の一に並ぶ／一の一まで諦めない」

最期
命の終わり。死にぎわ。
「(立派な・華々しい)一／一を(みとる・遂げる・迎える)／一の(日・時・別れ・言葉・瞬間)」

始末
物事をきちんと処理すること。
「(後・不)一／一書／面倒だから一してしまおう」

終焉しゅうえん 命や物語の終わり。
「―の(地・とき)／(歴史・近代・人生)の―／―が近づく／安らかな―／―を迎える」

終局しゅうきょく 物事が終わること。
「―を(迎える・告げる)／―に(至る・近づく)」

終極しゅうきょく 最後に行き着くところ。
「―の目的／―に(達する・近づく)／―(点・的)」

終結しゅうけつ 終わること。しめくくること。
「(事態・戦争・問題)が―する／―に(至る・導く・向かう)／―をみる／第二次世界大戦の―」

終止しゅうし 終わること。終えること。
「―(符・形・線)／文を―させる／活動の―を告知する」

終止符を打つしゅうしふをうつ (長く続いた)物事を終わりにする。
「(この問題・悪循環・議論)に―」

収束しゅうそく 最後におさまること。
「―を(迎える・図る)／(戦争・争議・混乱)を―させる／―の方向に向かう／事件が―する」

終息しゅうそく 続いていたことが終わること。
「(感染症・流行・内乱・活動)が―する／―をみる／―の段階に入る／―に向かう」

終盤しゅうばん 物事の終わりの段階。
「―の(展開・局面・追い上げ)／(物語・シリーズ・番組)―／―を迎える／―戦／―にさしかかる」

終幕しゅうまく 物事が終わること。終わりの場面。

「―を(飾る・迎える・告げる)／―に(向ける・近い)」

終了しゅうりょう 続いていた物事が終わること。
「(試合・営業・試験・受付)―／―(前・後・時点・間際)／作業を―する」

大団円だいだんえん (小説や事件で)すべてがめでたく収まる結果。
「―を(迎える・目撃する)／本小説は―となる／事件を―に向かう」

幕引きまくひき 物事を終わらせること。
「(人生・事件・時代)の―／早く―にしよう／―を図る／―に向かう／華やかな―」

末期まつご 一生の最後。死にぎわ。臨終。
「―が(近づく・迫る)／―の(水・言葉・一句)」

末路まつろ 人の生涯の終わり。
「人生の―／(悲惨・哀れ・不幸)な―／―を(迎える・悟る・たどる・語る)／悲しい―が待っている」

満期まんき 決められた期限になること。
「―を(過ぎる・迎える)」

満了まんりょう 決められた期間が終わること。
「(任期・期間)が―する／(期限・契約)―／―を迎える」

落着らくちゃく 事件などがかたづくこと。
「一件―／(紛争・事件・問題)が―する／―を見る」

61

かえる・かわる

→ あらためる

基本の表現 ［ かえる・かわる・交換する・変化する・変更する・
転じる・変ずる・化ける・化す ］

一変 (いっぺん) がらりと変わること。
「(考え・事態・生活・態度・形相・
表情・立場)が—する」

異変 (いへん) ふつうとは異なっていること。
変異。
「—が(起きる・生じる)／—を感じる」

改変 (かいへん) 内容を改めること。
「(制度・キャラ)を—する／—を
受け入れる／—されたデータ」

換骨奪胎 (かんこつだったい) 他の作品の着想や形
式を取り入れつつ、独
自の新作を作りだすこと。
「—を図る／巧みな—」

急転直下 (きゅうてんちょっか) 状態が急に変わり解決
に近づく。
「—の(逆転劇・解決・結末)」

急変 (きゅうへん) 状況や状態が(悪いほうへ)変
わること。
「(容態・態度・天候・事態)が—する」

激動 (げきどう) 急激に変化すること。
「—の(1週間・時代・世の中)／
—する情勢／—に翻弄される」

激変 (げきへん) 急激に変わること。
「(気候・状況・情勢・生活)が—
する／—のさなか／—をもたらす」

交代 (こうたい) 役目などが入れ替わること。
交替。

「(政権・世代・選手)—／—制／—で
(務める・働く・休む)／参勤—」

好転 (こうてん) 状態や形勢がよい方向にかわ
る。
「(景気・事態・病状・戦局)が—する／
—に向かう／—の兆し」

心機一転 (しんきいってん) あるきっかけで心持ち
をかえる。
「—頑張ります／—して勉強に励む」

千変万化 (せんぺんばんか) 物事がさまざまに変化
すること。
「—する(雲・世界・状況・表情)」

代行 (だいこう) 役目などを本人にかわってお
こなうこと。
「—を(頼む・務める)／(理事長・運転・
家事)—／—(制度・機関・者)」

代替 (だいたい) 他のものでかえること。かわ
り。「だいがえ」とも。
「—(エネルギー・品・物・地・バス・案・
日・医療・措置)／—に成功する」

代用 (だいよう) かわりに用いること。
「—がきく／ソファーをベッド
に—する／—(品・教員)」

代理 (だいり) 本人に代わって事をおこなう
こと。
「(校長・社長)—／—を(立てる・務め
る)／—で出席する／—(人・店)」

漢字書き分け

かえる・かわる
【変】前と異なる状態になる。
「(形・観点・顔色)を変える/(位置・気)が変わる」
【換】物と物を交換する。

「物を金に換える/現金に換わる」
【替】新しく別のものにする。
「頭を切り替える/日替わり定食」
【代】ある役割を別のものにさせる。
「父に代わって言う/投手を代える」

置換(ち かん) 置き換えること。
「データを一括で一する」

朝令暮改(ちょう れい ぼ かい) 定められたことがすぐに変わること。
「一の(政策・監督)/一を恐れる」
＊朝に出された命令が、その日の夕方には改められる意。

転換(てん かん) 違った方向に変わる(ようにする)こと。
「一(期・点)/(気分・配置・方針)一/一を(妨げる・図る・求める)」

転成(てん せい) 性質の異なる別のものに変わること。

万物流転(ばん ぶつ る てん) すべてのものは絶えず移り変わること。

豹変(ひょう へん) (状況や態度などが)がらりと変わること。
＊「君子は豹変す〔＝君子は自分の誤りに気づくとすぐに改める〕」から。

変移(へん い) 変化して他の状態に移り変わること。
「(世の中・価値観)が一する」

変革(へん かく) 物事の在り方を変え改める。
「一が(起こる・進む)/一を(もたらす・促す)/社会を一する」

変換(へん かん) (今までのものを)別のものにかえること。

「(形状・方針・戦略)を一する/ひらがなを漢字に一する」

変幻自在(へん げん じ ざい) 出没・変化が自由自在であること。

変質(へん しつ) 物の性質が変わること。
「薬品が一する/一を防ぐ」

変遷(へん せん) 時が経つにつれて移り変わること。
「時代の一/一を(たどる・経る)」

変転(へん てん) 他の状態に移り変わること。
「めまぐるしく一する」

変動(へん どう) 状態が動き変わること。
「(相場・価値)が一する/一が起きる/(地殻・気候)一」

変貌(へん ぼう) 姿や様子が変わること。
「一を遂げる/著しく一する/農村が一する/驚異的な一」

変容(へん よう) 姿や形、状態などが変わること。
「一する生活/急速に一を遂げる」

その他の表現

猫の目のよう・様変わり・模様替え・七変化・チェンジ・バリエーション・リフォーム・リメイク・リニューアル・シフト・コンバート

かく・しるす

→ いう・とく・のべる

基本の表現 ［ 書く・記す・記入する・記録する ］

一筆（いっぴつ） 簡単な文や手紙を書くこと。
「―を揮う／―(書き入れる・したためる・啓上)／―(書き・箋)」

下記（かき） そこより後に書き記したもの。
「詳細は―のとおり／―参照／―をご確認ください」

加筆（かひつ） 後から書き加えること。
「大幅に―する／(旧作・小説・論文)を―訂正する／―修正」

揮毫（きごう） 筆で書くこと。書いたもの。
「(絵・書)を―する／名僧が―した書／首相の―」

記載（きさい） 書類などに書き入れること。
「(カルテ・帳簿・名簿)に―する／―漏れ／―内容の確認」

記述（きじゅつ） 文章に書き記すこと。
「―に値しない／正確な―／ありのままに―する／―式の問題」

記帳（きちょう） 帳簿や通帳に書き入れること。
「入金を―する／(宿帳・台帳)に―する／受付で―を済ませる」

謹書（きんしょ） つつしんで書くこと。また、その書いたもの。
「墨筆で―する」

後記（こうき） ①あとがき。②あとで書くこと。
「詳細は―する」

直筆（じきひつ） (著名人が)直接書くこと。また、その書いたもの。
「―の(原稿・手紙)／―サイン」

執筆（しっぴつ） 文章を書くこと。
「―に専念する／(エッセイ・戯曲・小説・論文)を―する／―活動」

自筆（じひつ） 自分で書くこと。書いたもの。
「―の(原稿・サイン・証書)」

朱筆を入れる（しゅひつをいれる） 文章を手直しする。
「校正の―／原稿に―」

上記（じょうき） そこより前に書き記したもの。
「―の(要領・理由・通り)」

浄書（じょうしょ） 下書きをもとに清書すること。
「手書き原稿を―する」

書記（しょき） 文字で書き記すこと。
「記録を―する／―能力」

清書（せいしょ） 下書きを丁寧に書くこと。
「―にかかる」

前記（ぜんき） そこより前に書き記したもの。
「詳細は―連絡先へ／―参照」

速記（そっき） (特別な記号などを使って)速く書くこと。
「(講演・口述)を―する／―を取る」

代書（だいしょ） 本人に代わって書類などを書くこと。
「手紙を―する／―を頼む」

注記 ちゅうき 注を書くこと。
「(出典・変更点)を―する」

著述 ちょじゅつ 文章や書籍を書きあらわすこと。
「―を発表する／―(家・業・活動)」

追記 ついき あとで書き加えること。
「―を付す／但し書き・付帯条件)を―する／―(欄・文)」

転記 てんき 他に書きうつすこと。
「(数字・注・データ)を―する／―(作業・ミス)」

登記 とうき 不動産の権利などに関する事柄を正式に書き入れること。
「(商標・土地)を―する／―簿」

特筆 とくひつ とくに取り上げて書くこと。
「―に値する／―すべき(事件・出来事・点)／―大書すべき記録」

特記 とっき とくに取りだして書くこと。
「注意事項を―する／他に―すべきことなし／―事項」

肉筆 にくひつ (印刷ではなく)手でかくこと。かいたもの。
「―の(絵・原稿・サイン・走り書き)／―でかかれた数多くの絵」

板書 ばんしょ 黒板に書くこと。
「―を写す／(注意事項・要点・正解・数式)を―する」

筆記 ひっき 書き記すこと。書き取ること。
「(講演・講義・口述・説明・談話・目録)を―する／―(試験・用具・具)」

筆写 ひっしゃ 書きうつすこと。書写。
「(古典・資料・板書)を―する」

付記 ふき 本文に書きそえること。
「(内訳・説明・但し書き・注意事項)を―する／―を添える」

筆が立つ ふでがたつ 文章がじょうずだ。
「彼はなかなか―」

筆を折る ふでをおる (作家などが)文章を書くのをやめる。
「亡くなるまで―ことはなかった」

併記 へいき ならべて書くこと。
「(両論・現住所と本籍・元号と西暦)を―する」

別記 べっき 別に書きそえること。
「―のとおり／細則は―する」

補記 ほき 足りないところを補い書くこと。
「くわしい説明を―する／(注釈・注)を―する」

補筆 ほひつ 足りないところを書き加えること。
「(原案・草稿)に―する」

明記 めいき はっきり書き示すこと。
「(出典・理由)を―する／細則に―する／志望理由を―すること」

乱筆 らんぴつ 手紙の終わりに書いて謙遜の気落ちを表す言葉。
「―お許しください／―乱文にて」

略記 りゃっき 省略して書くこと。
「(経歴・要点・論旨)を―する」

臨書 りんしょ (書道で)手本通りに書くこと。
「古典の―をする」

列記 れっき 一つひとつ並べて書くこと。
「(演目・名前)を―する」

その他の表現

筆が滑る・筆を添える・筆を執る・筆を運ぶ・筆を走らせる・さらさら・すらすら・サイン・ライティング・リライト

かす・かりる・かえす

→ あたえる／こたえる／つかう／なおす・なおる

基本の表現 ［ 貸す・借りる・返す・戻す・貸借する ］

かす

貸与 (たい よ) 貸しあたえること。
「一を(受ける・申請する)／(金品・奨学金・制服)を一する」

賃貸 (ちん たい) 料金をとって貸すこと。
「(ビル・道路・駐車場・土地)を一する／一契約」

転貸 (てん たい) 又貸しすること。
「(貸借権・土地・建物)を一する」

融資 (ゆう し) 資金を融通すること。
「一を(受ける・拡大する・減らす)／一の(口利き・条件)／一先」

融通 (ゆう ずう) お金やものを貸したり借りたりすること。
「一が(つく・利く)／一を(受ける・頼む)／(金・着物・米)を一する」

用立てる (よう だ) お金を貸す。立てかえる。
「(車・資金)を一」

かりる

恩借 (おん しゃく) 相手の厚意でお金やものを借りること。
「一を(請う・頼みに行く)／(金品・生活費)を一する」

借財 (しゃく ざい) 借金。
「一がかさむ／一を(嫌う・こしらえる・背負い込む・申し入れる)」

借用 (しゃく よう) 借りて使うこと。
「一を(願い出る・申し込む)／(アイデア・言葉・名前)を一する」

借覧 (しゃく らん) 借りて見ること。借りて読むこと。
「本を一する」

借金 (しゃっ きん) お金を借りること。借りたお金。
「一が(重なる・かさむ・残る)／一を(返す・抱える・帳消しにする)／一に追われる／多額の一」

寸借 (すん しゃく) 少額を借りること。
「一詐欺」

前借 (ぜん しゃく) まえがり。
「一に及ぶ／賃金を一する」

租借 (そ しゃく) 他国の領土の一部を一定期間借りること。
「一(領土・権)／一を交渉する」

賃借 (ちん しゃく) 料金を払って借りること。
「(建物・土地・2階)を一する」

拝借 (はい しゃく) 借りること。[謙譲語]
「(資料・知恵・庭先)を一する」

かえす

還元 (かん げん) もとにもどすこと。お返しをすること。

「一を受ける／物質を一する／社会に一する／一率」

完済 <ruby>完<rt>かん</rt></ruby><ruby>済<rt>さい</rt></ruby> 借金をすっかり返すこと。
「(債務・ローン)を一する」

還付 <ruby>還<rt>かん</rt></ruby><ruby>付<rt>ぷ</rt></ruby> もとの持ち主へ返すこと。特に納め過ぎた税金を納税者に返すこと。
「一を受ける／医療費を一する／一金」

償還 <ruby>償<rt>しょう</rt></ruby><ruby>還<rt>かん</rt></ruby> 借金や公債などを返すこと。
「(国債・負債・債権)を一する」

償却 <ruby>償<rt>しょう</rt></ruby><ruby>却<rt>きゃく</rt></ruby> 借金などを全額返すこと。
「(建設費用・債務・借金・負債・不良債権)を一する」

挽回 <ruby>ばん<rt></rt></ruby><ruby>かい<rt></rt></ruby> 取り返してもとに戻すこと。
「一に努める／(運命・運勢・形勢・財産・名誉・勢数)を一する」

返還 <ruby>へん<rt></rt></ruby><ruby>かん<rt></rt></ruby> もとの持ち主にもどすこと。
「一を(受ける・免除する・求める)／(土地・優勝旗・領土)を一する」

返却 <ruby>へん<rt></rt></ruby><ruby>きゃく<rt></rt></ruby> 借りていたものを返すこと。
「(レンタカー・図書館の本・作品)を一する／一期限」

返済 <ruby>へん<rt></rt></ruby><ruby>さい<rt></rt></ruby> 借りていたお金やものを返すこと。
「一が滞る／一を免除する／一に充てる／借金を一する／一期間」

返上 <ruby>へん<rt></rt></ruby><ruby>じょう<rt></rt></ruby> ①返すこと。[謙譲語]
②受け取らないこと。
「(休日・退職金)を一する」

返信 <ruby>へん<rt></rt></ruby><ruby>しん<rt></rt></ruby> 返事の手紙やメール(を送ること)。
「一を(書く・出す)／一用はがき」

返送 <ruby>へん<rt></rt></ruby><ruby>そう<rt></rt></ruby> 送り返すこと。
「(不良品・申込用紙・アンケート・答案)を一する／着払いで一する」

返答 <ruby>へん<rt></rt></ruby><ruby>とう<rt></rt></ruby> 問いかけや呼びかけに答えること。
「一を(促す・待つ・催促する・渋る)／一に(窮する・困る・つまる・迷う・満足する)／淡々と一する」

返納 <ruby>へん<rt></rt></ruby><ruby>のう<rt></rt></ruby> もとのところに返すこと。
「(交付金・免許証・退職金)を一する／(国・国庫)に一する」

返品 <ruby>へん<rt></rt></ruby><ruby>ぴん<rt></rt></ruby> (買った)品物を返すこと。
「一が利く／一伝票」

返付 <ruby>へん<rt></rt></ruby><ruby>ぷ<rt></rt></ruby> もとの持ち主に返すこと。
「保険証を一する／一を受ける」

返礼 <ruby>へん<rt></rt></ruby><ruby>れい<rt></rt></ruby> 相手から受けた物事にお礼をすること。そのお礼。
「一を送る／一にあずかる／一の品／(お見舞い・香典・年賀状)の一」

返戻 <ruby>へん<rt></rt></ruby><ruby>れい<rt></rt></ruby> あずかっていたものや借りていたものを返すこと。
「購入品を一する／一(証書・金)」

奉還 <ruby>ほう<rt></rt></ruby><ruby>かん<rt></rt></ruby> 天皇にお返しすること。
「(神器・大政・版籍)を一する」

報復 <ruby>ほう<rt></rt></ruby><ruby>ふく<rt></rt></ruby> しかえしをすること。
「一を受ける／一に(替える・出る)／一の連鎖／軍事的に一する」

その他の表現

レンタル・リース・チャーター・ローン・前貸し・前借り・又貸し・貸し付ける・貸し出す

かつ・まける

→ くらべる／すぐれる・ひいでる／たたかう・きそう・あらそう

基本の表現 　勝つ・負かす・制する・下す・降す・
　　　　　　勝敗・負ける・敗れる・屈する

勝つ

圧勝 あっしょう 一方的に勝つこと。
「(白組・挑戦者)に一する／一に終わる／大差をつけて一した」

一蹴 いっしゅう 相手を問題にしないこと。
「(抗議・批判・訴え・提案)を一する／相手を軽く一する／(委員会・教授)に一されてしまった」

凱歌を奏する がいかをそうする 祝勝の歌を歌う。転じて、勝利する。
「一ように叫んだ」

快勝 かいしょう 気持ちよく勝つこと。
「(大差・3対0)で一する／一を(飾る・収める・博する・続ける・果たす)／一に大きく貢献した」

快進撃 かいしんげき 快調に勝ち続けること。
「一が(始まる・止まらない)／向かうところ敵無しの一／一を(続ける・見せる・許す)」

鬨を上げる かちどきをあげる 勝って一斉に喜びの声を上げる。
「(敵・兵士)が一／一斉に一」

完勝 かんしょう あぶなげなく勝つこと。
「その試合は一だった／一を(逃す・果たす・収める)／白組の一に終わった／5対0でライバルに一した」

軍配が上がる ぐんばいがあがる 勝利の判定が下る。
「(敵側・赤組)に**軍配が上がった**」

撃破 げきは 相手を打ち破ること。
「(戦車・敵の部隊)を一する／一寸前／一できる距離にいる」

克服 こくふく 困難にうちかつこと。
「(苦手・障害・病・困難・欠点)を一する／一する為に努力する／一を(目指す・試みる)」

克己 こっき 自分の欲望にうちかつこと。
「一(心・主義・的)／一の(精神・修行)／一して学問に励む」

常勝 じょうしょう 戦いにいつも勝つこと。
「一(校・クラブ・将軍・無敗)／一を(続ける・誇る)／一の(名声・チーム・記録)／一への道」

勝利 しょうり 勝つこと。
「一の(女神・機会・美酒に酔う)／(大・逆転)一／(チーム・条件・者)／一を(得る・収める・あげる・ものにする・争う・確信する・祝う・目指す・報告する)／一に導く／母の一／ライバルとの勝負に一する」

白星 しろぼし 勝つこと。勝ちをあらわす白い丸印。
「一を(挙げる・重ねる・積み重ねる・獲

68

言い換え文例

「ぎりぎり1点差でなんとか勝った」 ➡ 「接戦の末、1点差で辛勝した」
「最後には勝利の女神が微笑んだ」

「ぎりぎり1点差で負けてしまった」 ➡ 「接戦の末、1点差で惜敗した」
「全部の試合で勝った」 ➡ 「連戦連勝、総なめにした」
「連戦連勝の快進撃を見せた」

得する・収める・取る）／初戦を一で
飾った／初一を勝ち取った／一（発
進・スタート・デビュー）」

辛勝 しんしょう やっとのことで勝つこと。
「1点差で一した／接戦の末一
する／赤組に一した／一に終わった」

征討 せいとう さからう者を武力でおさえつけ
ること。
「敵軍を一する／一（総督・軍・戦）」

制覇 せいは ①権力を手にすること。
②優勝すること。
「世界大会で一する／一（達成・王者・
戦）／（世界・地球・全国）を一する／完
全一／一を（達成する・目指す）」

征伐 せいばつ 悪者を退治すること。
「（魔王・鬼・賊）を一する／一
（軍・戦）」

先勝 せんしょう 先に勝つこと。
「一（方式・制）／大会は私の一
で始まった／一した赤組」

全勝 ぜんしょう すべての戦いに勝つこと。
「一の（記録・プレイヤー）／10
戦一／一を（達成する・果たす）／予
選を一で通過する」

掃討 そうとう 敵をすっかり追い払うこと。
「敵を一する／一に（あたる・向
かう）／一が終わる」

総嘗め そうなめ すべての相手を打ち負か
すこと。
「（強豪チーム・数々のコンクール）を
一にする」

退治 たいじ 悪者をほろぼすこと。
「鬼一／一人残らず一してやる」

大勝 たいしょう 大きな差で勝つこと。
「選挙戦で一した／一を（博す
る・得る）」

打倒 だとう 強い相手をうちたおすこと。
「一（白組・計画）／敵を一する
／一を（望む・目指す・掲げる）」

超克 ちょうこく 困難にうちかつこと。
「（煩悩・哀しみ）を一する／（己・
欲望）に一する」

討伐 とうばつ さからうものを武力でうちとる
こと。
「一（作戦・隊）／一に（成功する・加わ
る）／モンスターを一する」

必勝 ひっしょう 戦いに必ず勝つこと。
「先手一／一を（期する・誓う）
／一の鍵／一（パターン・法・祈願・戦
略・ルール・本）」

不戦勝 ふせんしょう 戦わないで勝つこと。
「相手が棄権し一となる」

優勝 ゆうしょう 決勝戦で勝つこと。1位になる
こと。

「―(者・カップ・経験・旗・チーム・争い)／コンクールで―した／―を(目指す・果たす・飾る・いただく・成し遂げる)／―に導く／(初・準・前回・全国)―／―までの道のりは長かった／―の栄冠に輝く」

楽勝（らくしょう）①楽に勝つこと。②かんたんにできること。

「あれが相手なら―だ／こんなゲーム―だ／―で(攻略できる・乗り越えられる)／一時間あれば―さ」

凌駕（りょうが）すぐれているものを上回ること。

「父を―する実力／圧倒的に―する／遙かに―する」

連勝（れんしょう）続けて勝つこと。勝ち続けること。

「―(ストップ・数・記録・中)／―に貢献する／連戦―／3―／―を(目指す・続ける・達成する・飾る・果たす)／―が(見えてくる・止まる)」

連覇（れんぱ）続けて優勝すること。

「5―の偉業を達成した／リーグを―する／―がかかる／―を(果たす・狙う・目指す・逃す)／―に向けて意気込む／―の期待がかかる」

負ける

一敗地に塗れる（いっぱいちにまみれる）すぐには立ち直れないほどひどく負ける。

兜を脱ぐ（かぶとをぬぐ）降参する。「あっさり敵に―」

完敗（かんぱい）完全に負けること。「予選で―した／―を(認めた・

喫した・許した)／―に終わる」

ぐうの音（ね）も出（で）ない

弁解も反論もなにもできない。

「―ほど(ぷちのめされた・きちんとした意見だ)／―様子だった／(痛いところを突かれて・やりこめられて)―」

屈服（くっぷく）負けてしたがうこと。

「犯人を―させる／力で―させる／連合軍に―した」

黒星（くろぼし）負けること。負けをあらわす黒い丸印。

「―を(喫する・つける・指す・与える)／初―」

降伏（こうふく）(戦争などで)負けを認めて相手にしたがうこと。**降服**。

「―(交渉・勧告・条件)／(無条件・全面)―／―によって終了した／―を求める／―の意志を示す」

惨敗（ざんぱい）みじめな負け方をすること。**さんぱい**とも。

「試合は―に終わる／―を(重ねた・喫した)／(選挙・対戦)で―する／大―／―続き」

尻尾を巻く（しっぽをまく）かなわないと思って降参する。

「尻尾を巻いて逃げ出した」

白旗を上げる（しろはたをあげる）負けを認める。「私が―わけにはいかない／どちらも**白旗を上げな**い」

惜敗（せきはい）惜しくも負けること。

「善戦むなしく―する／1点差で―した／―に終わる／―続き／―を喫する」

全敗 ぜん ぱい すべての戦いに負けること。
「リーグ戦で一する／一の(チーム・成績)／一に終わる／予選リーグ一で敗退する／現在一中だ」

大敗 たい はい 大きな差で負けること。
「一を喫する／一経験／一勝もできず一した／敵を一させてみせた／一に(終わる・追い込む)」

投降 とう こう 降参してとらえられること。
「武器を捨てて一する／敵に一する／一を阻止する／(集団・偽装)一／おとなしく一しなさい」

敗訴 はい そ 裁判で負けること。
「原告の一となった／一判決／逆転一／訴訟は一した／一に終わる／一が確定する／一を認める」

敗走 はい そう 負けてにげだすこと。
「一する敵を追う／一(千里・寸前・中・兵)／命からがら一する／一が始まる／家臣と共に一した／一を(装う・続ける)／一に転じる／武器を棄てて一した」

敗退 はい たい 敗れ去ること。
「(予選・早期)一／1回戦で一する／一が(確定する・決まる・続く)／一(者・行為・後・寸前・選手)／一に終わった／1点差で一した」

敗北 はい ぼく 負けること。
「大差で一した／一を(喫する・認める・食い止める・味わう・噛みしめる・悟る・示す)／一(感・宣言・寸前)／一に(終わる・追いやる)／一の屈辱／大一」

落城 らく じょう 城が攻めおとされること。
「猛攻に遭って一した／一(寸前・後)／一を免れた」

零敗 れい はい 一点も取れずに負けること。
「一を(喫する・免れる・食う)／一に終わる／2度目の一」

連敗 れん ぱい 続けて負けること。負け続けること。
「彼に一する／選挙で一する／一を(喫する・記録する・重ねる・止める・繰り返す)／(連戦・3・大)一／一(続き・中)」

がんばる・ふるう

→ になう・つとめる／たたかう・きそう・あらそう

基本の表現
[頑張る・努める・張り切る・奮う・奮い立つ・
勤しむ・踏ん張る・気張る・気負う・力む]

一念発起 成し遂げようと決心することと。

一生懸命 物事に全力でとりくむこと。
「一（勉強する・練習する）」

一心不乱 物事に集中してとりくむこと。
「一で駆けつける／一に打ち込む」

命懸け 命を捨てる覚悟で物事にとりかかること。
「一で（救助する・事に当たる）／一の（訓練・仕事）／思い込んだら一」

臥薪嘗胆 復讐を志して苦労し努力すること。

感奮 心に強く感じて奮い立つこと。
「恩師の言葉に一する」

気迫 強い精神力。気魄。
「一が（こもる・にじみ出る・みなぎる）／一を漂わせる／言葉に一をこめる／真剣な一」

傾注 一つのことに心を打ちこむこと。
「（全力・全力）を一する／人材育成に力を一する」

興起 意気が奮い起こること。
「（開発・世論・国政）を一する／感奮一」

刻苦 身を苦しめるほど努力すること。
「一を厭わない／一勉励」

根性 物事をやり通そうとする気持ち。
「一で成し遂げる／一を発揮する／一のある若者／不屈の一」

渾身 全力をこめること。
「一の力を（こめる・絞る・注ぐ・振り絞る）／一の（力作・勢い）」

作興 ふるいたたせること。
「士気を一する／鼓舞一」

自彊 自分から勤め励むこと。
「奮励一／一不息」

地道 目立たないけれども着実なこと。
「一な（研究・取り組み・活動・努力）を続ける／一に働く」

精進 一生懸命、物事に打ちこむこと。
「一を（怠る・重んじる・重ねる）／（研究・学問・修行）に一する」

尽瘁 我が身をかえりみず、つとめ励むこと。
「（音楽の普及・事業・職務）に一する」

尽力 力を尽くすこと。
「（運営・教育・計画実施・勝利）

「先輩、頑張ってください」 ➡ 「先輩のご健闘をお祈りしております」

「応援ありがとう。一生懸命頑張ります」 ➡ 「ご声援をありがとうございます。ご期待に添えるよう精一杯努力いたします」

「よく頑張ったね」 ➡ 「渾身の力作ですね」
「ご尽力ぶりには強い気迫を感じました」

精励 _{せい れい} 力を尽くして励むこと。
「(仕事・職務・勉学)に一する」

切磋琢磨 _{せっ さ たく ま} 学問・技芸などに励み、向上をはかること。志を同じくする者同士が励まし合い努力すること。

専心 _{せん しん} 心を集中して事にあたる。
「経営に一する/一意一」

専念 _{せん ねん} 一つのことにうちこむこと。
「(研究・勉学・本業)に一する」

注力 _{ちゅうりょく} 力をそそぐこと。
「(研究開発・新事業)に一する」

努力 _{ど りょく} 目的のために力を尽くすこと。
「一が(結実する・足りない・必要・認められる)/一を(怠る・買う・費やす・惜しまない)」

熱心 _{ねっ しん} 意欲的にとりくむこと。
「一に聞く/一な指導/(勉強・教育・研究)一」

発奮 _{はっ ぷん} 意気が奮い立つこと。
「一を(促す・期待する・求める)」

発揚 _{はつ よう} 気分を高めること。盛んにすること。
「(精神・士気・創造性)を一する」

奮起 _{ふん き} 気分を奮い起こすこと。
「一を(促す・決する・望む)」

粉骨砕身 _{ふん こつ さい しん} 力の限りを尽くして励む。
「一努力する/一して社会のために尽くす」

奮然 _{ふん ぜん} 気力を奮い起こすこと。
「一として立ち上がる/一と(戦う・決意する)」

奮発 _{ふん ぱつ} 気持ちを奮い立たせること。
「一して勉強に取り組む」

奮励 _{ふん れい} 気力をふるって励むこと。
「大いに一する/一努力する」

勉励 _{べん れい} そのことにつとめはげむこと。
「専ら学業に一する/克己一」

励行 _{れい こう} 約束事を守るように努力すること。
「うがい・手洗いを一する/早寝・早起きを一する」

その他の表現

ハッスル・がりがり・しゃかりき・がむしゃら・遮二無二・心血を注ぐ・骨身を惜しまない・手を尽くす・死に物狂い

きく（聞く）

→ はなす（話す）／みる

基本の表現 ［ 聞く・聴く ］

外聞（がいぶん） 他人に聞かれること。
「―を（恐れる・はばかる）」

聞き耳を立てる（ききみみをたてる） 聞きもらさないように集中する。
「（人の話・周囲・物音）に―」

聞く耳を持たない（きくみみをもたない）
他人の意見を受け入れようとしない。

謹聴（きんちょう） つつしんで聞くこと。
「（講演・式辞）を―する」

傾聴（けいちょう） 熱心に耳を傾けて聞くこと。
「―に値する意見／嬉々として―する」

幻聴（げんちょう） ほんとうは音がしていないのに聞こえているように感じること。
「―が聞こえる／―に悩まされる」

誤聞（ごぶん） 内容を誤って聞くこと。その内容。
「私の―でないとすれば……／―であることを祈ってやまない」

小耳に挟む（こみみにはさむ） ちらりと聞く。
「（噂・情報・談話）を―／（偶然に・ふと）―」

地獄耳（じごくみみ） ①人の秘密やうわさをよく知っている人。
②一度聞いたことを忘れない人。

「千里眼と―」

視聴（しちょう） 見たり聞いたりすること。
「テレビを―する／―（覚・者）」

試聴（しちょう） ためしに聞くこと。
「（音・音楽・曲）を―する／―（室・盤）／公式サイトで―できる」

清聴（せいちょう） 聞いてくれること。[尊敬語]
「御―ありがとうございました」

静聴（せいちょう） 静かに聞くこと。
「御―願います」

側聞（そくぶん） 人のうわさなどを通じて少し知ること。仄聞。
「―によれば／暮らしぶりを―する」

空耳（そらみみ） ほんとうは聞こえていないのに聞こえたように感じること。
「―が聞こえる」

他聞（たぶん） 他人に聞かれること。知られること。
「―をはばかる（間柄・恋・話）」

多聞（たぶん） 多くの物事を聞き知っていること。
「―博識／事―に及ばば」

聴講（ちょうこう） 講義を聞くこと。
「セミナーを―する／―生」

聴取（ちょうしゅ） 聞きとること。
「（意見・経過・事情）を―する／詳細に―する」

聴衆 ちょうしゅう　講演や音楽を聞くために集まった人々。
「―が(集まる・騒ぐ)/―を(引きつける・魅了する)/―の心をつかむ」

聴聞 ちょうもん　①説法や講話などを聞くこと。②行政機関が利害関係者に話を聞くこと。

伝聞 でんぶん　ほかの人から聞くこと。
「―によれば/不確かな―/―(情報・証拠)/―するところでは」

盗聴 とうちょう　盗み聞きをすること。
「(会話・電話)を―する/―器」

内聞 ないぶん　内々に耳に入ること。聞くこと。
「―に(済ます・達する・願う)/御―に願います/―するところでは」

拝聴 はいちょう　聞くこと。[謙譲語]
「(意見・講義・ご高説)を―する/御意見―いたしたく」

馬耳東風 ばじとうふう　人の意見や忠告を聞き流すこと。
「―と聞き流す/何を言っても―だ」

初耳 はつみみ　初めて聞くこと。
「―の話/それは―だ/―を装う」

早耳 はやみみ　情報を聞きつけるのが早いこと。
「―の情報通」

傍聴 ぼうちょう　会議や裁判をその場で聞くこと。
「(公判・裁判・本会議)を―する/―を(許可する・認める)/―席」

又聞き またぎき　その話を聞いた人から聞くこと。
「―した情報/噂を―する/―だから断定はできない」

耳に逆らう みみにさからう　聞く人を不愉快にさせる。
「忠言―/金言―/諫言―」

耳に障る みみにさわる　聞いて不愉快になる。
「―甲高い音」

耳にする みみにする　なにげなく聞く。
「困った噂をしばしば―/最近よく―言葉」

耳に胼胝ができる みみにたこができる　いやになるほど同じことをくりかえし聞かされる。
「その事は―ほど聞いた」

耳に付く みみにつく　ずっと聞こえる。
「(潮騒・泣き声・物音)が―/耳について離れない」

耳に留まる みみにとまる　聞いたことが心に残る。
「言葉が―/捨て台詞が―」

耳を貸す みみをかす　聞こえるようにする。
「話に―/誰も耳を貸さない/少しは親の話にも―べきだ」

耳を傾ける みみをかたむける　聞くようにする。
「子の話にじっくりと―/注意深く―/読者の声に―」

耳を澄ます みみをすます　よく聞こえるようにする。
「波の音に―/二人の会話に―」

耳を欹てる みみをそばだてる　注意して聞く。
「話し声に―/夜、物音に―」

その他の表現

耳に入れる・耳に入る・ヒアリング・リスニング

75

きめる

→ えらぶ

基本の表現
> 決める・定める・期する・決する・断じる・
> 下す・決定する・決断する・断定する

一念発起 (いちねんほっき) あることを成しとげよ うと決心する。
「―して深酒を断つ」

英断 (えいだん) すぐれた判断。
「―を(下す・ほめる)/(賢明な・ 勇気ある)―/大―」

改定 (かいてい) 新しく決めること。
「(運賃・基準・…法)を―する」

覚悟 (かくご) 事に臨む心を決めること。
「―が(要る・決まる・できる)/ ―を(促す・要する)/―の上」

画定 (かくてい) 区切りを決めること。
「(境界・国境・範囲)を―する」

確定 (かくてい) 確かなものとして決めること。
「(期日・刑・判決・優勝)が―す る/スケジュールを―する」

既定 (きてい) すでに決まっていること。
「―の(事実・方針)/暗黙の― /―路線」

決意 (けつい) 考えをはっきり決めること。
「―がぐらつく/―を(明らかに する・覆す・述べる)/(辞退・離縁)を ―する/心の中で―する」

決心 (けっしん) やろうと心に決めること。
「―が(動かない・固まる)/― に(至る・従う・驚く)/―の色を現す /(帰郷・再婚)を―する」

採決 (さいけつ) 賛否の数を調べて決めること。
「―を(急ぐ・強行する・延ばす) /―に(応じる・反対する・踏み切る) /(議案・修正案・法案)を―する」

裁決 (さいけつ) 上の人がよしあしを判断するこ と。
「―が(下りる・確定する)/―を(仰ぐ・ 与える・下す・出す)/理事会で―する /社長の―を仰ぐ」

裁定 (さいてい) 物事のよしあしを考えて決定 すること。
「―に(従う・任せる)/(議長の・公平 な・理事会の)―」

策定 (さくてい) 政策や計画などを決めること。
「―を(急ぐ・進める)/(ガイド ライン・計画・対策・ルール)を―する」

暫定 (ざんてい) 一時的に決めること。
「―の処置を取る/―的に公開 する/―基準」

指定 (してい) はっきりと決めること。
「(受取人・日時)を―する/(国 宝・代理人)に―する/―に従う」

処決 (しょけつ) はっきりと処置すること。
「懸案を―する」

所定 (しょてい) 前もって決められていること。
「―の(位置・期日・時間・数量・場 所・手続き)」

制定 ^{せい てい} 法律や規則などを定めること。
「(条例・法律・ユニフォーム)を
—する／—を求める」

設定 ^{せっ てい} 新たに作って決めること。
「(期限・飲み会)を—する／—
を(確認する・変更する・解除する)」

先決 ^{せん けつ} 他より先に決めなければなら
ないこと。
「(状況把握・信頼回復)が—だ」

専決 ^{せん けつ} 一人で考えて決めること。
「—(事項・処分)／—権の拡大」

即決 ^{そっ けつ} その場ですぐに決めること。
「即断—／彼の一言で—した」

速決 ^{そっ けつ} 短時間で決めること。
「速戦—／懸案の—を避ける」

独断 ^{どく だん} 自分一人で判断すること。
「—で決める／重大事を—する
／—的な(言い方・議論・主張)」

内定 ^{ない てい} 内々に決めること。
「(婚約・就職・昇進・採用)が—
する／—が下りる」

認定 ^{にん てい} 資格や事実を調べて認めるこ
と。
「—を(受ける・求める)／(公式・公平)
に—する／合格と—する」

腹を括る ^{はら くく} 覚悟する。
「腹を括って(審理を待
つ・難局に臨む)」

判定 ^{はん てい} 見極めて決めること。
「—に(当たる・従う・照らす・基
づく)／(写真・合否)—／—勝ち」

評定 ^{ひょう てい} よしあしや価値を評価して決
めること。
「勤務態度を—する／5段階で—する
／公正に—する／—制度」

未決 ^{み けつ} まだ決まっていないこと。
「—の(案件・論点・議題)／—段
階」

未定 ^{み てい} まだ定まっていないこと。
「(採否・担当者・行く先・今後の
開催)は—／(発売・価格)—」

明断 ^{めい だん} 明快な判断。
「—を(欠く・下す)」

約定 ^{やく じょう} 約束をとりきめること。
「—(書・基準・済み)」

勇断 ^{ゆう だん} 勇気をもって決断すること。
「—を(下す・迫る・ふるう)」

予定 ^{よ てい} 前もって決めておくこと。
「(開設・販売)を—する／—が
(キャンセルになる・延びる)／—を(空
ける・遅らせる・決める)／—価格」

埒が明かない ^{らち あ} いつまでも決
まらないで進
展しない。
「少し話したが—／いくら考えても—」

その他の表現

フィックス・思い切る・意を決
する・心を決める・腹を決める・
腹を固める

くつろぐ・ひとやすみする

→ あそび・あそぶ／ねむる

基本の表現 [寛ぐ・休む・一休みする・安らぐ]

安逸（あんいつ） 気楽にぶらぶら遊び暮らすこと。安佚。
「―をむさぼる」

安心（あんしん） 不安や心配がないこと。
「これで―だ／―を得る／どうか―下さい／君に任せられて―だ／―安全な食材／―と―／―(感・材料)」

安息（あんそく） 心と体を休めること。
「―の(場・地)／―を(求める・得る・奪われる)」

安堵（あんど） 心が落ち着くこと。
「―の胸をなで下ろす／―の息をつく／―感」

安穏（あんのん） 変わったこともなく穏やかなこと。
「―に暮らす」

一服（いっぷく） (お茶やたばこをのんだりして)一休みすること。
「このへんで―しよう／皆さん―入れてください」

命の洗濯（いのちのせんたく） 日ごろの苦労を忘れてのんびりすること。
「―も必要だ／旅行は―になる」

英気を養う（えいきをやしなう） 元気をとりもどす。
「十分に休んで、英気を養おう」

鬼の居ぬ間に洗濯（おにのいぬまにせんたく） 気がねする人がいないうちに、くつろぐこと。

閑々（かんかん） 心静かにのんびり暮らすこと。
「老後を―と暮らす／悠々―としている」

気が軽くなる（きがかるくなる） 問題や責任から解放されて気持ちが晴れやかになる。
「役職を辞めて―」

気が緩む（きがゆるむ） 緊張感がなくなる。
「テストが終わって―」

気散じ（きさんじ） 気晴らし。
「―にあちこち遊びに行く」

気晴らし（きばらし） 気持ちを晴れやかにすること。
「―に散歩する／ほんの―のつもりで始めたゴルフ」

気保養（きほよう） 気晴らし。気散じ。
「久しぶりにいい―をしました」

休意（きゅうい） 心を安らかにすること。安心。
「―の後、名案が浮かぶ」

休暇（きゅうか） 会社や学校を休むこと。
「―を(とる・利用する)／(夏季・有給・年次・長期)―」

休業（きゅうぎょう） 業務をおこなわないこと。
「都合により本日—します／—手当／（臨時・介護）—」

休憩（きゅうけい） （作業や運動などの）途中で休むこと。
「—を挟んでから、もう一頑張りだ／（お昼・途中・トイレ）—／—（時間・所・タイム）」

休止（きゅうし） 一時的に休むこと。
「（運転・営業）を—する／（活動・利用・サービス・放送・一時）—／—（期間・手続き）」

休心（きゅうしん） 心を休めること。
「御—ください」

休息（きゅうそく） （体を）休めること。
「—を（とる・挟む・与える）／ゆっくり—する／（十分な・適度な）—／束の間の—／心の—」

休養（きゅうよう） 休んで気力や体力を養うこと。
「—を（とる・要する・心がける）／（十分な・適切な）—」

欠勤（けっきん） 仕事を休むこと。
「—を（繰り返す・続ける）／（無断・長期）—／—日数」

欠席（けっせき） 授業や会議を休むこと。
「会議を—する／授業に—する／無断—／—裁判」

欠務（けつむ） 労働時間の一部を休むこと。
「—が生じる／—時間」

極楽蜻蛉（ごくらくとんぼ） のんきに暮らすことをあざける言葉。また謙遜して言う言葉。

小休止（しょうきゅうし） 少し休むこと。
「—を入れる／このへんで—しておこう」

皺を伸ばす（しわをのばす） （老人の心が若返り皺が伸びるように心を晴れ晴れさせることから）気持ちをのんびりさせる。

静穏（せいおん） 何事もなく静かで穏やかなこと。
「妻子と—な晩年を送る」

羽を伸ばす（はねをのばす） のんびりと自由に過ごす。
「外国へ行って—／温泉旅行で—」

人心地がつく（ひとごこちがつく） 緊張や不安がなくなって安心する。
「やっと人心地がついた」

放心（ほうしん） 心を安らかにする。
「—状態／—したような表情」

骨休め（ほねやすめ） 疲れた体を休めること。
「—に温泉に行く／—をしたい」

その他の表現

息継ぎ・息抜き・息休め・一息入れる・一息つく・気を養う・手を休める・肩の力を抜く・肩の荷を下ろす・まったり・のんびり・のびのび・ゆったり・ゆるゆる・チルアウト・リラックス・バカンス・ホリデー・バケーション・ブレイク

くらべる

→ すぐれる・ひいでる／たたかう・きそう・あらそう／ちがう・おなじ

基本の表現 [比べる・照らす・並べる・比較する]

雲泥の差（うんでいのさ） 著しくかけ離れた違いがあること。
「実力に―(出る・生じる)」

肩を並べる（かたをならべる） 同じぐらいの実力がある。
「(大企業の商品・欧米諸国・世界のトップ)に―」

勘合（かんごう） 照らし合わせて調べること。また、考えること。
「原本と―する」

拮抗（きっこう） 力が同じくらいで張り合うこと。
「(両者・数社・勢力・与野党)が―する」

競争（きょうそう） 勝ち負けを争うこと。
「―が激化する／―を(あおる・展開する)／―に(駆り立てる・負ける)／(過激・健全・熾烈)な―」

参考（さんこう） 考えるときの助けや手がかりにすること。
「―までに申し添える／―に(聞く・供する)／(意見・記述)を―にする」

参照（さんしょう） 別の資料でたしかめること。
「(一次資料・原典・書物・図・百科事典・本文・名著)を―する」

照合（しょうごう） 照らし合わせること。
「(解答・データ・テキスト)を―する」

相撲にならない（すもうにならない） 力の差がありすぎて勝負にならない。

対抗（たいこう） たがいに勝とうとして争うこと。
「必死の思いで―する／(好敵手・暴力・人)に―する／―(意識・手段)」

対照（たいしょう） ①照らし合わせること。
「二つを―する」
②ちがいがきわだっていること。
「―の妙／―を(見せる・なす)／―的な(二人・関係・組み合わせ)」

対置（たいち） くらべられるように置くこと。
「(反対意見・二人)を―する／―の構図」

対比（たいひ） 照らし合わせて比べること。
「(今昔・新旧・動と静・赤と黒)の―／二つの企画を―する」

提灯に釣り鐘（ちょうちんにつりがね） (形は似ているが比較にならないことから)大きな差があってつりあわないこと。

月と鼈（つきとすっぽん） (どちらも丸い形をしているが比べようもないことから)違いがとても大きいことのたとえ。

天秤に掛ける（てんびんにかける） 二つのものの損得をくらべ

言い換え文例

「AとBを比べる」 ➡ 「AとBを天秤に掛ける」
（比べものにならないほどの力の差） ➡ 「両者の力量は雲泥の差だ」
　 ➡ 「この組み合わせでは相撲にならない」

（比べてみたが、あまり差がない） ➡ 「両者の勢力が拮抗している」

る。

「（命と金・リスクとリターン）を—」

団栗の背比べ
どれも同じぐらいですぐれたものがないこと。

「どの選手もみな—だった」

秤に掛ける
どちらが得かくらべてみる。

引き合いに出す
証拠や例として例示する。

「（経験・故事・小説・祖父の名・名作のワンフレーズ）を—」

比況
他のものになぞらえること。

「—助動詞」

比肩
優劣の差がないこと。

「この発明に—するものはない／—する勢力」

比率
ある数量を他の数量と比べた割合。

「—が（上がる・増加する・高まる・低い）／（—対—・男女）の—」

比類
比べるに値するもの。同等のもの。

「—を絶する／—ない（快楽・功績・強さ・働き・作品・魅力・価値）／—なく（美しい・ユニーク）」

向こうを張る
真っ向からはりあう。

「（社長・敵）の—」

無比
比べるものがないこと。

「—の（性能・力）／勤勉—の人」

類比
比べること。

「両者の性格を—する」

その他の表現

比する・鑑みる・腕比べ・根比べ・コンテスト・コンクール・コンペ・コンペティション・マッチ・レース

くわしい・こまかい

→ おおきい・ちいさい

基本の表現 [詳しい・細かい・詳らか・詳細]

委曲 (いきょく) 事情・状態の詳しく細かなこと。
「―を(知る・尽くす)」

委細 (いさい) 細かく詳しい事情。
「―を(尽くす・要約する)／―(お構いなし・心得る・承知する)」

巨細 (きょさい) 細かく詳しいこと。また大事と小事。
「―となく報告する」

厳密 (げんみつ) 細かいところまで気を配ること。
「―を期する／―な(意味・検査・検証・審査)／―に(解釈する・区別する・調べる・述べる)」

巧緻 (こうち) きめ細かく見事なできばえ。
「―な(完成品・工芸品・描写)／―の限りを尽くす」

克明 (こくめい) 注意が行き届いて詳しいこと。
「―な(話・描写・メモ・記録)／―に(描く・覚えている・思い出す・刻む・たどる・つづる・分析する)」

細々 (こまごま) 細かく詳しいこと。細かく雑多なこと。
「―と(書き入れる・説明する・報告する・指示を出す)／―とした(家事・作業・手続き・注意事項・問題)」

細事 (さいじ) 細かなこと。
「―に(こだわる・心を留める・わたり説明する)」

細心 (さいしん) 細かいところまで注意がおよんでいること。
「―な(警戒・計画・心遣い)／―に(育て上げる・守る)／―の(気配り・努力・工夫・注意)」

細大漏らさず (さいだいもらさず) 細かいことも大きいこともすべて。
「―(記録する・書き送る・報告する)」

細緻 (さいち) 細かく綿密なこと。
「―な描写／―に彫りこむ／―複雑／微妙―な音」

細微 (さいび) とても細かいこと。
「―な(観察・虫・粒子)／―にわたる記録」

細部 (さいぶ) 細かい部分。
「―を(隠す・観察する・詰める)／―までこだわる／―に(凝る・心を配る)／―の仕上げ」

細密 (さいみつ) 細かく詳しいこと。
「―な(解説・図柄・地図・描写・予算)／―に(描く・調べる)」

子細 (しさい) 事の細部。詳細。詳しい事情。
「―を(聞き取る・話す・忘れる)／―は言うに及ばない／―に(観察する・描写する・見て回る)／―ありげ／―らしい(口調・顔)」

82

重箱の隅 じゅうばこ すみ ごく小さな、問題にならないようなこと。

「一をつつくような(質問・粗探し・話)」

周密 しゅうみつ 細かいことまでぬかりのないこと。

「一な(計画・叙述)／一に計画を練る」

詳密 しょうみつ 漏れがなく事細かで詳しいこと。

「一な(図・点検・描写)」

精巧 せいこう 細かいところまでよくできていること。

「一な(機械・仕組み・作り・模様)／一に(印刷する・組み立てる・仕上げる)」

精細 せいさい 念入りで詳しく細かなこと。

「一な(調査・話・描写)／一に(描く・検査する・調べる・見入る)」

精緻 せいち 細部まで正確なこと。緻密。

「一を極めた油絵／一な(絵画・技量・計画・思考・情報網・模様)」

精密 せいみつ 細かなところまで注意が行き届いていること。

「一な(浮き彫り・計画・計算・研究・仕掛け・写真・測定・分析・論理)／一に(描く・書き込む・調べる)」

精妙 せいみょう 巧みで細かいこと。

「一な(機械・技術・組み立て・神経)／企画を一に練り上げる」

繊細 せんさい 細やかで鋭いこと。

「一を(極める・尊ぶ)／一な(絵・ガラス細工・感覚・気配り・舌)」

詮索 せんさく 細かな点まで探り調べる。穿鑿。

「一を(続ける・始める)／(無駄な・余計な)一／(過去・行動・建物)を一する／(あれこれと・しつこく)一する」

逐一 ちくいち 一つひとつ順番に。

「一(思い起こす・監視する・承知する・知らせる・説明する・確かめる・報道する)」

緻密 ちみつ 細部にまで注意が行きとどいていること。

「一な(観察・計画・計算・スケジュール)／一に(考える・構成する・推理する)」

具に つぶさに 細かいところまでもれなく。

「一(歩く・教える・数える・語る・観察する・記録する・検証する・説明する・知る)」

明細 めいさい 数や金額などの細かいところまでくわしく書いたもの。細かくくわしいこと。

「(給与・利用・取引・請求・課税)一／一な(調査記録・説明・報告)」

綿密 めんみつ 手抜かりがなく詳しく細かなこと。

「一な(計画・取材・プラン・連絡)／一に(する・練り上げる)」

縷々 るる 細かい点まで詳しく述べること。

「一(説明する・述べ立てる・話す・弁解する・教えを垂れる)」

その他の表現

微細・微小・微々・微に入り細に入り・微に入り細を穿つ・ディテール・ミクロ・マイクロ

83

こたえる

→ かす・かりる・かえす／なおす・なおる

基本の表現 [答える・応える・解く・言い返す・
返事する・応答する・返答する]

相槌 あい づち 相手の話に合わせて返す短い言葉。
「（あいまいに・大げさに・適当に）―を打つ」

応酬 おう しゅう 意見や言葉のやりとりをすること。
「―が続く／―を（交わす・繰り広げる・続ける）／―に（終始する・疲れる）／口汚い言葉の―」

応対 おう たい 相手になってやりとりをすること。
「―に（追われる・困る・戸惑う）／（明るい・気のない）―／（低姿勢で・退屈しのぎに・和やかに）―する」

応報 おう ほう なにかをした結果として受けるむくい。
「自然の―を招く／この―は必ずやって来る／因果―」

音信不通 おん しん ふ つう 連絡がまったくとれないこと。
「彼女とは3年以上も―だ」

回答 かい とう 問い合わせに答えること。
「―を（保留する・要求する・よこす）／―に責任を持つ／（ありふれた・簡潔な）―／アンケートに―する」

解答 かい とう 問題や質問に答えること。
「―が出る／―を（思いつく・見出す）／正しい―／―欄」

◆「回答」は返事に近い意で、アンケートや要求にこたえること。「解答」は解いて答えを出すことで試験問題やクイズなどにこたえること。

確答 かく とう はっきりと答えること。
「―を（得る・避ける）／まだ何の―もない／協力することを―する」

愚答 ぐ とう 答えになっていないばかばかしい答え。
「（愚問・賢問）―／―ではぐらかす」

賢答 けん とう ①すばらしい答え。
②相手の答え。[尊敬語]
「愚問―／ご―をお待ちしています」

口答 こう とう 口で答えること。
「直接―する／口問―／―試験」

呼応 こ おう 反応して同じ行動をとること。
「国の政策に―するかのように経済が動いていく」

誤答 ご とう まちがった答え。
「正答か―かの判定」

言葉を返す こと ば を かえす 言いかえす。
「―間もない／お―ようですが」

照応 しょう おう たがいに対応してうまく関係すること。

「首尾が―する／主語・述語の―」

そく おう
即応 情勢にぴったり当てはまること。
「(時勢・時代の流れ)に―する
／現実に―した考え」

そく とう
即答 その場ですぐに答えること。
「臆せず―する／諾否は―しか
ねる／―を避ける」

そく とう
速答 短時間に答えること。
「よく考えずに―する／速問―」

たい おう
対応 状況にあわせて行動すること。
「―が(追いつかない・後手に回
る)／―を(誤る・検討する)／―に(追
われる・ためらう)／(杜撰・柔軟・迅速)
な―／慎重に―」

ちょく とう
直答 ②その場ですぐに答えること。
②直接答えること。

とう じ
答辞 送辞や訓辞にこたえることば。
「卒業生を代表して―を読む」

とう しん
答申 上からの質問に対して意見を
述べること。
「審議会が大臣に―する／―案」

とう べん
答弁 議会などで質問に答えて説明
すること。
「―を(引き出す・求める)／苦しい―
を余儀なくされる／―に立つ」

なし つぶて
梨の礫 まったく返信のないこと。
「何度も連絡したが―だ」

なま へん じ
生返事 いいかげんで適当な返事。
「―を(返す・繰り返す)／
(元気のない・上の空で)―をする」

ひっ とう
筆答 書いて答えること。
「―試験／筆問―」

ふた へん じ
二つ返事 (「はいはい」と二度重
ねて返事をすることか
ら)すぐに引き受けること。

「―で(応じる・引き受ける・承諾する)
／彼は―で来るだろう」

へん しょ
返書 返事の手紙。
「―を(・に)したためる／―を出
す」

へん しん
返信 返事の手紙やメール。
「―がある／―を(書く・したた
める・出す)／友人からのメールに―
する／―用封筒」

へん でん
返電 返事の電報。
「―を打つ」

へん ぽう
返報 しかえしをすること。むくいる
こと。
「受けた親切に―する／いつかきっと
この―をしてやる」

へん れい
返礼 贈り物や援助へのお礼。
「―を(送る・届ける)／―に(あ
ずかる・困る)／―の品／(お祝い・お
見舞い・香典)の―」

めい とう
明答 正しくはっきりした答え。
「―を避ける／即座に―する／
―が得られない」

めい とう
名答 すぐれた答え。
「御―、その通りです／―が閃
く」

もん どう
問答 問いと答え。やりとり。
「―が白熱する／―を(続ける・
かわす)／人生について―する／―
無用／押し―」

その他の表現

**アンサー・レスポンス・レス・
リアクション・リプライ**

85

ことわる

→ きめる／やめる・あきらめる

基本の表現 断る・拒む・退ける・絶つ・振る

一蹴（いっしゅう）　かんたんにはねつけること。
「（抗議・要請）を―する／（頭から・軽く・冷ややかな態度で）―する」

遠慮（えんりょ）　「断ること」の遠回しな言い方。
「今回は―させていただきます／おたばこはご―ください」

棄却（ききゃく）　申し立てや請求をみとめないこと。
「（意見・請求・提案）を―する」

木で鼻を括る（きではなをくくる）　そっけなくあしらう。
「木で鼻を括ったような返事」
＊もとは「木で鼻をこくる（＝こする）」で、「括る」の意味はない。

却下（きゃっか）　申し立てや申請をとりあげずにさしもどすこと。
「（訴え・申請・願書）を―する／彼の提案は―された」

拒絶（きょぜつ）　依頼や要求を受け入れないこと。
「―を受ける／―にあう／（厳しい・強固な）―／（援助・掲載）を―する」

拒否（きょひ）　承知しないこと。ことわること。
「（一切の思考・対話・任務）を―する／（かたくなに・無下に・一切）―する／届け出が窓口で―される／―（権・反応）／乗車―」

首を横に振る（くびをよこにふる）　承知しない。拒否する。
「いくら頼んでも―／咄嗟に―／（大きく・小さく）―」

結構（けっこう）　十分でそれ以上は必要ないこと。
「もう―／お酒は―です」

けんもほろろ　冷たく扱うよう。相手にしないようす。
「―で追い返される／―に断られる／―（の・な）（挨拶・答え）」

抗拒（こうきょ）　抵抗して拒否すること。
「―罪／―不能」

固辞（こじ）　固く辞退すること。
「（誘い・就任・申し出・役員の職）を―する／―して（譲らない・受けない）」

御免被る（ごめんこうむる）　断る。
「金輪際（こんりんざい）御免被りたい／面倒なことは―」

辞する（じする）　職や地位をやめる。
「（院長・役）を―／固く―」

辞退（じたい）　すすめられたことを断ること。
「―の意を示す／（委員・勝負・出場）を―する／（丁寧に・一応）―する／―する気は毛頭ない」

言い換え文例

(何かをもらう場面で)「要りません」	➡ 「結構でございます」「ご遠慮いたします」 「拝辞いたします」「辞退いたします」
断っている様子(撥ね付ける)	➡ 「一蹴なさっていました」 「けんもほろろといった様子」
断っている様子(穏やかに)	➡ 「固辞なさって」「難色を示されたよう」

謝絶 しゃぜつ ていねいに断ること。
「―を無視する／(誘い・要求)をする／面会―」

峻拒 しゅんきょ きっぱりとはねつけること。
「立候補の要請を―された／相手の申し出を―する」

駄目を出す だめ (演劇などで演出上の)注意や注文を出す。転じて、やり直しを求めること。駄目出し。
「(演技・計画)に―」

突っ撥ねる つっぱ 強く断る。
「(無遠慮に・むっとして・わざと・すげなく)―／ように(言う・答える)／(要求・案)を―」

難色 なんしょく 賛成できないようす。
「(計画・条件)に―を示す」

願い下げ ねがさ たのまれたとしても断ること。
「そんな話はこっちから―だ」

拝辞 はいじ 辞退すること。[謙譲語]
「せっかくのご指名ですが―いたします」

撥ね付ける はねつ きっぱりと断る。
「(援助・言葉・誘い・提案)を―／(一言のもとに・無下に・きっぱりと・手ひどく・にべもなく)―」

肘鉄砲 ひじてっぽう 要求や誘いを強く拒否する。
「無理な要求に―を食わす」

否定 ひてい ①打ち消すこと。②みとめないこと。
「(意見・価値・関与)を―する／(大声で・真顔で・静かに・あっさりと・一も二もなく・平然と・全面的に)―する／肯定とも―ともつかない」

不承知 ふしょうち 承知していないこと。反対すること。
「―を(唱える・匂わす・表明する)／―(な・の)旨を伝える」

真っ平 まっぴら 絶対にいやだ。
「お説教は―だ／―御免」

見送る みおく 中止する。先送りする。
「(提案・決行・採用・実施)を―」

門前払い もんぜんばらい 用件も聞かずに断ること。
「彼に―を食わされた」

その他の表現

鼻であしらう・ノー・リジェクト

87

こまる・なやむ

→ おもう・かんじる・かんがえる

基本の表現 「 困る・悩む・弱る・戸惑う・窮する・倦む・狼狽える・困惑する・迷惑だ 」

頭を悩ませる

むずかしい問題への対応のしかたに苦労する。

「恋愛で一／対策に一／（日夜・常に）一／長年人々の頭を悩ませてきた問題」

暗礁に乗り上げる

思いがけない障害で計画が止まってしまう。

「（交渉・計画・問題）が一」

如何ともし難い

どうにもしようがない。

「一（状況・事実）／この差は一／（私・独学・技術）だけでは一」

往生

対応にこまること。

「（目処が立たなくて・質問攻めにあって）一する／（ひどい雨・事故渋滞）で一する／立ち一」

懊悩

心の底で深く悩み苦しむこと。

「一の淵から抜け出す／一に（苦しむ・満ちる）／一を（募らせる・深める・漏らす・しまいこむ）」

苦悩

苦しみ悩むこと。

「一に（満ちる・悶える）／一の（表情・日々・果て）／一を（抱える・描く）／（人々・親・当時）の一／（深い・激しい）一」

苦悶

苦しみもだえること。

「一に（歪む・満ちる）／一の（表情・声・日々）／一を（癒やす・伴う）」

困じる

どうすればいいかわからずに困る。

「困じ果てる／処置に一」

困却

まったく困り果てること。

「（甚だ・ほとほと）一する」

困窮

生活に困ること。

「一が深まる／一に（陥る・あえぐ）／一を（訴える・もたらす）／（国民生活・地方）が一する／生活に一する／経済的一」

困苦

困難と苦しみ。

「一に耐える／一の中」

困難

（解決が難しくて）苦しくつらいこと。

「一が（生じる・つきまとう・待ち受ける）／一に（直面する・陥る・立ち向かう・打ち勝つ・耐える）／一を（極める・伴う・抱える・克服する）／（著しい・様々な）一／（きわめて・一層）一だ」

思案に暮れる

どうしたらいいかわからずに悩む。

「どうしたものかと—/(職を失い・電話が繋がらず)—」

進退窮まる
進むこともしりぞくこともできない。

「進退窮まれり/いよいよ—」

頭痛の種
心配ごとや悩みごと。

「(ずっと・長年の)—だった/社長にとっての—」

絶体絶命
追いつめられて窮地に立たされること。

「—の(危機・ピンチ・窮地・状況)—/—に(追い込まれる・立たされる)」

切羽詰まる
追いつめられて逃げ場がなくなる。

「切羽詰まった(気持ち・状況・様子)/(いよいよ・よほど)—」

手子摺る
思うようにいかず扱いにこまる。梃子摺る。

「まったく、**手こずらせてくれる**奴だ/(泣く子・対処)に—」

当惑
対応にこまること。

「—の(表情・色)/—を(感じる・隠せない)/—顔」

途方に暮れる
どうすればいいかわからずに困りはてる。

「途方に暮れて(立ちすくむ・座り込む)/—ばかりだ/どうすればいいのか分からず—」

難儀
①苦労すること。②困難なこと。

「—な仕事/ますます—になる」

難渋
物事がうまく進まず苦労すること。

「—を(極める・示す)/(歩くのに・見つけられず)—する/(交渉・工事)が—する/解釈に—する」

音を上げる
苦しくて弱音を吐く。

「(難問・勉強)に—/こんなことで—わけにはいかない」

煩悶
心を痛めもだえ苦しむこと。

「心の中に—がある/—に苦しめられる/—の(挙句・極み)」

閉口
まいってしまうこと。

「人で溢れかえっていて—する/(失礼な態度・蒸し暑さ)に—する/さすがに—する/—気味」

辟易
いやになること。

「(彼の気まぐれ・しつこさ・たばこの臭い)に—する」

憂苦
非常に憂い苦しむこと。

「—にとらわれる/—を(もたらす・忘れる)」

憂悶
心配して憂い苦しむこと。

「—を(隠す・払う)/—が解ける/—から解放される/—にとらわれる/—の情」

その他の表現

頭を抱える・胸が痞える・胸に余る・手に余る・手を焼く・手詰まり・人騒がせ・思案投げ首・おろおろ・おたおた・しどろもどろ・へどもど・まごまご・もやもや

さかえる

→ おおきい・ちいさい／おこる・しょうじる

基本の表現　[栄える・流行る・盛る・賑わう・賑わす・盛り上がる・発展する・繁栄する]

弥栄（いやさか）　さらに栄えること。
「国の―を祈る／―を祈念する」

殷賑（いんしん）　栄えてにぎわうこと。
「―を極める／―産業」

殷盛（いんせい）　栄えて活気があること。
「―を（極める・招く・誇る）／―な（状態・都市）／―に向かう」

栄華（えいが）　財があり栄えること。
「―を（極める・誇る・謳歌する・偲ぶ）／―にふける」

栄枯（えいこ）　栄えることと衰えること。
「―（盛衰・浮沈）／―常なし／―を偲ぶ」

栄耀栄華（えようえいが）　はなやかに栄えること。
「―を（極める・描く・誇る・ほしいままにする）／―な生活／―に暮らす」

旺盛（おうせい）　気力・体力・意欲が盛んなこと。
「（元気・精力・好奇心）―／―な（読書力・活動・食欲・需要）」

活況（かっきょう）　活気があり景気がよいこと。
「―を（呈する・取り戻す・示す・見せる・もたらす）／経済の―／大―」

活発（かっぱつ）　元気で勢いがあること。
「―な（論議・市場）／―化」

共栄（きょうえい）　ともに栄えること。
「共存―を図る」

興隆（こうりゅう）　（国や文化などが）ますます栄えること。
「―を（促す・維持する）／（文化・学問）の―」

盛者必衰（じょうしゃひっすい）　栄えている者もいつか必ず衰えること。
「―の（歴史・原則）」

伸張（しんちょう）　勢力が広がり栄えること。
「勢力を―する／（事業・人口）の―／国威―／―に繋がる」

伸展（しんてん）　勢力がのび広がること。
「経済力の―／事業が―する／文化の―を願う」

末広がり（すえひろがり）　末にいくにつれ広がること。
「将来は―だ」

盛運（せいうん）　栄えていく運命。
「会社が―に向かう／―を図る」

清栄（せいえい）　相手が健康で栄えていることをよろこぶ言葉。
「ますますご―のこと、何よりと存じます」

盛栄（せいえい）　①商売などが栄えること。②相手の会社が栄えていることをよろこぶ言葉。
「―を（維持した・示す）／ますますご―のこととお喜び申し上げます」

盛会<ruby>盛<rt>せい</rt></ruby><ruby>会<rt>かい</rt></ruby> にぎやかな会。
「ごーを祈ります／一裏に終了した／なかなかの一だった」

盛況<ruby>盛<rt>せい</rt></ruby><ruby>況<rt>きょう</rt></ruby> 行事におおぜい集まりにぎやかなこと。
「一を(極める・祝う・祈願する・おさめる・誇る)／一のうちに(終了する・幕を閉じた)／大一」

盛大<ruby>盛<rt>せい</rt></ruby><ruby>大<rt>だい</rt></ruby> とてもさかんなこと。
「一な(パーティー・歓迎会・拍手を送る)／一に(挙行する・祝う)」

全盛<ruby>全<rt>ぜん</rt></ruby><ruby>盛<rt>せい</rt></ruby> いちばん勢いのあること。その時期。
「一(期・時代)／一を(誇る・極める)」

増進<ruby>増<rt>ぞう</rt></ruby><ruby>進<rt>しん</rt></ruby> 勢いがますこと。
「一を(目指す・図る)／一に(つながる・寄与する・役立てる)／(健康・食欲・体力)一／大きく一する」

酣<ruby>酣<rt>たけなわ</rt></ruby> いちばん盛んなとき。
「秋も一の頃／酒宴が一になる」

時めく<ruby>時<rt>とき</rt></ruby>めく 時をえて盛んになる。
「世に一／今を一作家」

飛ぶ鳥を落とす勢い<ruby>飛<rt>と</rt></ruby>ぶ<ruby>鳥<rt>とり</rt></ruby>を<ruby>落<rt>お</rt></ruby>とす<ruby>勢<rt>いきお</rt></ruby>い
勢いがとても盛んなことのたとえ。
「一で(勝利を積み重ねる・売れまくる・成長している・人気を得た)」

破竹<ruby>破<rt>は</rt></ruby><ruby>竹<rt>ちく</rt></ruby> 止めることのできない激しい勢い。
「一の(快進撃・勢い)」

繁盛<ruby>繁<rt>はん</rt></ruby><ruby>盛<rt>じょう</rt></ruby> 商売が栄えること。
「随一一した店／一を(祈る・願う)／事業が一する／大一」

繁忙<ruby>繁<rt>はん</rt></ruby><ruby>忙<rt>ぼう</rt></ruby> 仕事が多くていそがしいこと。
「一を極めている／一(期・店)」

さ
さかえる

一花咲かせる<ruby>一<rt>ひと</rt></ruby><ruby>花<rt>はな</rt></ruby><ruby>咲<rt>さ</rt></ruby>かせる 仕事で成功して華やかな時をすごす。
「最後に一つもりだ」

富貴<ruby>富<rt>ふう</rt></ruby><ruby>貴<rt>き</rt></ruby> 財産も地位もあること。
「一の(人・証・身)／一な家に生まれた／一を(示す・得る・さづける)」

世に逢う<ruby>世<rt>よ</rt></ruby>に<ruby>逢<rt>あ</rt></ruby>う 時流にのって栄える。
「一生活を送る」

隆昌<ruby>隆<rt>りゅう</rt></ruby><ruby>昌<rt>しょう</rt></ruby> 勢いがあり盛んなこと。隆盛。
「国家一の気運／ますますごーのこととお慶び申し上げます」

隆盛<ruby>隆<rt>りゅう</rt></ruby><ruby>盛<rt>せい</rt></ruby> 勢いがあり盛んなこと。
「一を(極める・誇る・迎える・支える・見る)／一の極に達する／一に(赴く・つながる)／文化が一する」

隆々<ruby>隆<rt>りゅう</rt></ruby><ruby>々<rt>りゅう</rt></ruby> 勢いが盛んなこと。
「一たる(名声・威勢)／一と(栄える・盛り上がる・そびえ立つ)」

その他の表現

花が咲く・ブーム・ピーク・うなぎ登り

91

さがす・しらべる

→ うたがう

基本の表現 ［ 探す・捜す・調べる・探る・探検する・
調査する・検査する・捜査する ］

暗中模索（あんちゅうもさく） 暗闇の(ような手がかりのない)なかであれこれさがすこと。闇中模索。
「一に終わる／方法を一する」

監査（かんさ）（業務の執行や会計などを)監督し検査すること。
「(会計・内部)を一する／一委員」

鑑査（かんさ） 芸術作品などを鑑定し審査すること。
「(応募作品・出品)を一する」

監察（かんさつ） 規定に違反していないか調べて取り締まること。
「(業務状況・会計人事・地方行政)を一する／一(官・医)／行政一」

吟味（ぎんみ） 内容や品質などを細かいところまで調べること。
「情報を一する／(あれこれと・細部にわたり・厳しく)一する」

閲する（けみする） よく調べる。
「(歴史・書類)を一する」

検閲（けんえつ）（権力をもつ者が)出版物や郵便物などの内容を調べること。
「一にひっかかる／一の網／事前一」

検索（けんさく）（索引やインターネットで)さがすこと。
「一をかける／(キーワード・全文・情報)一／一(結果・サイト)」

検出（けんしゅつ） 調査・分析して成分などをとりだすこと。
「一をする／一(器・率)」

検証（けんしょう） 調べて明らかにすること。
「(現場・効果)を一する／(丹念に・しっかりと・一つひとつ)一する」

検討（けんとう） いろいろな角度からよく考えること。
「一を(急ぐ・重ねる・要する)／一の余地がある／(早急に・じっくり)一する」

検分（けんぶん） 立ち合って調べること。
「(下・実況・実地)一」

考査（こうさ） 評価・判断するために調べること。
「(人物・成績・学力)一／一体制」

索引（さくいん） 事柄や語を一定の順序でならべて探しやすくしたもの。
「(キーワード・事項)一」

査察（ささつ） 規定に違反していないか調べること。
「一が入る／一を(受ける・拒否する)／(現地・工場)を一する／空中一」

査収（さしゅう） よく調べて受け取ること。
「どうぞ御一下さい」

査定（さてい） 調べて評価を決めること。
「(甘い・厳しい)一／(税額・勤務態度)を一する」

査問 <ruby>査<rt>さ</rt></ruby><ruby>問<rt>もん</rt></ruby> 調べて問いただすこと。
「疑惑解明のため―する」

渉猟 <ruby>渉<rt>しょう</rt></ruby><ruby>猟<rt>りょう</rt></ruby> 広い範囲をあちこち探し求めること。
「山野を―する」

審査 <ruby>審<rt>しん</rt></ruby><ruby>査<rt>さ</rt></ruby> 調べて合否や等級などを決めること。
「―を(受ける・パスする)/―に通る／厳しい―／(作品・実績)を―する」

審理 <ruby>審<rt>しん</rt></ruby><ruby>理<rt>り</rt></ruby> 裁判で事実を調べて、どの法律があてはまるかはっきりさせること。
「刑事事件を―する／―に付する／集中―／―書」

精査 <ruby>精<rt>せい</rt></ruby><ruby>査<rt>さ</rt></ruby> 詳しく調べること。
「―を要する／(資料・内容・原因)を―する／厳しく―する」

詮索 <ruby>詮<rt>せん</rt></ruby><ruby>索<rt>さく</rt></ruby> 詳しく調べること。**穿鑿**。
「―は(しない・諦める)／―を(受ける・始める・免れる)」
＊特に「穿鑿」は小さなことまでほじくるように知ろうとすること。

捜索 <ruby>捜<rt>そう</rt></ruby><ruby>索<rt>さく</rt></ruby> 人やものをさがすこと。
「家宅―／―(活動・願い)」

探求 <ruby>探<rt>たん</rt></ruby><ruby>求<rt>きゅう</rt></ruby> 物事をさがしもとめること。
「―にのめり込む／―心」

探究 <ruby>探<rt>たん</rt></ruby><ruby>究<rt>きゅう</rt></ruby> 物事の本質や真理をさがしもとめること。
「―を試みる／―(活動・学習)」

探査 <ruby>探<rt>たん</rt></ruby><ruby>査<rt>さ</rt></ruby> 知られていない物事をさぐり調べること。
「惑星―／―(機・計画)」

探索 <ruby>探<rt>たん</rt></ruby><ruby>索<rt>さく</rt></ruby> 人の居場所やもののありかをさがすこと。
「(ルート・情報)―／―活動」

探勝 <ruby>探<rt>たん</rt></ruby><ruby>勝<rt>しょう</rt></ruby> よい景色を探して見て歩く。
「自然―／―(会・路)」

探知 <ruby>探<rt>たん</rt></ruby><ruby>知<rt>ち</rt></ruby> 探って知ること。
「(敵の動向・内情)を―する／レーダーで―する／逆―／―犬」

探偵 <ruby>探<rt>たん</rt></ruby><ruby>偵<rt>てい</rt></ruby> かくれた人の様子や犯罪などを調べる人。
「―を雇う／―(小説・事務所)／名―」

探訪 <ruby>探<rt>たん</rt></ruby><ruby>訪<rt>ぼう</rt></ruby> 現地へ出かけ様子を訪ね歩く。
「(歴史・おしゃれ・史跡・文化・美術館)―／(ツアー・マップ)」

偵察 <ruby>偵<rt>てい</rt></ruby><ruby>察<rt>さつ</rt></ruby> 敵の様子をさぐること。
「―(衛星・部隊・活動・機)」

点検 <ruby>点<rt>てん</rt></ruby><ruby>検<rt>けん</rt></ruby> おかしなところがないかどうかを調べること。
「(エンジン・条件・戸締まり)を―する／(慎重に・くまなく)―する」

踏査 <ruby>踏<rt>とう</rt></ruby><ruby>査<rt>さ</rt></ruby> 現地へ行って調べること。
「(現地・地区・街・古墳群)を―する／実地に―する／実地―」

内偵 <ruby>内<rt>ない</rt></ruby><ruby>偵<rt>てい</rt></ruby> ひそかに探ること。
「事件の―／―捜査」

物色 <ruby>物<rt>ぶっ</rt></ruby><ruby>色<rt>しょく</rt></ruby> 多くの物や人のなかから適当なものを探す。
「あれこれ―する／―中」

模索 <ruby>模<rt>も</rt></ruby><ruby>索<rt>さく</rt></ruby> 手さぐりでさがすこと。
「―が(始まる・続く)／―を(続ける・始める・試みる)／―(中・的)」

その他の表現

確かめる・漁る・探りを入れる・草の根を分けても探す・血眼になって探す・<ruby>虱潰<rt>しらみつぶ</rt></ruby>し・サーチ・リサーチ・チェック・サーベイ・きょろきょろ

したがう

→ かつ・まける／たえる・がまんする・ゆるす

基本の表現 [従う・則る・付き従う・服従する]

唯々諾々 (いいだくだく) 何事にも相手の言いなりになること。
「ーと言うことを聞く／ーとして従う」

依拠 (いきょ) よりどころにすること。
「(辞書・先例・法律・理論)にーする」

引率 (いんそつ) 多くの人を引きつれていくこと。
「先生のーでグループごとに下校した／一同をーする／ー者」

介添え (かいぞえ) 付き添って世話をすること。
「ーを(頼む・務める)／ー役」

兜を脱ぐ (かぶとをぬぐ) 降参する。
「(あっさり・潔く)ー」

帰順 (きじゅん) (敵対していた者が)相手に従うようになること。
「ーを(誓う・申し出る)／ただちにーせよ」

驥尾に付す (きびにふす) すぐれた人を見習う。
「敬愛する師のー」

恭順 (きょうじゅん) おとなしく従うこと。
「ーを(宣言する・誓う・申し出る)／ーの意を(示す・表明する)」

屈従 (くつじゅう) 心ならずも従うこと。
「ーを(迫る・強いる)／(権威・大国)にーする／涙をのんでーした」

敬服 (けいふく) 尊敬し従うこと。感心すること。
「(才能・手腕)にーする／(心底・一様に)ーする／ーすべき行為」

降参 (こうさん) 争いに負けて相手に従うこと。
「ーに追い込まれる／(ーもニもなく・たちまち・力尽きて)ーする」

後塵を拝する (こうじんをはいする) (先を越され)後からついていく。
「(先人・他国・他党・敵)のー」

降伏 (こうふく) 負けを認めて相手に従うこと。
「ーを(勧告する・迫る・余儀なくされる)／(無条件で・戦いを交えずに)ーする」

扈従 (こじゅう) (身分の高い人の)おともをすること。
「彼の周囲にーする家来」

傘下 (さんか) 大企業や有力者の支配下。
「ーに(集める・置く)／大企業のーに入る／米国のーにある」

従順 (じゅうじゅん) おとなしく逆らわないこと。
「ーを(強いる・要求する)／ーな(家来・召し使い)／ーに(承服する・振る舞う)／(運命・権威)にーだ」

準拠 (じゅんきょ) よりどころとすること。
「(教科書・法令・規格)にーする」

心服 しん ぷく 心から従うこと。
「(恩師・師の教え)に―する」

随行 ずい こう 上の人に従って行くこと。おとも。
「―を(志願する・命じる)/(社長・首相・大統領)に―する」

随従 ずい じゅう (上の人に)つきしたがうこと。
「先輩の言に―する/荷物係として―した」

随順 ずい じゅん 逆らわずに従うこと。
「―を誓う/(一途に・理非もなく)―する/上司の意向に―する」

随伴 ずい はん ①つきしたがうこと。つきしたがえること。
「社長に―する/護衛を―する」
②ともなって起きること。
「―する(問題・現象)」

帯同 たい どう 連れていくこと。
「(妻子・秘書)を―する」

諾々 だく だく 人の言いなりになること。
「―として応じる」

聴従 ちょうじゅう 聞き入れること。
「(勧告・命令)に―する」

追従 つい じゅう 後をついていくこと。人の言うことに従うこと。
「後を―する/(権力・世論)に―する」
＊「ついしょう」と読むと、人にこびへつらう意となる。

追随 つい ずい 前の人についていくこと。
「(時代・先人・大衆)に―する/(他・他人)の―を許さない」

適従 てき じゅう よく従うこと。
「先哲の教えに―する」

同伴 どう はん つれだって行くこと。
「警護を―する/主人に―する

「―を頼む/保護者―/―者」

忍従 にん じゅう じっとがまんして従うこと。
「何の反抗も示さずに―した/―を強いる/―の(生活・日々)」

陪従 ばい じゅう 身分の高い人につきしたがうこと。
「陛下に―する」

付随 ふ ずい 主な事柄にともなうこと。
「職務に―する権益/入学に―する費用/契約に―して定める約款」

付和雷同 ふ わ らい どう しっかりした考えがないでいくこと。
「(扇動・多数派)に―する」

盲従 もう じゅう なにも考えずに従うこと。
「(上役・権威・要求)に―する」

立脚 りっ きゃく よりどころとすること。
「(事実・理論)に―する/(政策・理念)の―/―(地・点)」

隷従 れい じゅう 逆らわず言いなりになること。
「(強国・大国・主人)に―する/―を求める/―に服する」

その他の表現

息が掛かる・草木も靡（なび）く・人の尻馬に乗る・お先棒を担ぐ・長い物には巻かれろ・フォロー

しる・わかる

→ おもう・かんじる・かんがえる／つたえる・しらせる・つげる

基本の表現 「知る・分かる・解る・通じる・悟る・認める・存ずる・弁える・心得る・理解する」

一知半解 理解が不十分なこと。生かじり。

「―の経済学の知識／―の徒」

鵜呑みにする 疑いもせずにそのまま受け入れる。

「(宣伝文句・ネットの情報)を―」

会得 理解して自分のものにすること。

「(奥義・ノウハウ・方法)を―する／いつの間にか―する」

温故知新 昔のことを学んで新しい知識を得ること。

「鎌倉へ―の旅に出る／師は、―こそが読書の楽しみだと言った」

解釈 物事の意味を理解して明らかにすること。

「(意味・芸術)を―する／―が分かれる／二通りの―ができる／―を(あてはめる・加える)／(一面的な・押しつけがましい)―」

該博 広い分野について深く知っていること。

「―な(学識・教養・知識)」

確認 たしかに認めること。

「(愛情・安否・時間)を―する／―を(急ぐ・繰り返す)／―に手間取る／(念のため・改めて・しっかりと)―する」

喝破 真実を解き明かすこと。

「事の本質を―する／ものの見事に―する」

合点 納得すること。

「どうしても―がいかない／(おおよそ・すぐに)―がいく／ひとり―／合点承知」

感知 感じ取ること。

「身の危険を―する／(気配・事実・魅力)を―する」

関知 関わりをもっていて事情を知っていること。

「私の―するところではない／私生活には一切―しない」

感得 深い道理を感じ取って悟ること。

「人生のなんたるかを―する／(自然の影響・生活・変化)を―する／じかに―する」

既知 既に知っていること。

「―の(事柄・情報)／―の事実にもとづく」

窺知 うかがい知ること。

「敵の行動を―する／われわれの―すべからざること」

敬語の使い方

お知りになる…「知る」の尊敬語
「その件をいつお知りになりましたか」
ご存じ…「知(ってい)る」の尊敬語
「その件をご存じでしょうか／ご存じのとおり……」

存じ上げる…「知(ってい)る」の謙譲語
「～でしたら存じ上げております」
存ずる…「知(ってい)る」の謙譲語
「～のように存じております」

曲解（きょっかい） わざとねじまげて理解すること。
「発言を一する／好意を一されては困る／意図を一している／一もはなはだしい」

誤解（ごかい） 間違えて理解すること。
「(意味・関係)を一する／一を(与える・生む)／一が晴れる／一のないように断っておく／いわれなき一／(些細な・無知ゆえの)一／一を恐れずに言うと……」

悟得（ごとく） 悟りを開いて真理を会得すること。
「真理を一する」

誤認（ごにん） まちがえてそれと認めてしまうこと。
「敵を味方と一する／霧で信号を一した／事実一／一逮捕」

察知（さっち） 様子などからうかがい知ること。
「(異変・機運・動向)を一する／(いちはやく・敏感に)一する／事前に一する／相手の攻撃を一する」

自得（じとく） 自分自身の力で悟ること。自分自身で会得すること。
「一の色が見える／新たな手法を一する／実践で一した技術／一顔」

周知（しゅうち） 多くの人に知れ渡っていること。
「一を(怠る・図る)／一に努める／一の(事実・とおり)／世間に一する／指示を一させる／一徹底する」

熟知（じゅくち） よく知っていること。
「その件なら既に一している／自分の長所や欠点を一する」

首肯（しゅこう） うなずくこと。もっともだと賛成すること。
「なるほどと一点頭する」

消化（しょうか） 理解して、十分に自分のものとすること。
「なかなか一できない理論」

承知（しょうち） 知っていること。
「十分一の上で引き受ける／無理を一でお願いする／(即座に・あっさりと・大人しく)一する」

精通（せいつう） 詳しく知っていること。
「(学問・諸事情・地理)に一する」

説得（せっとく） 話し聞かせて納得させること。
「(患者・従業員・読者)を一する／(うまい口車で・懇切に・言葉を尽くして)一する／一に欠ける」

造詣が深い（ぞうけいがふかい） 学問や技芸に知識や理解があること。

「(郷土芸能・国文学・陶磁器)に―」

相識（そう しき） お互いに知り合いであること。知り合い。

「その人とは―の仲である／彼と―になる」

疎通（そ つう） 互いに意見や考えなどが理解され通じること。

「意思の―を(欠く・図る)」

体得（たい とく） 体験を通して知識や技芸を身につけること。

「スキーの要領をやっとの思いで―した／(学芸・技)を―する／(肌で・骨身に徹して)―する」

体認（たい にん） 体験を通じて理解すること。

「ありがたみを―する」

探知（たん ち） 探って知ること。

「(動き・行動)を―する／ひそかに―する」

短絡（たん らく） よく考えず、筋道を無視して性急に結論を出してしまうこと。

「論理に―がある／―的な考え／―な発想」

知覚（ち かく） 五感を通して物事を知ること。

「事物の形や色を―する／(正体・性質)を―する／―が(鋭い・働く)／―できない揺れ／―過敏」

知悉（ち しつ） 細かい点まで知りつくすこと。

「(欠点・世界・地形)を―する／細部に至るまで―する／事情を―している人」

通暁（つう ぎょう） 物事をすみずみまで知っていること。

「(史実・情勢・地理・西洋思想)に―する／彼は会社の事情に―している」

通達（つう たつ） 物事に深く通じていること。

「(ドイツ語・世情)に―する」

洞察（どう さつ） 物事の本質を見抜くこと。

「人間の心理を―する／(鋭く・深く)―する／―を(与える・受け入れる)／―に富む評／―力」

得心（とく しん） 十分理解して納得すること。

「(説明・話)に―がいく／―がいったようにうなずく」

読解（どっ かい） 文章を読んでその内容を理解すること。

「(古典・長文)を―する／―力」

納得（なっ とく） 考えや行為などを理解し、受け入れること。

「(事情・理由)を―する／―が(いかない・早い)／―を(得る・迫る)／すんなりと―できない」

認識（にん しき） 物事をとらえ理解すること。

「事の重大性を―する／―が(甘い・一致する・足りない)／―を(新たにする・深める・誤る)／冷静な―／十分に―する／共通―／―不足」

認知（にん ち） それと認めること。

「(現状・物)を―する／内外で―される／反省すべき点を―する」

把握（は あく） 間違いなく理解すること。

「(数・全体)を―する／(事前に・的確に・具体的に・正しく)―する」

博識（はく しき） 知識が広いこと。

「―(な・の)人／なかなかの―／彼は―をもって知られる」

把捉（は そく） 意味や内容をしっかりとらえること。

「諸段階を―する／真意を―することが難しい／直観的に―する」

半解 ^{はん　かい} 一部を知るのみで全体を理解しないこと。

「一知一/半知一」

判明 ^{はん　めい} はっきりとわかること。

「(安否・実態・病気・行方・事実)が一する/(すぐに・たちどころに・ほどなく)一する」

氷解 ^{ひょう　かい} 疑問点がすっかりなくなること。

「長年の疑問が一した/(疑念・謎)が一する/たちまち一する」

評釈 ^{ひょうしゃく} 批評しながら解釈すること。

「(古典・俳句)を一する」

不可解 ^{ふ　か　かい} わけがわからない。

「それはなんとも一な話だ/一な(供述・挙動・ストーリー)/一に(思う・感じる)」

不詳 ^{ふ　しょう} はっきりしないこと。くわしくはわからないこと。

「動機は一のままだ/(氏名・生没年・年齢・作者)一」

腑に落ちる ^{ふ　お} 納得する。合点がいく。

「丁寧な説明で、すとんと**腑に落ちた**/**腑に落ちない**顔をする」

聞知 ^{ぶん　ち} 聞いて知っていること。

「当方の一するところではない/私の一するところでは……」

分別 ^{ふん　べつ} 道理をわきまえて善悪や是非を考えること。

「一を(失う・心得る・働かせる)/一に欠ける/思慮一」

味得 ^{み　とく} 深く味わって自分のものにすること。

「名作を一する/芸の神髄を一する」

面識 ^{めん　しき} お互いに顔を知っていること。

「その人とは一がない/(個人的な・数回の)一がある/一を持つ」

予知 ^{よ　ち} 物事が起こる前にそれを知ること。

「(運命・危険・地震)を一する/一(能力・夢)」

理会 ^{り　かい} 物事の道理を深く会得すること。

「根本理念を一する」

了解 ^{りょうかい} 事情を理解して納得すること。

「(いきさつ・意味・現実)を一する/(直ちに・万事)一する/一を(得る・求める)/暗黙の一」

了察 ^{りょうさつ} 相手の事情を察しておもいやること。

「(苦境・衷情・苦衷)を一する/なにとぞ御心中ご一ください」

了承 ^{りょうしょう} 事情を理解して認めること。

「(計画・欠勤・申し出)を一する/一を(得る・願う・求める)/その点ご一ください/一済み」

了知 ^{りょうち} 内容・事情を理解して知る。

「彼の人となりは君もすでに一しているだろう/奥義を一する」

その他の表現

明るい・のみ込む・聞き分ける・一を聞いて十を知る・百も承知・ナレッジ

しんじる

→ あいする・このむ／たのむ・まかせる・ゆずる／ねがう

基本の表現 [信じる・憧れる]

確信 かく しん かたく信じてうたがわないこと。
「(勝利・成功)を―する／―をもって告げる／どうしても―が持てない／徐々に―へと変わる」

過信 か しん 信じすぎること。
「己を―するな／一度の成功で―する／―は禁物だ」

渇仰 かつ ごう (渇いた者が水を切望するように)仏を信じること。転じて、あこがれ慕うこと。
「恩師を―する／(随喜・自然)―」

帰依 き え 神仏を信じ、すがること。
「仏教に―する／―する心」

狂信 きょう しん 理性をなくすほど強く信じること。
「宗教を―する／母に対する―／―に陥る」

軽信 けい しん 軽々しく信じること。
「他者の教えを―する／―しやすい性格だ／―は危険だ」

敬神 けい しん 神をうやまうこと。
「―の気持ちを持つ」

傾倒 けい とう 人・思想などに感服し夢中になること。
「文学研究に―する／全力を―する／―を(深める・強める)」

敬慕 けい ぼ 人柄を尊敬し慕うこと。
「―の(情・気持ち・念)／恩師を―する／―してやまない」

験を担ぐ げん を かつ ぐ 前兆のよしあしを気にかける。
「―ために参拝に訪れた」

誤信 ご しん まちがって信じること。
「無知からくる―／貴方のことを―していた」

自信 じ しん 自分自身の価値や能力を信じること。
「試験に受かる―がない／あれは―につながる経験だった／―(過剰・喪失・満々)」

思慕 し ぼ したうこと。
「―の(念・情)／―が募る／―を(募らせる・吐露する・語る)」

憧憬 しょう けい 憧れること。どうけい。
「―の(的・念・表情)／恋人への―が伝わる／―を(抱く・持つ)」

所信 しょ しん その問題について信じている自分の考え。
「―を(述べる・披瀝した・実行する・伺う・曲げない)／―表明」

信愛 しん あい 信用し愛すること。
「生命を―する／最も―している人物／―する心」

信教 しん きょう 宗教を信じること。
「―の自由／―を貫く」

信仰 しん こう 神仏を深く信じてうやまうこと。
「―が(厚い・失われる)／―を(深める・持つ・捨てる)／―の(自由・対象)／―(心・者)」

信心 しん じん 神仏を信じる気持ち。
「―が(足りない・定まる)／―を起こす／―に励む／―深い」

信託 しん たく 信頼してまかせること。
「財産を―する／国民の―／投資／―(会社・銀行・契約)」

信任 しん にん 信用して仕事などをまかせること。
「―が厚い／国民の―を(得る・受ける・失う)／不―／―投票」

信念 しん ねん かたく信じている考え。
「―を(貫く・持つ・捨てる・曲げない)／固い―／―に(従う・打ち勝つ・基づく)・確固とした―」

信憑性 しん ぴょうせい 確かに信頼できる証拠。
「―が(低い・高い・強まる・崩れる)／―に(乏しい・欠ける)」

信服 しん ぷく 心から尊敬してしたがうこと。
「心から―する／国民の―を失う」

信奉 しん ぽう 心から信じて大切にすること。
「―を強める／―者」

信用 しん よう たしかだと信じること。
「彼の言葉を―する／―を(得る・与える・失う・落とす・築く・確立する・維持する)／―にかかわる」

信頼 しん らい 信じてたよりにすること。
「(君・先生の教え)を―している／―を(得る・裏切る・寄せる・回復する)／―にこたえる／―するに値する／―(感・性・関係)」

俗信 ぞく しん 広く信じられている言い伝えや迷信。
「―に惑わされる／―の域を出ない／―が(広がる・生まれる)」

尊信 そん しん 尊び信仰すること。
「神仏を―する／―の(心・思想)／―を(得る・受ける)」

追慕 つい ぼ 親しい人や過去を恋しく思うこと。
「亡き兄を―する／―の(念・情)／故人への―／―を込めて語る」

背信 はい しん 信頼をうらぎること。
「―を(そそのかす・犯す)／―に関与する／―の罪／―行為」

真に受ける ま に うける 言葉どおりに受け取る。本気にする。
「(冗談・嘘)を―／そんな話、―わけにはいかない」

迷信 めい しん 根拠もないのに信じられている物事。
「―に(すぎない・溺れる・とらわれる)／―を(信じる・打破する)／単なる―だ／―の類い」

盲信 もう しん よくわからずに信じること。
「彼の話を―する」

妄信 もう しん むやみに信じること。ぼうしん。
「(人の話・ネットの情報)を―するな」

その他の表現

意を強くする・腕に覚えがある・縁起を担ぐ・夢見る

すくう・たすける・ささえる

→ おしえる／まもる

基本の表現
[救う・助ける・支える・手助け・手伝う・
味方・援助・応援・協力・力添え]

一助（いちじょ）なにかの足し。たすけ。
「（家計・研究・理解）の―とする」

一臂（いっぴ）わずかな助力のこと。臂は腕。
「―の（力・労・労力）」

縁の下の力持ち（えんのしたのちからもち）陰で他人のために苦労や努力をするたとえ。

陰になり日向になり（かげになりひなたになり）さまざまに援助する様子。類陰に陽に

加勢（かせい）力を貸し助けること。類助勢

荷担（かたん）人のすることに自分も加わること。加担。
「（悪事・陰謀・権力・企て）に―する」

救援（きゅうえん）困難な状況にある人を助けること。
「―（物資・活動）／被災地で―にあたる」

救済（きゅうさい）困難にある人を助けること。
「―（措置・事業）／（難民・被害者・失業者）―／―に（あたる・乗り出す）／―の手を差し伸べる」

救出（きゅうしゅつ）身体や生命の危機から救うこと。
「―（活動・作戦・作業）／（人質・被害者・被災者）―／―にあたる」

救助（きゅうじょ）危険な状況にある人を助けること。
「（人命・海難）―／―（犬・梯子・袋・隊）／遭難者を―する／―にあたる／―を求める」

◆「救助」は命にかかわる危険な状態にある人、「救援」は災害など困難な状態にある人を助ける意。

共済（きょうさい）互いに助け合い、力を合わせて事を行うこと。
「―（組合・年金・保険）」

後援（こうえん）うしろだてとなって援助すること。
「―を（依頼する・取り付ける・約束する）／（コンサート・集会・団体）を―する」

後見（こうけん）（幼少の者の）陰にいて補佐すること。また、人。類後ろ見・後ろ盾・スポンサー・パトロン
「心強い―／―（人・役）／―を務める」

互助（ごじょ）（同じような立場の人が）互いに助け合うこと。
「―（会・組合）／―の精神」

賛助（さんじょ）事業などの趣旨に賛同して協力すること。

102

言い換え文例

「助けてもらう」	➡ 「(協力・応援・力添え)を仰ぐ」
「締切までに間に合わないので手伝ってもらう」	➡ 「期日までに終えられそうにないので(応援・協力・助太刀)を求める」
「みんな助けてくれてありがとう」	➡ 「皆さまの(ご援助・ご協力・お力添え)に感謝します」

「一(会員・金・出演)」

支援 し えん ささえ助けること。
「一の輪が広がる／一が(行き渡る・途切れる)／一を(講じる・打ち切る)」

支持 し じ ①ささえもつこと。
「体を両手で一する／一姿勢」
②賛成して後押しをすること。
「一が厚い／国民からの一を受ける／一者」

助長 じょ ちょう ①(わるい)傾向をいっそう強くさせること。
「(差別・偏見・インフレ)を一する」
②助けのばすこと。
「(発展・表現力)を一する／一作用」

助力 じょ りょく 力をそえること。手助け。類
助力 口添え・力添え・支援
「一を(惜しまない・求める・頼む)」

唇歯輔車 しん し ほ しゃ (「輔」は頰骨、「車」は歯茎)利害関係が密接で、たがいに助け合うこと。
「一の間柄」

天助 てん じょ 天(神)のたすけ。類天祐(天佑)・神祐(神佑)
「一神祐」

同舟相救う どう しゅう あい すく 利害が一致する者は助け合う。

扶助 ふ じょ (経済的に)援助すること。
「相互一／一料／一を受ける／(困窮者・生活)を一する」

扶養 ふ よう (家族などを)たすけ養うこと。
「一(義務・控除・手当・補助)」

幇助 ほう じょ (罪になるようなことを)たすけること。
「(殺人・自殺・逃亡)一」
＊「幇」もたすける意。

補佐 ほ さ おぎない助けること、人。
「一(官・人・役)／課長一／大統領を一する」

補助 ほ じょ (足りないところを)おぎない助けること。
「一(椅子・金・席・輪)／(学費・資金・交通費)を一する／一を受ける」

その他の表現

片棒を担ぐ・肩を貸す・耳目となる・助太刀・世話を焼く・助け船・手を貸す・手を借りる・手を差し伸べる・一肌脱ぐ・助っ人を呼ぶ・アシスト・カバー・ケア・サポート・バックアップ・ヘルプ・フォロー・リリーフ

すぐれる・ひいでる

→ かつ・まける／くらべる／よい

基本の表現 ［ 優れる・秀でる・長ける・長ずる・抜きん出る・
ずば抜ける・際立つ・見事・優秀 ］

圧巻 (あっかん) (作品全体の中で)最も面白い箇所。
「一の(試合・風景・作品)」

異彩 (いさい) ひときわすぐれた特色。
「一を放つ」

上手 (うわて) 他よりまさっていること。
「一を行く／(断然・一枚)一」

穎脱 (えいだつ) 才能が抜きん出ていること。
「(頭脳・能力)が一する」

赫々 (かくかく) 輝かしいさま。
「一たる(実績・戦果・名声)」

冠絶 (かんぜつ) とびぬけてすぐれていること。
「(天下・世界)に一する／一時代に一した代表作」

屈指 (くっし) 指を折って数えられるほどの。ゆびおり。
「日本一の実力を誇る一の(大企業・ピアニスト・名曲)」

群を抜く (ぐんをぬく) とびぬけて優れている。
「(技術・奇抜さ)で一」

結構 (けっこう) すぐれている。
「一な(腕前・品)」

傑作 (けっさく) すぐれた出来映え(の作品)。
「(掛け値なし・最高・随一)の一／力のこもった一」

傑出 (けっしゅつ) 他より飛び抜けて優れている。
「(画家・作曲家)として一してい

光彩 (こうさい) 美しい輝き。
「ひと際一を放つ」

至高 (しこう) 最高。
「一の(極み・目標・品)」

秀逸 (しゅういつ) 他に比べてずば抜けて優れている。
「一な(作品・人物・表現力・発想)」

秀抜 (しゅうばつ) とびぬけてすぐれているさま。
「一な(アイデア・才腕・ギャグ・成績・知性・絵画)」

出色 (しゅっしょく) 目立ってすぐれていること。
「一の(恐怖譚・作・小説・出来)」

上等 (じょうとう) すぐれていること。
「一な(作品・家具・着物)／一の(品物・出来・料理)」

精彩 (せいさい) うつくしい彩り。
「一を放つ／一に富む」

絶佳 (ぜっか) 景色などが美しいこと。
「風光一の地／眺望一の宿」

卓越 (たくえつ) 比べるものがないほど優れている。
「一した(才能・人物・創造力)」

卓絶 (たくぜつ) きわだってすぐれていること。
「一した(演技・文章・名品)」

卓抜 (たくばつ) 他よりもはるかにすぐれていること。

言い換え文例

「すごい！」(よくできた作品) ➡ 「(出色の・白眉の)傑作」

「すごい！」(その人のほかにいない) ➡ 「屈指の実力を誇る」「天下に冠絶する」
「(傑出した・卓抜した・非凡な)才能を持ち合わせている」

「すごい！」(際立って美しい) ➡ 「(光彩・精彩)を放っていた」

「一な(アイデア・才能・センス・着想・ネーミング)／一した技量」

断然〈だんぜん〉 ずばぬけて。
「一(上手い・トップ・有利)」

超越〈ちょうえつ〉 (ふつう考えられるよりも)はるかにこえること。
「一した(才能・力)」

超絶〈ちょうぜつ〉 とびぬけてすぐれていること。
「一した技巧」

特異〈とくい〉 際立っている様子。
「一な(才風・作風・存在)」

特出〈とくしゅつ〉 特別にすぐれていること。
「一した(才能・独創性)」

白眉〈はくび〉 同類の中で最も優れている人や物。
「一の出来映え／(作品中・小説)の一」

抜群〈ばつぐん〉 ぬきんでていること。
「一に(面白い・速い・頭が切れる)／一の(アイデア・効果・成績)／(記憶力・運動神経)が一」

非凡〈ひぼん〉 人並みよりすぐれていること。対平凡
「一な(技術・経験・才能・選手・力)」

別格〈べっかく〉 特別の地位や扱い。
「一の(ホテル・存在・雰囲気)」

無双〈むそう〉 ならぶものがないこと。
「古今一の英雄」

優位〈ゆうい〉 立場や地位が他よりまさっている。
「一を(獲得する・占める)／一に立つ／(圧倒的・心理的)な一」

優越〈ゆうえつ〉 他よりもまさること。
「一を(感受する・誇る)／一感」

有数〈ゆうすう〉 とりたてて数えるほど。
「一の(研究者・文化都市)」

優勢〈ゆうせい〉 勢力や形勢が他よりすぐれている。
「一を占める／一に転じる／圧倒的一」

立派〈りっぱ〉 非常にすぐれているようす。
「一な(絵・演技・業績・研究)／(実に・段違いに)一だ」

凌駕〈りょうが〉 他を上回ること。
「競争校を一する／はるかに一する」

その他の表現

桁〈けた〉が違う・桁外れ・人並み外れる・他を寄せ付けない・追随を許さない・無類・類が無い・一日の長・断トツ・ぶっちぎり

すすめる・さそう

→ おしえる・みちびく／はげます／よぶ・まねく

基本の表現 ┃ 薦める・勧める・誘う・推す・誘う ┃

担ぎ出す
頼んで上に立つ人として押し出す。かつぎあげる。
「選挙に担ぎ出される」

鎌を掛ける
それとなく誘いだす。
「鎌を掛けて本心を聞き出す」

勧業
産業を奨励すること。
「—(資本・銀行)」

勧告
ある行動をとるようにすすめること。
「—を(受け入れる・実施する・無視する)／—に(応じる・従う)／(降伏・辞職・中止)を—する／避難—」

勧奨
そうしたほうがいいとすすめること。
「—を(受け入れる・はねつける)／(栽培・出品)を—する／退職—」

勧誘
あることをするように誘うこと。
「—を(受ける・断る)／(執拗な・熱心な・強引な)—／(学生・加入・寄付)を—する」

教唆
犯罪をおかすように仕向けること。
「犯罪を—する／—扇動」

差し金
陰で人を操ること。
「誰かの—に違いない」

＊芝居で人形を操る仕掛けから。

自薦
自分で自分を推薦すること。
「—他薦を問わずご応募ください」

使嗾
けしかけること。そそのかすこと。指嗾。
「—を(受ける・否定する)／人々を—して騒動を起こす」

慫慂
そうするようにさそうこと。そそのかすこと。
「(就労・立候補)を—する／(しきりに・再三再四・たびたび・何度も)—する」

奨励
よいことだとしてすすめること。
「(学問・スポーツ)を—する／活動—金」

推挙
地位や仕事などに適切な人として推薦すること。
「(会長・委員)に—する／双手をあげて—する／一同の—を受ける」

推奨
その物事を適当だといってすすめること。
「早寝早起きを—する／—に値する／ご—の品／—(銘柄・環境)」

推薦
(その条件に)適当な人や物をすすめること。
「(後任・本)を—する／—を(依頼する・受ける・賜る)／委員に—する／—

106

漢字書き分け

すすめる

【勧】そうするように働き掛ける。
「入会を勧める／転地を勧める／読書を勧める／辞任を勧める」

【薦】推薦する。

「候補者として薦める／良書を薦める」
＊行為をするよう働き掛ける場合に「勧」、特定の人や物がそれにふさわしいとして推薦する場合に「薦」を用いる。

（状・文・図書・者）」

推挽（すいばん）上の官職・地位にすすめる。
「委員長に一される／後進を一する」

選奨（せんしょう）すぐれたものを選んで世間にすすめる。
「この映画は文部科学省の一を受けた／優良品を一する／芸術一」

扇情（せんじょう）感情や欲望をあおること。**煽情**。
「一的な（映画・ポスター・絵・音楽）」

扇動（せんどう）人をあありたてて行動をおこすよう仕向けること。**煽動**。
「（群衆・ストライキ・大衆）を一する／一的な言動／一者」

他薦（たせん）他人が推薦すること。
「一に限る／後任を一する」

挑発（ちょうはつ）相手を刺激して事をおこすように仕向けること。**挑撥**。
「一に乗る／好奇心を一する／一的な（言い方・意見・言葉）」

特薦（とくせん）特別に推薦すること。
「一に値する／本日の一品」

水を向ける（みずをむける）相手の関心をさそうように仕向ける。
「計画に乗らないかと一／それとなく一」

誘引（ゆういん）注意や関心をさそってひきいれること。
「観光客を一する／仲間に一する」

誘致（ゆうち）（人や会社などを来るように）さそい寄せること。
「一を（進める・申し出る）／一に成功する／（一般客・観光客・工場）を一する」

誘導（ゆうどう）（目的のところに）さそいみちびくこと。
「一に従う／（観客・バス）を一する」

誘惑（ゆうわく）まどわし、さそいこむこと。
「一を（受ける・はねのける）／一と戦う／一に（打ちかつ・そそられる・乗せられる）／一の（言葉・手）」

悪いことは言わない（わるいことはいわない）

従うべきことだとすすめるときの言葉。
「一から、それだけはやめておきなさい」

その他の表現

油を注ぐ・声を掛ける・袖（そで）を引く・旗を振る・引く手数多（あまた）・インビテーション

する・おこなう

→ はたらく

基本の表現 [する・行う・やる・為す・営む・
実行する・実施する]

開催 かいさい 催しものなどを開くこと。
「(コンサート・シンポジウム・評議会)を—する／—を危ぶむ／—に(こぎつける・踏み切る)／—日」

敢行 かんこう おしきっておこなうこと。
「無理を承知で—する」

躬行 きゅうこう 身をもっておこなうこと。
「自ら—する／実践—」

強行 きょうこう むりやりにおこなうこと。
「(家宅捜索・採決)を—する／—(突破・日程)」

挙行 きょこう 儀式や行事をおこなうこと。
「来賓を招いて卒業式を—する／(祭典・式・記念式典)を—する」

決行 けっこう 思い切っておこなうこと。
「—を(迫る・延ばす)／(独りで・秘密裏に)—する／雨天—」

兼行 けんこう 普通以上に急いでおこなうこと。また、二つ以上のことを一緒におこなうこと。
「昼夜—して工事を進める／業務を—する」

現行 げんこう 現在おこなわれていること。
「内容は一通りで変更はない／—の(教科書・制度・手続き)／—犯」

興行 こうぎょう 催しをおこなうこと。
「(地方・能)を—する」

腰を上げる こしをあげる 行動に移る。
「やっと—気になった」

事を運ぶ ことをはこぶ 物事を進める。
「慎重に—／(秘密裏に・さっさと)—」

催行 さいこう 催しを(予定通り)すること。
「南極半島のクルーズを—する／最少一人数」

施行 しこう 実際におこなうこと。せこう。
「(命令・法律・条例)を—する」

試行 しこう ためしにやってみること。
「—を(繰り返す・経る)／—錯誤を重ねる／—(期間・雇用・実施)」

執行 しっこう 実際にとりおこなうこと。
「(刑・公務・任務)を—する／前倒しで—する／—部／—猶予」

実践 じっせん 実際に行動に移すこと。
「(教え・挑戦)を—する／—を(重ねる・積む)／理論を—に移す／身をもって—する／—的」

従事 じゅうじ 仕事として携わること。
「(稲作・漁業・研究)に—する／医療—者」

処置 しょち 扱いを決めること。扱い。
「—を(誤る・命じる)／—にてこずる／てきぱきと—する」

遂行 すい こう 物事を成し遂げること。
「(革命・仕事・任務)を—する/—にあたる/—(能力・状況)」

先行 せん こう 先だっておこなうこと。
「—的に体制をつくる/—研究」

専行 せん こう 自分の判断でおこなうこと。
「独断—」

即行 そっ こう すぐにおこなうこと。
「(災害対策・計画)を—する/即決—」

率先 そっ せん 先に立っておこなうこと。
「—して(参加する・力を尽くす・手伝う)/—垂範」

代行 だい こう かわりにおこなうこと。
「(運転・手続き)を—する/—を(頼む・務める)/会長—/—機関」

単行 たん こう 単独でおこなうこと。
「—運転」

断行 だん こう 困難を乗り越え実行する。
「(思い切ったこと・所信)を—する/(果敢に・即刻)—する」

着手 ちゃく しゅ とりかかること。
「—が遅れる/(建設・事業)に—する/ただちに—する」

直行 ちょっ こう 思った通りのことをおこなうこと。
「直言—」

挺身 てい しん 身をなげだして物事をすること。
「(青少年の育成・社会事業)に—する」

手掛ける て が 実際に自分が扱う。
「新しい仕事を—/手掛けたことのない種類の作品」

手を下す て くだ 自分がする。
「彼が直接—」

手を染める て そ とりかかる。
「未経験の仕事に—/悪事に—」

独行 どっ こう ひとりの力でおこなうこと。
「単独—する/独立—」

並行 へい こう 同時におこなうこと。
「作業を—する/同時—」

予行 よ こう あらかじめ(本番どおりに)おこなうこと。
「式の—をする/—(演習・練習)」

履行 り こう (約束などを)実際におこなうこと。
「(権利・公約)を—する」

その他の表現

体を張る・首を突っ込む・身を投ずる・用を足す・アクション・プラクティス・ごりごり

109

たえる・がまんする・ゆるす

→ かつ・まける／がんばる・ふるう

基本の表現 「耐える・我慢する・堪える・堪える・
忍ぶ・凌ぐ・許す・免じる」

隠忍 (本心を見せずに)じっとこらえる。
「一自重／一の日々を送る」

大目に見る きびしくとがめない。
「今回は大目に見てやろう」

お茶を濁す とりつくろって、その場をごまかす。
「(あいまいな答え・小手先の対応)で一／一ばかり」

海容 海のような広い心で人を許す。
「御一下さい／御一のほどお願いいたします」

臥薪嘗胆 復讐を志して苦労し努力すること。
「一の末ようやく試験に合格した／一すること10年」

看過 見過ごすこと。
「一できない(事態・問題・悪行)／一しがたい過誤／事実を一する／到底一できるものではない」

甘受 おとなしく受け入れること。
「(運命・酷遇・苦痛・非難)を一する」

寛恕 広い心で過ちや無礼を許す。
「ご一を(乞う・請う)／ご一ください／ご一願いたい」

堪忍 たえしのぶこと。怒りをおさえてゆるすこと。
「どうか一してくれ／一してください／一袋の緒が切れる／一がならない」

勘弁 過ちや要求などをゆるすこと。
「一してください／一(ならない・できない)」

堅忍 我慢強くこらえること。
「一の心／一不抜の精神／一持久」

克己 自分の欲望をおさえること。
「一心／一復礼」

赦免 罪を許すこと。
「一を(待つ・求める・請う)／一に漏れる／罪を一する／一状」

受忍 (法律で)不利益などがあっても我慢すること。
「一の義務がある／一限度」

辛抱 じっとたえしのぶこと。
「もう少しの一だ／一が(足りない・要る・できない)／一を強いる／一の時／一強い」

耐久 長くもちこたえること。
「一(力・レース・消費財)／一性にすぐれている」

耐乏 乏しい状態に耐えること。
「一生活を(送る・強いられる)」

漢字書き分け

たえる
【耐】苦しいことや外部の圧力などをこらえる。
「重圧に耐える／苦痛に耐える／猛暑に耐える／困窮欠乏に耐える」

【堪】その能力や価値がある。その感情を抑える。
「任に堪える／批判に堪える学説／鑑賞に堪えない／見るに堪えない作品／憂慮に堪えない／遺憾に堪えない」

超克 ちょうこく 困難を乗り越え打ち勝つこと。
「(苦悩・煩悩)を一する／近代の一／苦の一を願う」

涙を呑む なみだをのむ くやしさをこらえる。
「わずかの差で涙を呑んだ」

忍苦 にんく 苦しみを耐え忍ぶこと。
「一の(生活・一生)／一を(強いる・要する)／一に耐える」

忍従 にんじゅう たえしのび従うこと。
「一を強いる／一の(生活・日々・姿)」

忍耐 にんたい 苦しさなどをじっと我慢すること。
「一を(要する・持つ・駆使する・必要とする)／一強い／一力」

歯を食い縛る はをくいしばる 必死にこらえる。
「歯を食い縛って(生きる・痛みに耐える・我慢する)」

水に流す みずにながす 過去にあったことをなかったことにする。
「あの件は水に流そう／過去のわだかまりを一」

目溢し めこぼし おおめにみること。
「お一(願います・ください)／一を(する・受ける)」

目を瞑る めをつぶる わざと見逃す。がまんする。
「(失態・真実)に一／今回は目を瞑ってやる」

免罪 めんざい 罪をゆるすこと。
「一符／責任を一する」

黙過 もっか だまって見逃すこと。
「(行動・暴力)を一する／一できない(過失・行為)」

痩せ我慢 やせがまん 無理に我慢して平気をよそおう。
「一を張る／一して薄着で出かける」

宥恕 ゆうじょ 寛大な心でゆるすこと。
「一を(請う・願う)／一措置」

容赦 ようしゃ ゆるすこと。
「失礼の段はご一下さい／子どもだろうと一しない／情け一」

諒恕 りょうじょ 事情を思いやってゆるすこと。
「御高察の上、御一下さい」

その他の表現

石の上にも三年・武士は食わねど高楊枝・虫を殺す・胸に畳む

111

たたかう・きそう・あらそう

→ かつ・まける

基本の表現 [戦う・闘う・競う・争う・挑む・競る・勝負]

悪戦苦闘（あく・せん・く・とう）不利ながら苦しみつつ努力すること。
「―の(人生・日々・毎日・連続・末)／―を強いられる」

暗闘（あん・とう）かげで争うこと。
「―を(続ける・展開する・重ねた・仕掛けた)／権力をめぐる―」

一戦（いっ・せん）ひと勝負。
「(代表選手を決める・負けられない)―／―を(交える・覚悟する)」

応戦（おう・せん）相手の攻撃を受けてたたかうこと。
「赤組の攻撃に対して白組も―した／―準備／―の／直ちに―した」

角逐（かく・ちく）力の接近した者同士が競い合う。
「業界での―／―が(続く・生じる)／―を繰り返す／相―する」

格闘（かく・とう）組み合ってたたかうこと。
「―の末／―(技・大会・戦・シーン・家)／(犯人・困難な課題)と―する」

合戦（かっ・せん）敵と味方がであってたたかうこと。また、争うこと。
「―場／(雪・歌・さるかに)―」

葛藤（かっ・とう）心の中でいくつかの考えが争い合う。
「―の末に決める／(個人・心)の―／―を(抱える・見抜く)／―が(生じる・起こる)／心理的―」

敢闘（かん・とう）ひるむことなく勇敢に戦うこと。
「―(賞・精神・選手賞)／強豪相手によく―した」

拮抗（きっ・こう）力が同じくらいで張り合っていること。
「―する二大勢力／(両者の得点・実力・二つの勢力)が―している」

競合（きょう・ごう）きそいあうこと。
「各社が―する市場／(ビジネス・店・相手・企業・他社・商品・関係)―」

競争（きょう・そう）優劣や勝敗をきそいあうこと。
「熾烈な―を勝ち抜く／―(相手・心・力・社会・意識・下)／生存―」

共闘（きょう・とう）共同闘争の略。
「友人と―する／―(体制・運動・会議・組織・世代・関係・的)」

苦戦（く・せん）不利な状況で苦しいたたかいをすること。
「―を(強いられる・余儀なくされる・覚悟する)／―の末に勝つ／―(続き・中・気味)／大―」

苦闘（く・とう）苦しいたたかいをすること。
「―の生涯／生活のために―する／長い―の末にその権利を得た／悪戦―」

112

漢字書き分け

たたかう

【戦】武力や知力などを使って争う。勝ち負けや優劣を競う。

「敵と戦う／選挙で戦う／優勝を懸けて戦う／意見を戦わせる」

【闘】困難や障害などに打ち勝とうとする。闘争する。

「病気と闘う／貧苦と闘う／寒さと闘う／自分との闘い／労使の闘い」

激戦（げき せん）　激しい戦い。
「―を(繰り広げる・勝ち抜く・交える・制す)／―の末に当選する／―が(展開される・続く)／―(区・状態)／大―」

激闘（げき とう）　激しく戦うこと。
「―の(末・積み重ね)／幾日にもわたる―／互いに―する／―を(続ける・繰り広げる・展開する・交わす・演じる)／―に敗れる／―が始まる」

決戦（けっ せん）　勝敗を決めるたたかい。
「いよいよ―だ／―を(試みる・挑む・求める・避ける・迎える)／―に(備える・持ち込む)／―が始まる／(大・最終・短期・再・正面)―／―間近」

決闘（けっ とう）　(あらかじめ約束して)勝敗を決めるたたかい。果たし合い。
「命をかけて―する／―を(挑む・申し込む・受ける)／―(相手・場・状)／―で(死ぬ・命を落とす)／―に(負ける・勝つ)」

健闘（けん とう）　よくたたかうこと。
「―を(祈る・たたえる・遂げる・見せる)／強敵を相手に―した／―むなしく敗れた／大―／ご―をお祈り申し上げます」

交戦（こう せん）　たたかいを交えること。
「―を停止する／他国と―し続ける／―(力・状態・国・相手)」

抗争（こう そう）　たがいに張り合いあらそうこと。
「―の絶えない土地／―を(繰り返す・仕掛ける)／―に巻き込まれる／内部―／―(終結・勃発)」

孤軍奮闘（こ ぐん ふん とう）　助けを受けず独り努力すること。
「権利を求めて―する／―の覚悟／―を強いられる」

混戦（こん せん）　敵味方がいりみだれてたたかうこと。また、結果がどうなるかわからないたたかい。
「―を(制する・演じる)／―が(予想される・続く)／(一大・激しい)―／―(模様・状態・気味)」

実戦（じっ せん）　実際のたたかい。
「―に臨む／―を(経験する・想定する)／―(形式・不足・的)」

私闘（し とう）　私怨（しえん）による争い。個人的な闘い。
「家同士の―に(過ぎない・介入する)／―を繰り返す／―の始まり／―は許されない」

死闘（し とう）　死にものぐるいの戦い。
「―を(繰り広げる・描く・終え

る・戦い抜く）／壮絶な―となる」

雌雄を決する
しゆうをけっする

勝敗・優劣を決めるために争う。

「―（とき・戦い・場）／この一戦で―／敵と―ことを望む」

緒戦
しょせん

たたかいの始まったばかりの頃。**ちょせん。**

「―を（勝利で飾る・制した）／―で（一勝を得る・撃退された）／―のうちは望みが持てる／―期」

聖戦
せいせん

神聖な目的のためのたたかい。

「―の場／―が終息する」

接戦
せっせん

（もと近接戦の意）力が同程度で勝敗がなかなか決まらないたたかい。

「―を（繰り広げる・展開する・制する）／―が続く／試合は―となる／―の末に勝つ／大―」

舌戦
ぜっせん

言い争うこと。

「―を（展開する・繰り広げる・交える・戦わす・挑む）／激しい―」

善戦
ぜんせん

力を尽くしてよくたたかうこと。

「―むなしく敗れた／強敵相手に―した／―を（維持した・続ける）」

戦闘
せんとう

たたかい。いくさ。

「―を（交える・繰り返す）／―に（参加する・発展する）／―（不能・能力・開始・準備・機）」

争奪
そうだつ

奪い合い争うこと。

「ボールの―に必死になる／―の的／―が（起こる・続く）／―戦」

争覇
そうは

優勝を競うこと。

「―を（めぐる・競う・いどむ）／天下―／―（戦・者）」

争乱
そうらん

争いによって（社会が）乱れること。

「―を（招く・おさめる・巻き起こす）／―が続く／大―／―（期・状態）」

対決
たいけつ

どちらが強いか（正しいか）の決着をつけること。

「因縁の―となる／―の時を迎える／―が（楽しみだ・迫る）／―で盛り上がる／―を（眺める・避ける）／（直接・師弟・全面・最終）―」

対抗
たいこう

互いに張り合いあらそうこと。

「他に―する／クラス―で競い合う／―（策・意識・力・手段・心・リレー）／―的な（関係・措置）」

対戦
たいせん

たがいにたたかうこと。

「初めての―で惨敗する／―が決着した／―を吹っかける／（インターネット・通常）―／―（型・経験・形式・プレー・者・成績・表）」

手合わせ
てあわせ

相手になって勝負すること。

「お―願いたい／先生と―する／貴方と―してみたかった／将棋の―をする／直接―したい」

闘争
とうそう

たたかい争うこと。

「―の歴史／前日の激しい―は終わっていなかった／武力―／―（心・状態・本能）」

督戦
とくせん

部下を監督してたたかわせること。

「兵を―する／部下の―に当たる／前線で―する」

内紛
ないふん

内部での争い。

「社内の―に巻き込まれる／―が（勃発する・絶えない・続く・生じる）

114

/―を(起こす・収める)/―状態/
長期の―へと発展した」

熱戦 ねっ せん　激しいたたかい。
「―の末に敗れた/―が(繰り
広げられる・行われる・続く)/―を(演
じる・展開する・見せる)/大―/激し
い―/3時間に及ぶ―」

比肩 ひ けん　肩を並べること。
「大国に―する攻撃力/私と―
しうる力を持ったのは後にも先にも
貴方だけだ」

奮戦 ふん せん　一生懸命たたかうこと。
「―むなしく敗北する/(大い
に・最後まで)―する/育児に―する
/(力闘・記)」

紛争 ふん そう　ごたごた争うこと。
「―の種/(大学・国境)―/―
(地域・調停・当事者・終結・状態)」

奮闘 ふん とう　力いっぱいたたかうこと。
「問題解決の為に―する/最後
まで―する/―した跡がある/―を
続ける/孤軍―/大―/―(記・努力・
ぶり)」

摩擦 ま さつ　食い違いにより生じるもめご
と。
「―を(避ける・生じる)/―が起こる
/貿易―」

勇戦 ゆう せん　勇ましくたたかうこと。
「市民を率いて―した/小部隊
で―する/―(奮闘・敢闘)」

乱戦 らん せん　敵味方が入り乱れてたたかう
こと。また、双方が大量得点
を取り合うなどの荒れた試合。
「―に終始する/敵味方が―する/
―の中で死闘する/大―」

乱闘 らん とう　敵味方が入り乱れた戦い。
「―が(起こる・勃発する)/―
になる/場外―/―(騒ぎ・事件・寸
前)」

力戦 りき せん　力のかぎりたたかうこと。
「―したが及ばなかった/両組
とも―する/―むなしく敗北した/
―している警官/―奮闘」

力闘 りき とう　全力を出して戦うこと。
「―及ばず負ける/―を示した
/―に備える/―が始まる/若者が
―している課題/(奮戦・勇戦)―」

歴戦 れき せん　いくつもたたかいを経験する
こと。
「各地を―した/―の(勇士・猛者・つ
わもの)/―に鍛えられる/―を(重
ねる・経る)」

た

たたかう・きそう・あらそう

その他の表現

**マッチ・ファイト・バトル・ゲー
ム**

115

たのむ・まかせる・ゆずる

→ あたえる／しんじる／ねがう

基本の表現 ［ 頼む・頼る・請う・乞う・縋る・任せる・
任ずる・託する・譲る・委ねる ］

移譲 ［いじょう］ ほかの人に譲ること。
「土地を—する」

委譲 ［いじょう］ (権限などを)ほかのひとに譲りまかせること。
「(権利・権限・政権)を—する／—を引き受ける」

委嘱 ［いしょく］ 仕事などを人にたのみまかせること。
「—を受ける／(調査・研究・委員・アドバイザー)を—する／—状」

依存 ［いぞん］ ほかのものにたよって存在していること。いそん。
「(親・輸入・権力・他人)に—する／—を(断ち切る・強める)／(相互・共・ネット)—」

委託 ［いたく］ 仕事をほかの人にまかせること。依託。
「民間に—する／(資産運用・業務)を—する／—(販売・品・金)」

一任 ［いちにん］ すべてをまかせること。
「(君・委員長)に—する／(経営・交渉)を—する／御—願いたい」

委任 ［いにん］ 他人にまかせること。
「(全権・権限・事後処理)を—する／—を受ける／—状」

依頼 ［いらい］ たのむこと。たよること。
「—を(受ける・断る・引き受け

る)／(援助・講演)を—する／—に応じる／—が(殺到する・舞い込む)／御—の件／—(人・者・状)」

寄託 ［きたく］ 物品などを預けて保管や処理をたのむこと。
「—を受ける／文化財を—する／—(物・資料・証書)」

懇望 ［こんもう］ 誠意を尽くしてひたすら望むこと。
「—を拒絶する／熱心に—する／—されて養子に入る」

三顧の礼 ［さんこのれい］ 頼むために何度も訪れて礼儀を尽くすこと。
「—をもって迎える／—を尽くす」

三拝九拝 ［さんぱいきゅうはい］ 頼むために何度もお辞儀をする。
「—して頼む／—して許しを請う」

受託 ［じゅたく］ 頼まれて引き受けること。
「(事務・仕事)を—する／—販売」

譲渡 ［じょうと］ ゆずりわたすこと。
「(財産・土地・著作権)を—する／—を禁止する／—(権・所得)」

譲歩 ［じょうほ］ 相手の意見や主張に従うこと。
「互いに—する／—を(迫る・重ねる・求める・引き出す・余儀なくされる)／—条件」

言い換え文例

「縋るようにお願いした」　➡　「三拝九拝し依頼した」
「誠意を尽くし懇望した」

「この件は君一人に任せたい」　➡　「この件は○○さんに一任します」

「(意見が合わないが)譲ってほしい」　➡　「譲歩をお願いできないでしょうか」

譲与（じょう よ）ゆずり与えること。
「財産を一する／一税」

嘱託（しょく たく）仕事を頼み任せること。
「調査を一する／一を受ける／非常勤一／一(医・社員)」

信託（しん たく）信用により任せること。
「投資一／一(会社・銀行・財産)」

信任（しん にん）信頼して任せること。
「一が厚い／内閣を一する／一を得る・受ける／一(案・投票)」

妥協（だ きょう）ゆずりあって話をまとめること。
「一の余地がない／一を図る・嫌う・強いる・許さない・余儀なくされる)／決して一しない／一(案・点・的)」

同調（どう ちょう）他人の主張や態度に合わせること。
「一を(求める・呼びかける)／一が得られる／(意見・周囲)に一する／一(圧力・者)」

付託（ふ たく）物事の処置などを他に任せること。
「委員会に一する／(管理・議案・法案)を一する／一を受ける」

負託（ふ たく）責任をもたせて任せること。
「(国民・皆様)の一にこたえる／一を受ける」

放任（ほう にん）なりゆきに任せること。
「(いじめ・子ども)を一する／一できない／一主義／自由一」

丸投げ（まる な）丸ごと任せること。他に押し付けること。
「責任を一する／(子どもの指導を学校・仕事を下請け)に一する」

預託（よ たく）金銭や物品をあずけて運用を任せること。
「(株式・保証金・個人情報)を一する／一(料・金・商法)」

その他の表現

命の綱・負んぶに抱っこ・下駄を預ける・袖に縋る・杖とも柱とも頼む・泣き付く・寄らば大樹の陰・藁をも掴む・リクエスト

117

たべる・のむ

→ あじ・あじわう・かぐ・におい

基本の表現 〔 **食べる・飲む・頬張る・喫する・食す・飲食・食事** 〕

愛飲（あいいん） 好きでよく飲むこと。
「彼はビールを―している」

飲用（いんよう） 人が飲むこと。飲むのに使うこと。
「―に適する／―水」

嚥下（えんか） ものをのみこむこと。
「錠剤を―する／―障害」

会食（かいしょく） 店などに集まって飲んだり食べたりすること。
「恩師を囲んで―する」

外食（がいしょく） 飲食店で食事をすること。
「―を控える／家族で―する」

完食（かんしょく） のこらず食べること。
「一粒も残さず―する」

間食（かんしょく） 食事と食事の間に（軽く）食べること。
「―を（慎む・とる・控える）」

乾杯（かんぱい） いっせいに杯をあげてのみほすこと。
「―の音頭を取る／門出を祝い―する」

喫食（きっしょく） 食事をすること。
「―（頻度・者・率）」

経口（けいこう） 口から体内に入れること。
「―（投与・ワクチン・摂取）」

軽食（けいしょく） 軽い食事。
「―をとる／―の提供がある」

欠食（けっしょく） （満足に）食事をしていないこと。
「朝食を―する／―児童」

菜食（さいしょく） 野菜中心の料理。
「―料理」

座食（ざしょく） 座って食事をすること。
「テーブルに向かい―する」

試食（ししょく） ためしに食べてみること。
「新商品を―する／―会」

小食（しょうしょく） 少ししか食べないこと。
「生来の―／小飲―」

食用（しょくよう） 人が食べること。食べるのに使うこと。
「葉や茎を―にする／―に（適する・できる・向く）／―油」

生食（せいしょく） なまのまま食べること。なましょく。
「（貝類・魚・野菜）を―する」

節食（せっしょく） 食べる量をひかえること。
「健康のために―している」

摂食（せっしょく） 食事をすること。
「適切な―行動」

◆「摂食」が生命維持のために食物を摂取することを意味するのに対し「喫食」は楽しみのために食事をすることを意味する。

118

敬語の使い方

いただく…「食べる」「飲む」の謙譲語
「いただきます／たいへん美味しく
いただきました」
頂戴する…「食べる」「飲む」の謙譲語
「十分頂戴いたしました」

召し上がる…「食べる」「飲む」の尊敬語
「どうぞ召し上がれ／お早めにお召し
上がりください／店内で召し上がるこ
とができます」

絶食 ぜっしょく まったく食べないこと。
「検査の前に―する」

粗餐 そさん そまつな食事。人にすすめる食事を謙遜した言い方。
「当日―を差し上げます」

粗食 そしょく そまつな食事。
「―に耐える／粗衣―」

大食 たいしょく たくさん食べること。
「―を嘲る／―漢」

多食 たしょく たくさん食べること。
「―を慎む」

断食 だんじき （修行などのために）一定期間なにも食べないこと。
「―が（明ける・続く）」

徒食 としょく 何もしないでぶらぶらと過ごすこと。
「無為―／―生活」

貪食 どんしょく むさぼるように食べること。
「―（家・漢）」

内服 ないふく 薬をのむこと。内用。
「一日3回―する／―薬」

美食 びしょく ぜいたくな食事。グルメ。
「―の限りを尽くす／―家」

服用 ふくよう 薬をのむこと。
「（薬・熱冷まし）を―する」

偏食 へんしょく 好ききらいがはげしいこと。
「―が（激しい・ひどい）」

暴飲 ぼういん 酒などをむやみに飲むこと。
「―暴飲がたたる」

飽食 ほうしょく 飽きるほど十分に食べること。
「―の時代／―する（人々・毎日）
／―暖衣して安穏に暮らす」

暴食 ぼうしょく むやみに食べること。
「暴飲―」

満喫 まんきつ じゅうぶんに堪能すること。
「（秋の味覚・フルコース・新鮮な魚介）を―する」

立食 りっしょく 立ったままで食事をすること。
「―パーティー」

その他の表現

椀飯振舞（おうばんぶるまい）・掻き込む・がっつく・口にする・鯨飲・牛飲馬食・五臓六腑に染み渡る・杯を傾ける・食が進む・平らげる・喉が鳴る・箸を付ける・花より団子・腹が減っては戦ができぬ・腹拵（ごしら）え・イート・ドリンク・ぱくぱく・がつがつ・むしゃむしゃ・もぐもぐ・もりもり・ごくごく・がぶがぶ・ぺろり

119

ちがう・おなじ

→ くらべる

基本の表現 違う・異なる・違える・同じ・反対・逆さま

ちがう・ちがい

違算 いさん 見込みちがい。
「重大な―を発見した」

異質 いしつ 性質がちがうこと。
「―な(言語・存在・文化・成分)／―なものを取り込む／この二つの事件は全く―のものです」

異常 いじょう ふつうとは違っていること。
「―を(訴える・来す・認める)／―(事態・気象)」

異同 いどう 二つのものの間の違うところ。
「いくつかの―がある／両者に―はない」

乖離 かいり 一致すべきものがはなれること。
「―が(起こる・広がる)／理想と現実との―」

格差 かくさ 価格や水準・等級などのちがい。
「―が(生まれる・深刻化する)／―を(打開する・縮める・解消する)／(賃金・貧富・教育)の―」

較差 かくさ 同じ基準でくらべたもののへだたり。
「(日・年)―」

過誤 かご 誤り。過ち。
「明白な―がある／―を(犯す・陳謝する)／医療―」

僅差 きんさ わずかの差。
「―で(選ばれる・勝つ・負ける・涙をのむ)／―の勝利」

懸隔 けんかく 二つの物事がかけはなれていること。
「―が生じる／想像もつかない―」

誤差 ごさ 計算上の数字と実際の数字のずれ。
「―が(多い・生じる・少ない)／―を(補正する・見込む)／若干の―」

誤算 ごさん 計算をまちがえること。また、見込みをちがえること。
「うれしい―／恐るべき―／戦略の―／相手の能力を―していた」

異にする ことにする 考えなどが違っている。
「(信仰・趣・考え)を―／著しく―」

差異 さい 違っているところ。違い。
「両者の―を明らかにする／ほとんど―がない／―を(生む・問う)／(著しい・多少の・微妙な)―」
②事実と考えがずれていること。

錯誤 さくご ①まちがうこと。まちがい。
「(大きな・観念的な)―を犯す／―に(陥る・気づく)／(試行・時代・記憶)―」

120

言い換え文例

「AとBとは違う」 ➡ 「AとBとは似て非なるものです」
「AとBとの間には乖離があります」

「AとBとは同じ」(内容が等しい) ➡ 「AとBとは寸分違いません」
「AとBとは同じ」(力・質が等しい) ➡ 「AとBとは(甲乙付け難い・互角だ・五分五分だ・対等だ)」

②事実と考えがずれていること。

差別（さ べつ） 不公平・不平等な扱いをすること。
「一を撤廃する／一に(苦しむ・反対する)／不当な一／(家柄・人種)で一する」

小差（しょう さ） 二つのものの差が小さいこと。
「一で(可決する・勝つ・否決される・第一党を維持する)／ライバルとは一で惜敗した」

相違（そう い） くらべてちがっていること。そのちがい。
「一が生じる／一を(明らかにする・規定する・論じる)／(寸分・みじん)の一もない／(雲泥の・根本的な・小さな)一／意見の一／著しく一する」

齟齬（そ ご） くいちがうこと。
「一が生じる／一を来す／(計画・精神)が一する／事実と一する」

大差（たい さ） 二つのものの差が大きいこと。
「想像していたのと一ない／一で(勝つ・負ける)」

辻褄が合わない（つじ つま あ） 前後が合わず筋道が通らない。
「(記憶・話)の一／二人の証言はまるで一」

撞着（どう ちゃく） くいちがうこと。一致しないこと。
「一に(陥る・満ちている)／(自家・自己)一／話の前後が一している」

似て非なる（に ひ） 一見すると似ているが実際は大きくちがう。
「二つの国の歴史は一ものだ」

濃淡（のう たん） 色・味などの濃い・薄い。
「一を(描く・変える・重ね合わせる)／一の(差・むら)／一がある」

背離（はい り） 気持ちなどがちがう方向をむくこと。
「民衆の感情が一する／双方の主張が一する」

微差（び さ） ほんのわずかの差。
「一でタイトルを逃す」

氷炭相容れず（ひょう たん あい い） 性質がちがいすぎていて一致するところがない。
「氷炭相容れない仲」

別物（べっ もの） 違うもの。
「一として扱う／中身は全くの一だ／本物とは似ても似つかぬ一」

矛盾（む じゅん） つじつまが合わないこと。
「一が(明らかになる・拡大する・深刻になる)／一を(受け入れる・打ち

121

砕く・痛感する)／一に(いらだつ・直面する)／話が一している」

＊どんな盾も突き通す矛と、どんな矛でも突き通さない盾をいっしょに売る者が「その盾をその矛で突いたらどうなるか」と問われて答えに窮したという中国の故事から。

落差 らく さ 二つの物事の間の差。
「一が(大きい・小さい)／一を(感じる・見せつける)／(イメージ・気持ち)の一／理想と現実との一に悩む」

おなじ

一 いつ ひとつ。
「(心・志・思い)を一にする」

一致 いっ ち 二つ以上のものがぴったり合うこと。
「偶然の一／一を(拒む・求める・見る)／(考え方・趣味)が一する／(完全に・正確に・ぴたりと)一する」

おっつかっつ ほとんど優劣の差がないこと。
「二人の実力は一だ／一の勝負」

共通 きょう つう あることが二つ以上の物事に当てはまること。
「一な(現象・表情・問題)／一の(基盤・利害・話題)／パターンが一する／(全て・全国・世代)に一する」

兄たり難く弟たり難し けい がた てい がた どちらかがすぐれているとは言いにくい。
「二人はいずれが一だ／彼らは兄た

り難く弟たり難い間柄である」

甲乙付け難い こう おつ つ がた 優劣を判断することが難しい。
「一(技術・魅力・作品)／どちらが美味しいかは一」

互角 ご かく 力に優劣がない。
「一に(勝負する・戦う・渡り合う)／一の(試合・勝負)／(形勢・実力)が一だ／試合を一に進める」

五分五分 ご ぶ ご ぶ 二つの物事の間に力の差がないこと。
「(勝ち目・可能性・成否)は一だ／勝負は一に終わった／双方一の実力」

寸分違わない すん ぶん たが 少しのちがいもない。
「一実力／10年前と寸分違わぬ光景／実物と一」

相当 そう とう つりあうこと。ふさわしいこと。
「(給料分・収入)に一する」

対等 たい とう 二つのものの間に差がないこと。
「一な(の)(位置・関係・立場)／一に(愛し合う・議論する・話す)」

同一 どう いつ まったく同じであること。
「一の内容／芸術作品と芸術家の人格を一する／一視」

同格 どう かく 同じ位であること。
「一で並ぶ／一に扱う」

同工異曲 どう こう い きょく 見かけは違っても内容は変わらない。
「一の(芸術・作品)／どちらにしても一だ」

同然 どう ぜん 同じようなものであること。
「家出一上京する／死語一とみ

なす／ただ一の安い家賃／実の親子
一にかわいがられる」

同等 水準などが同じこと。
「一に（扱う・評価する）／一の
（学歴・価値・条件）／一な（実力・資格）
／大学卒と一の資格」

同様 ちがいがあまりないこと。
「一な意見／一に用いる／一
（な・の）（考え・境遇・手口）／一のこと
が言える／新品一である」

同類 同じ種類。同じ仲間。
「AとBとは一に属する／一の
（生き物・事件・問題）」

同列 地位や程度が同じくらいである
こと。
「一に（扱う・考える・議論する）／この
ケースは一に論じられない」

比肩 優劣の差がないこと。
「この発明に一するものはない
／大国に一する経済力」

平等 すべて等しいこと。
「一（な・の）（権利・責任）／自他
に対する一な目／一に（与える・配布
する・心を注ぐ）／一の分量を取り分
ける／法の下の一」

負けず劣らず 優劣がない。
「双方一やり
あう／二人とも一勉強する／一の腕
前」

反対・さかさま

相反する たがいに反対の状態に
なる。
「一性質を持つ／二つの一感情を同
時に抱く／利益と一」

上下 上と下が逆になっていること。
「積み荷が一になっている」

裏表 見えている部分と見えない部
分とが一致しないこと。
「一のある人」

裏腹 一致していないこと。
「気持ちとは一な言動」

対極 正反対のきわみ。
「AとBとは一にある／一に位置
する／両者は一的な存在」

対立 相反する立場のものが並び立っ
て（ぶつかって）いること。
「（意見・利害）の一／一が（生じる・表
面化する・続く）／一を（生む・深める・
避ける）一（関係・構造・概念・候補）」

転倒 さかさまになること。
「主客一も甚だしい」

本末転倒 根本的なことと些細な
こととを取り違えるこ
と。

その他の表現

雲泥の差・月と鼈・天国と
地獄・どっこいどっこい・団
栗の背比べ・畑違い・あべ
こべ・ギャップ・ジレンマ・ディ
ファレンス・ノットイコール・
ミス・イコール

123

つかう

→ うしなう・なくす／かす・かりる・かえす／する・おこなう／なれる・ならわす

基本の表現 「使う・遣う・用いる・生かす・使いこなす・操る・費やす・使用する・利用する」

愛用 あい よう 気に入っていつも使うこと。
「―している傘／―の旅館／御―／―(品・者・車・中)」

悪用 あく よう よくないことに使うこと。
「父の地位を―する／個人情報の―／他人に―されるのを防ぐ／―を招く／―(防止・禁止・可能)」

頤使 い し 相手を低く見てあごで指図すること。頤指
「人の―に(甘んじる・従う)／その―の下に働く／意のままに―する／使用人を―する」

運用 うん よう 使うこと。はたらかせること。
「法律の―を誤る／政治を―する／(試験・車両・定期)―／―(能力・面・開始・状況・形態・コスト・期間・計画・方法・基準)」

援用 えん よう 自分の主張を支えるために他人の主張や書物を引用すること。
「(書物・法・知識)を―する／現実に―する」

応用 おう よう 考えや理論を実際の場面で使うこと。
「習ったことを―する／この技術を各分野に―する／―が利く／―(研究・問題・範囲・力・技術)」

活用 かつ よう 機能や能力を生かして使うこと。
「―を(図る・促す)／―が見込めない／(空き時間・知識)を―する／いかに―するか／有効―」

慣用 かん よう 習慣として広く一般に使われていること。
「社会で―されている／―(音・表現・手段・技術)」

虐使 ぎゃく し ひどくこき使うこと。
「(心・自ら)を―する／あなたに―される日々／―に甘んじなければならなかった／人間―」

逆用 ぎゃく よう 本来の目的とは逆のことに利用すること。
「知識を―する／利益のために―する」

起用 き よう 選びだして(仕事に)用いること。抜擢すること。
「主役に―する／多数―した／―を誤る／部長に―される／即戦力として―した／テーマソングとして私の曲が―された／スタメン―」

共用 きょう よう 共同で使うこと。
「部屋を―する／道具の―／家族で―しているパソコン／―(可能・部・区間・端末・スペース)」

124

漢字書き分け

つかう

【使】人や物などを用いる。

【遣】十分に働かせる。

＊現在の表記実態としては、「使う」が広く用いられる関係で、「遣う」を動詞の形で用いることは少なく、「○○遣い」と名詞の形で用いることがほとんどである。特に、心の働き、技や金銭などに関わる「○○づかい」の場合に「遣」を当てることが多い。

供用 <ruby>供<rt>きょう</rt></ruby><ruby>用<rt>よう</rt></ruby> ある用途・目的のために使えるようにすること。
「(焼却施設・高速道路)の一」

空費 <ruby>空<rt>くう</rt></ruby><ruby>費<rt>ひ</rt></ruby> むだ使い。
「金を一する／一しないよう心掛ける／時間の一」

駆使 <ruby>駆<rt>く</rt></ruby><ruby>使<rt>し</rt></ruby> 思いのままに使うこと。
「(最新技術・英語・あらゆる知識)を一する／意のままに一する／あなたの考えが一される」

兼用 <ruby>兼<rt>けん</rt></ruby><ruby>用<rt>よう</rt></ruby> 両方に使うこと。
「(兄弟・晴雨)一の傘／この台所は食堂と一だ／クッションと枕の一／(客・出入り口)一」

行使 <ruby>行<rt>こう</rt></ruby><ruby>使<rt>し</rt></ruby> (権利や権力を)実際に使うこと。
「武力一／職権を一する／火力の一／有効に一する／一可能な権利」

公用 <ruby>公<rt>こう</rt></ruby><ruby>用<rt>よう</rt></ruby> 正式なものとして使うこと。
「一(語・旗・車・地)」

酷使 <ruby>酷<rt>こく</rt></ruby><ruby>使<rt>し</rt></ruby> 限度をこえてひどく使うこと。
「肉体を一する／一に耐える／一しすぎた結果だ／長年の一により、治る見込みがない」

雇用 <ruby>雇<rt>こ</rt></ruby><ruby>用<rt>よう</rt></ruby> 人を雇うこと。
「運転手として一される／(地域・非正規)一／一(主・環境・先・問題・契約・期間・者)」

誤用 <ruby>誤<rt>ご</rt></ruby><ruby>用<rt>よう</rt></ruby> まちがって使うこと。まちがった使い方。
「一が(目立つ・見られる・浸透している)／この使い方は一とされている／敬語を一する／一例」

混用 <ruby>混<rt>こん</rt></ruby><ruby>用<rt>よう</rt></ruby> 混同して使うこと。
「二つの言語を一する／それは一されることが多い／一が見られる／一を(避ける・防ぐ)」

採用 <ruby>採<rt>さい</rt></ruby><ruby>用<rt>よう</rt></ruby> 選んで使うこと。
「(新しいルール・この人)を一する／私の案が一された／今年から一する教科書を変更した／一(通知・基準・実績・試験・例)」

散財 <ruby>散<rt>さん</rt></ruby><ruby>財<rt>ざい</rt></ruby> 金銭をやたらに費やすこと。
「ゲームで一してしまった／想定外の一／派手に一する」

使役 <ruby>使<rt>し</rt></ruby><ruby>役<rt>えき</rt></ruby> 人に仕事をさせること。
「思うがままに人々を一した」

借用 <ruby>借<rt>しゃく</rt></ruby><ruby>用<rt>よう</rt></ruby> 人から借りて使うこと。
「資料を一する／一を申し込む／一(金・書・地・権・品)／無断一」

準用 <ruby>準<rt>じゅん</rt></ruby><ruby>用<rt>よう</rt></ruby> 正式なものに準じて適用すること。
「今回のようなケースではこの規則が一される／基本的に一するのはこの

「ルールだ」

試用 しよう ためしに使うこと。
「新しい機能の一／新商品を一する／無料一／一期間」

私用 しよう 個人的に使うこと。
「公金を一する／学校で貸し出されているタブレットを一に用いる／一（電話・禁止）」

消費 しょうひ 使ってなくすこと。
「一を（促進する・抑制する・拡大する）／ガソリンを一する／一（者・量・エネルギー）」

常用 じょうよう ふだんふつうに使うこと。
「一している薬／一のメモ帳／一漢字／薬を一する」

贅沢 ぜいたく おしげもなく金銭や物などを使うこと。
「一な生活／余りにも一すぎる／一に（暮らす・育つ）」

専用 せんよう ①その人だけが使うこと。そのことだけに使うこと。
「会員一サービス／居住一住宅」
②そればかりを使うこと。対**兼用**
「日本製を一する」

代用 だいよう 代わりに使うこと。まにあわせ。
「一がきく／なければ別の材料で一可能／一（食・品）」

多用 たよう よく使うこと。
「普段一するのはこちらだ／古くから一されてきた／紋切り型表現の一は避けたい／英語を一する」

他用 たよう ほかのことに使うこと。
「一に供する／この機械の一を禁じる／一禁止」

重用 ちょうよう 重く用いること。
「新人を一する／王に仕えて一された／兄は職場で一されていた」

通用 つうよう 広く使われること。
「ここでは一しない／世間に一しない考え方だ／どの店舗でも一するチケットです／ドイツ語の一する国」

適用 てきよう 法律や規則などをあてはめること。
「この規則を一する／この公式はより広く一できるだろう／保険一一（外・例）」

転用 てんよう 他のことに使うこと。
「この予算は一できない／農地を駐車場に一する／土地一を進める／再一／一（車・許可）」

当用 とうよう ①ふだん使うこと。
「一（漢字・日記）」
②さしあたって使うこと。
「一の資金」

登用 とうよう 優秀な人を引きあげて仕事をさせること。
「部長に一する／人材一／一（制度・試験・ルート）」

盗用 とうよう 人のものを盗んで使うこと。
「名前を一される／デザインの一一が横行する／他作品の一が見られる／一の疑いが晴れる／一（問題・行為・疑惑・検出）」

徒費 とひ むだに使うこと。
「税金を一する／一を戒める／一したことを悔いていない」

日用 にちよう 毎日の生活に使うこと。
「一（品・語・雑貨・必需品）」

汎用
<small>はん よう</small> いろいろなことに使えること。
「この部品を—する／—(モーター・品・性・的・化・型)」

繁用
<small>はん よう</small> 頻繁に使うこと。
「この方法は簡単なので—される／現代でも—される技法／日本において—されてきた言葉」

便乗
<small>びん じょう</small> ある物事を利用すること。
「流行に—する／—(企画・商品・広告)」

併用
<small>へい よう</small> いっしょに使うこと。
「アルコールとの—を避ける／両方の方式が—されている製品／—(療法・住宅)」

湯水の様
<small>ゆ みず よう</small> (お湯や水を使うように)おしげもなくお金を使うようす。
「金を—に使う／金が大企業に—に流れ始める」

用に供する
<small>よう きょう</small> ある用途のために使う。使えるようにする。
「事業の—／居住の—家屋」

用に立てる
<small>よう た</small> 役に立つようにする。用に供する。

濫用
<small>らん よう</small> むやみやたらに使うこと。
「カタカナ語を—する／これ以上—するな／薬の—は危険だ／(権利・職権)—」

流用
<small>りゅう よう</small> 本来の目的以外に使うこと。
「公金を—する／(予算・登記)の—／許可なく—してはいけない／—(品・疑惑)」

両用
<small>りょう よう</small> 二つの用途に使えること。
「水陸—の飛行機／遠近—眼

鏡」

浪費
<small>ろう ひ</small> 金銭・労力・時間を無駄に使うこと。
「(金・エネルギー・財産・資源)を—する／—(生活・家・癖)」

その他の表現

顎<small>あご</small>で使う・糸目を付けない・人の褌<small>ふんどし</small>で相撲を取る・ユーズ・コントロール

つきあう

→ あう・わかれる／つながる・つづく・つぐ／なれる・ならわす

基本の表現 「付き合う・親しむ・交わる・接する・触れ合う・打ち解ける・交際する・交流する」

た
つきあう

慇懃（いんぎん） きわめて親しい交わり。
「―を(極める・尽くす・払う)／―に(挨拶する・訊く・迎える)」

外交（がいこう） 外国との交渉・交流。
「―が断絶する／―の(基軸・手腕・要諦)／―関係を結ぶ」

気が置けない（きがおけない） 気兼ねや遠慮がいらない。
「―友人たちと旅行に行く」

旧交（きゅうこう） 昔からの交際。
「―を(回復する・懐かしむ)／かつての仲間と―を温める」

協和（きょうわ） 互いに協力し友好関係を保つこと。
「―の精神／諸国民と―する／諸民族が―する」

交歓（こうかん） 親しく交わり楽しむこと。
「―を図る／―の集い／愛の―／―会」

交誼（こうぎ） きわめて親密な交わり。
「―を(お願いする・賜る・いただく・結ぶ)／―に対するお礼」

厚誼（こうぎ） 手厚くて親切な付き合い。
「―を(結ぶ・胸にたたむ)／―へのお礼」

好誼（こうぎ） きわめて好意のある付き合い。
「―を(願う・保つ・謝す)」

高誼（こうぎ） なみなみならぬ思いやり。
「御―にあずかる」

◆「交誼」「厚誼」は付き合いかたに、「好誼」「高誼」は自分に向けられた相手の気持ちに重点がある。

交情（こうじょう） 相手に対する親しみ。
「―を(温める・深める)／―に酔いしれる」

交友（こうゆう） 友達としての付き合い。
「広く―がある／(美しい・濃密な)―／―(関係・範囲)」

交遊（こうゆう） 親しくつきあうこと。
「―が(深化する・広い)／―を(絶つ・続ける・結ぶ)」

懇意（こんい） 親しくしていること。
「―にしている人／―な(医者・青年・仲間・店・老人)／―の間柄」

懇親（こんしん） たがいに親しくうちとけること。
「―の場／―を(はかる・深める)／―(会・パーティー・サークル)」

社交（しゃこう） 人と人とのつきあい。
「―(界・辞令)／―的にふるまう」

修好（しゅうこう） 国と国が友好的に付き合う関係。
「―が回復する／―(条約・関係)」

128

情誼 _{じょう ぎ} 親しい付き合いのなかの情愛。
「―を(欠く・願う)/―にあつい」

親交 _{しん こう} 親しくつきあうこと。
「―が(深い・深まる)/―を(続ける・深める・結ぶ)」

深交 _{しん こう} 心の通い合う深い交わり。
「文化人と―を結ぶ」

親善 _{しん ぜん} 友好関係を深めること。
「―を実現する/友好―を図る/―に尽力する/国際―」

親睦 _{しん ぼく} 親しみ仲よくすること。
「―を(誓う・図る・深める)/―の実が挙がる」

親密 _{しん みつ} きわめて親しいこと。
「―な(間柄・感情・交際・仲・雰囲気)/―の度が日ごとに進む」

親和 _{しん わ} 親しんで仲良く付き合うこと。
「―がみなぎる/―の心が流れる」

水魚の交わり _{すい ぎょ まじ} 離れがたい、非常に親密な交わり。
「―を結ぶ/―が失われる」

接触 _{せっ しょく} (人と人、国と国などが)つき合うこと。
「―を(避ける・絶つ・保つ・はかる・持つ)/―の機会が少ない」

善隣 _{ぜん りん} 近隣諸国と友好的に付き合うこと。
「―友好/―関係を作り上げる」

断金の交わり _{だん きん まじ} 金属を断つほど強靱_{きょうじん}な友情。

竹馬の友 _{ちく ば とも} 幼い時からの親しい友達。

通交 _{つう こう} 国家間で友好的に交際を結ぶこと。
「―を求める/―関係がなくなる」

不即不離 _{ふ そく ふ り} つかず離れず。
「あの二人は―の関係にある」

刎頸の交わり _{ふん けい まじ} 生死をともにするほどの友情。

友誼 _{ゆう ぎ} 友達としての親しい付き合い。
「―を(感じる・結ぶ・忘れる)/―に厚い人」

友好 _{ゆう こう} 仲よくつき合うこと。
「―を(うたう・結ぶ)/―の(架け橋・輪)/―(関係・親善)」

融和 _{ゆう わ} うちとけて仲よくすること。
「―を(仲立ちする・めざす)」

誼 _{よしみ} 親しい交わり。縁故。ゆかり。
「(旧知・親類・同郷・同窓)の―」

和合 _{わ ごう} 親しみ合うこと。
「クラスの―を図る」

和親 _{わ しん} 国家間が親しく交わること。
「―を要請する/―条約」

た

つきあう

その他の表現

合縁奇縁・阿吽の呼吸・息が合う・意気投合・以心伝心・打てば響く・馬が合う・顔が広い・肝胆_{かん}相照らす・管鮑_{かんぽう}の交わり・胸襟を開く・金蘭_{きんらん}の契り・歩調を合わせる・コンタクト・つうかあ

つくる

→ おこる・しょうじる

基本の表現 「作る・造る・創る・拵える・生み出す・仕立てる・築く」

改作（かいさく） 作品をつくりかえること。
「小説を放送用に―する／若いころの作品を―する／―を（試みる・志す）／（歌・旧稿・小説）を―する」

改造（かいぞう） 物事をつくりかえて新しいものにすること。
「設備を―する／内閣―／―車」

加工（かこう） 材料に手を加えて新たなものをつくること。
「―を施す／（原料・資材・魚・画像）を―する／―（品・食品）」

寡作（かさく） 創作する作品が少ないこと。**対**多作
「―な（映画監督・画家・作家）／彼は―だが誠実な小説家だ／遅筆―」

合作（がっさく） 力をあわせてつくること。またそのつくったもの。
「親子で―した絵／日韓―映画」

贋造（がんぞう） 本物に似せてつくること。にせもの。
「美術品を―する／―（紙幣・物）」

急造（きゅうぞう） 急いでつくること。急ごしらえ。
「―の（家・小屋・チーム）」

共作（きょうさく） 共同でつくること。
「親子―の餃子／夫婦―の曲」

競作（きょうさく） きそいあってつくること。
「（新進作家・二人）が―する」

謹製（きんせい） 心をこめてつくること。
「当店―の菓子／―品」

形成（けいせい） 形づくること。
「（価値・社会・人格・コミュニティー）を―する」

建設（けんせつ） 新しく建物や組織などをつくること。
「―を計画する／―に着手する／工場を―する／―的な議論」

建造（けんぞう） （建物や船などの）大規模なものをつくること。
「（船舶・ドーム）を―する／―物」

工作（こうさく） 器物などをつくること。
「図画―／―（物・機械）」

耕作（こうさく） 田畑を耕し野菜や穀物などをつくること。
「（米・作物・田畑）を―する／―に適した土地／―機械」

構成（こうせい） 組み立てること。また組み立て。
「―を（固める・考える）／（巧妙な・単純な・力強い）―／（全体・論文）の―／委員会を―するメンバー」

合成（ごうせい） 二つ以上のものを合わせて一つにすること。
「化学物質を―する／機械で―した声／力の―／―（染料・樹脂・繊維）」

漢字書き分け

【作】こしらえる。
「（米・規則・新記録・計画・詩・笑顔・会社・機会・組織）を作る」

【造】大きなものをこしらえる。醸造する。

「（船・庭園・宅地・道路）を造る／数寄屋造りの家／酒を造る」

【創】独創性のあるものを生み出す。
「新しい文化を創る／画期的な商品を創り出す」　＊「作」とも書く。

構築 こう ちく 組み立てて築き上げること。
「（制度・プログラム・システム・体制・社会）を―する／自力で―する／作者の―した世界／（理論・城・堤防）の―／脱―」

建立 こん りゅう 寺院・塔・堂などを建てること。
「寺の―に貢献した実力者／―（年代・奉加・箱）」

細工 さい く （手先を使って）細かいものをつくること。
「鮮やかな―に見惚れる／―が（粗い・美しい）／―を施す／（凝った・上品な・巧みな）―」

栽培 さい ばい 作物を植え育てること。
「（花・ハーブ）を―する／果樹―に不向きな土地／温室―／―農家」

作成 さく せい つくりあげること。
「（原案・報告書・文章・書類・テスト問題・記録・表・名簿）を―する」

作製 さく せい （機械や道具などを使って）つくること。
「（ポスター・地図・模型）を―する」

◆一般に「作成」は主に書類や計画などを、「作製」は機械などを使って物品をつくることを言うことが多いが、使い分けは明確でない。

産出 さん しゅつ ものをつくりだしたり、取りだしたりすること。
「（石油・エネルギー）を―する」

自家製 じ か せい 自分の家で作ること。
「―の（パン・味噌・漬け物）／秘伝の―タレ／―ジャム」

試作 し さく ためしにつくってみること。また その作品。
「（機械・自動車・小説）を―する／―品」

自作 じ さく 自分でつくること。また、つくったもの。
「―を（書き変える・推敲する・発表する）／―の（句・詩）／―自演」

上製 じょう せい 上等につくったもの。対**並製**
「―の（品・靴）／―本」

人工 じん こう （自然の事物や現象に対して）人間の手でつくりだすこと。
対**天然**
「自然と―とが調和した美しい光景／―（呼吸・衛星・林・甘味料・授精・知能）／―的な（明るさ・建造物）」

新作 しん さく 新しくつくること。またその作品。
「―を発表する／この秋の―／―曲」

新造 しん ぞう （船などを）新しくつくること。
「（浴場・貨物船）を―する」

131

人造 （じんぞう） 人間がつくったり加工したりすること。

「―（湖・石）／―人間〔＝ロボット〕」

制作 （せいさく） 芸術作品などをつくること。

「―を依頼する／―に（精進する・とりかかる）／（絵・胸像・陶器・工芸品・肉筆画）を―する／共同―」

製作 （せいさく） （機械や道具などを使って、大量に）つくること。

「―を外注する／―に（たずさわる・励む）／（玩具・機械・ソフトウェア）を―する／―委員会」

生産 （せいさん） ものをつくりだすこと。対消費

「―が（頭打ちになる・減少する・軌道に乗る）／―を（促す・規制する・増強する）／流れ作業で―する／（過剰・大量）―／―（高・コスト）」

精製 （せいせい） （原料や粗製品に）手を加えて良いものをつくること。

「石油を―する／―（品・塩・綿）」

製造 （せいぞう） 原料を加工して製品を（大量に）つくること。

「―を依頼する／―に（たずさわる・着手する）／（化学燃料・機械）を―する／―（販売・中止・禁止）」

設営 （せつえい） 施設などを前もってつくること。

「（会場・テント）を―する」

造営 （ぞうえい） 宮殿・社寺などを建てること。

「（宮殿・寺院・大邸宅）を―する」

造形 （ぞうけい） 形をつくりあげること。**造型**。

「人物像を―する／イメージ―／―（美・芸術）」

創作 （そうさく） 新しいものをつくりだすこと。またそのつくったもの。

「（音楽・物語）を―する／―に意欲を燃やす／―の筆を断つ／―（意欲・力・ダンス・料理）」

造作 （ぞうさく） ①建物の内装などをつくりつけること。また、そのつくったもの。

②顔のつくり。目鼻立ち。

創出 （そうしゅつ） 新しくつくりだすこと。

「雇用の確保と―を図る／利益の―につながる／―の場」

創生 （そうせい） 新たにつくりだすこと。

「新品種の―／地域―」

創成 （そうせい） 初めてつくること。

「―期のモデル／新産業の―」

創製 （そうせい） （商品や医薬品などを）はじめてつくりだすこと。

「先代が―した菓子／新薬の―／―技術」

造成 （ぞうせい） 土地などを利用できるようにつくること。

「（グラウンド・工場用地・人工林）を―する／宅地―／―予定地」

創設 （そうせつ） はじめて設立すること。

「（学校・研究所・制度）を―する／―以来最大の危機／―（者・メンバー）」

創造 （そうぞう） はじめてつくりだすこと。

「（価値・生命・文化・平和）を―する／―性に（欠ける・乏しい・富む）／―的な（意見・計画）／―力」

即製 （そくせい） その場ですぐ（間に合わせに）つくること。

「―の（椅子・棚・料理）／―品」

粗製 （そせい） つくりかたが粗雑なこと。

「―乱造〔＝粗雑なものをむやみにつ

132

くること〕／—の品が出回る／—品」

築造 ちくぞう 建物・施設を堅固に築くこと。
「(ダム・堤防)を—する／—技術」

調製 ちょうせい ととのえてつくること。注文どおりにつくること。
「薬を—する／加水—／乳児用—粉乳〔=粉ミルク〕」

著作 ちょさく 書物として書くこと。またその書物。
「—に(親しむ・励む・ふける)／—(権・物)」

手製 てせい 自分でつくること。また、自分でつくったもの。
「お—のアップルパイ／全て—のため、数に限りがあります／—の(ケーキ・料理・弁当)」

特製 とくせい 特別につくること。特別につくったもの。
「—の(かばん・靴・ケーキ・ドレッシング)／当店—の逸品」

密造 みつぞう ひそかにつくること。法を犯してこっそりとつくること。
「—を摘発する／(覚醒剤・酒・ワイン)を—する／—酒」

模造 もぞう 似せてつくること。
「(プロの作品・舶来品)を—する／—(品・紙)」

乱作 らんさく むやみにつくること。
「内容のない小説を—する」

乱造 らんぞう むやみにたくさんつくること。
「粗製—／(粗悪品・質の低い作品)を—する」

量産 りょうさん 大量に生産すること。
「—が軌道に乗る／—に踏み切る／(工業製品・玩具)を—する／—体制」

和製 わせい 日本でつくられたこと。日本でつくられたもの。日本製。
「—(英語・アニメ)」

その他の表現

命を吹き込む・腕に縒りを掛ける・腕を振るう・手塩に掛ける・メイク・プロデュース・クリエイト・ビルド

133

つたえる・しらせる・つげる

→ いう・とく・のべる／おしえる・みちびく／しる・わかる／はなす（話す）

基本の表現
```
伝える・知らせる・告げる・宣伝する・
通知する・伝達する
```

案内 あん ない　内容や事情を知らせること。
「―（状・板・はがき）」

一報 いっ ぽう　とりあえず簡単に知らせること。
「お近くにいらっしゃる際はご
―ください／―が入る／第―」

快報 かい ほう　よい知らせ。
「―に接する／唯一の―」

吉報 きっ ぽう　めでたい知らせ。対凶報
「―が舞い込む／―をもたらす」

急告 きゅう こく　急いで知らせること。
「― 日程変更のお知らせ」

急報 きゅう ほう　急ぎの知らせ。
「―を受ける／―に接する」

凶報 きょう ほう　（縁起の）悪い知らせ。対吉報

虚報 きょ ほう　にせの知らせ。類デマ
「―に惑わされる」

謹告 きん こく　謹んで知らせる。
「― 公演中止のお知らせ」

警報 けい ほう　警戒を呼び掛ける知らせ。
「―が（発令される・出る・解除さ
れる）／（警戒・地震・津波）―」

広告 こう こく　広く知らせること。
「―を（打つ・掲載する）／誇大
―／（新聞・ネット）―／―塔」

公表 こう ひょう　広く発表すること。
「―が遅れる／広く―する」

広報 こう ほう　一般向けに広く知らせること。
「自治体の―／―活動」

告示 こく じ　役所などが広く知らせること。
「投票日を―する／内閣―」

告知 こく ち　事実などを告げ知らせること。
「―を受ける／がんの―／―広
告」

告白 こく はく　打ち明けること。
「（思いがけない・精一杯の）―
／（思いの丈・真実・罪）を―する」

誤報 ご ほう　まちがって知らせること。
「―に躍らされる」

自白 じ はく　自分から白状すること。
「苦し紛れの―／―を迫る」

消息 しょう そく　状況を知らせる情報。
「―を（知らせる・伝える・絶つ）」

詳報 しょう ほう　詳しい知らせ。詳細な報道。
「―が（届く・待たれる・入る）／
―を求める／追って―します」

宣告 せん こく　告げ知らせること。
「（病名・実刑）を―される／―
を（受ける・待つ）／重々しく―する」

速報 そく ほう　すばやく知らせること。
「開票結果を―する／―が（流
れる・入る）／ニュース―／―値」

注進 ちゅう しん　目上の人に急いで事件を知ら
せること。

134

諜報 ^{ちょう ほう} 敵の情勢を密かに探り知らせること。
「―(員・活動・機関・戦)」

通告 ^{つう こく} 文書で正式に告げること。
「―を受ける／―に従う／(延期・解約・中止)を―する」

通達 ^{つう たつ} 上位機関が発する指示・通告。
「―が出る／―を(出す・送る)／裁判所から―がある」

通牒 ^{つう ちょう} 文書により発する通告や通知。
「最後―」

通報 ^{つう ほう} 伝え知らせること。
「―を受ける／(警察・消防署・労基署)に―する／気象―」

伝言 ^{でん ごん} 人や媒体を介して相手に伝えること。
「―を(託す・頼む)／―板」

伝播 ^{でん ぱ} 波紋のように広まり伝わること。
「(情報・文化)が―する」

伝聞 ^{でん ぶん} 伝え聞くこと。
「―するところでは……」

発表 ^{はっ ぴょう} 広く世間に知らせること。
「公式に―する／重大―」

披露 ^{ひ ろう} 世間に向けて公にすること。
「エピソードを―する／―宴」

布告 ^{ふ こく} 国家の意思を公式に表明すること。
「(宣戦・独立宣言)を―する」

訃報 ^{ふ ほう} 死亡の知らせ。**訃音**^{いん}。
「―が(届く・入る)／―に(驚く・接する)／突然の―」

報告 ^{ほう こく} 告げ知らせること。
「―が遅れる／―に(あがる・うかがう)／形式的な―／結果―」

放送 ^{ほう そう} 多くの人に伝えるために電波を使って音声や画像などを送信すること。
「―を流す／全校―／―局」

報知 ^{ほう ち} 事件などを告げ知らせること。
「―を(受ける・気にかける)／死去の―を受け取る／火災―器」

報道 ^{ほう どう} ス 広く知らせること。**類ニュース**
「(事件・真実)を―する／一連の―／―の自由／―(写真・陣)」

密告 ^{みっ こく} ひそかに知らせること。
「―を(受ける・恐れる)／―者」

予告 ^{よ こく} 前もって知らせること。
「何の―もない／(開花・出席・増減・来訪)を―する／―編」

予報 ^{よ ほう} 前もって知らせること。とくに天気予報のこと。
「降雪―／明日の天気を―する／―が(当たる・外れる)」

流伝 ^{る でん} ひろまり伝わること。**りゅうでん**。
「―書／たちまち世に―する」

連絡 ^{れん らく} (関係がある人に)情報を知らせること。
「―が(途絶える・入る)／―(帳・袋)」

朗報 ^{ろう ほう} よい知らせ。
「合格との―が届く／―を待つ／願ってもない―だ」

その他の表現

リポート・レポート・リリース・プレス

135

つどう・あつまる・あつめる

→ つきあう／つながる・つづく・つぐ

基本の表現 [集う・集まる・寄り合う・落ち合う・
会する・一緒・集合する・集中する]

蝟集（いしゅう）（「蝟」はハリネズミの意。ハリ
ネズミの毛のように）多くの人
が一か所に群がり集まる。

一群（いちぐん）ひとつの群れ。
「羊の一が移動する」

一団（いちだん）ひとかたまり。
「一が詰め掛ける／一を（なす・
率いる）／一となって行動する」

一堂に会する（いちどうにかいする）（ある目的のた
めに）多くの人
が集まる。
「（全国の強豪校・銘菓）が一」

一括（いっかつ）ひとまとめ（にすること）。
「一して（移転する・考える）／
一（処理・採決・払い）」

雲集（うんしゅう）雲が群がるように集まること。
「どうでもよいことばかり一し
ている世の中／一霧散」

糾合（きゅうごう）（「糾」は縄をより合わせる意）物
や人を寄せ集めること。**鳩合**。

鳩首（きゅうしゅ）人々が集まって相談する。
「一（会談・協議）」

黒山（くろやま）人が群がり集まっている様子。
「一の（人垣・人だかり）」

群衆（ぐんしゅう）群がりあつまった多くの人々。**群集**。
「一がひしめきあう／一を掻き分ける

／一に（取り囲まれる・紛れる）／有象
無象の一／熱狂した一」

結集（けっしゅう）ばらばらになっているものが一
つにまとまること。
「（英知・総力）を一する／一を（呼び掛
ける・図る）／地域一」

公募（こうぼ）一般から広く募集すること。
「新校の校歌を一する」

合流（ごうりゅう）分かれていたものが一つにな
ること。
「（駅・現地）で一する／流れに一する」

呼集（こしゅう）呼び集めること。
「（非常・緊急）一」

採集（さいしゅう）資料などにするために集める
こと。
「（昆虫・植物・用例）を一する」

参集（さんしゅう）集まってくること。
「一を請う／ご一の皆さん」

集会（しゅうかい）共通の目的に集まること。
「一を（開く・持つ）／一に（参加
する・出席する）／一所」

集結（しゅうけつ）一か所に集まること。
「メンバーが一する」

収集（しゅうしゅう）趣味や研究用にものを集める。
蒐集。類**コレクション**
「（切手・ゴミ・事例・データ）を一する
／情報一／一熱」

136

集成 しゅうせい 同種のものを集め、一つにまとめること。

「(研究・古典文学・史料)を―する」

集積 しゅうせき たくさんのものを集めて積み重ねること。

「―(所・回路)」

集大成 しゅうたいせい 同種の多くのものを集めて一つにまとめること。

「長年の―となる/―として発表する」

集団 しゅうだん 人やものの集まり。

「―を形作る/―に所属する/―の成員/―(下校・検診)」

集配 しゅうはい (郵便物などを)集めることと配ること。

「定期的に―する/―車」

集約 しゅうやく 整理して一つにまとめること。

「(意見・要求)を―する」

召集 しょうしゅう 大勢の人を呼び集めること。

「(国会・代表選手)を―する」

招集 しょうしゅう 会議などのために呼び集めること。

「―を掛ける/(委員会・会議・議会・軍隊・社員・部下・要員)を―する」

◆「招集」のほうが広く使われる。「召集」は国会や旧軍隊(―令状)などに使われる。

大群 たいぐん 大きな群れ。

「―が(押し寄せる・流れ込む)/(カラス・イナゴ・観光客)の―」

屯 たむろ 仲間の集まり。

「(生徒・ファン)が―する/(コンビニ・喫茶店)に―する」

徴集 ちょうしゅう 人や物を強制的に集めること。

「―を受ける/(金品・人員・物資)を―する」

人垣 ひとがき 人が並んで垣根のようになること。

「―ができる/―を(押し分ける・作る)/黒山の―」

人出 ひとで 人が多く出(て集ま)ること。

「―でにぎわう海水浴場/(大変な・お祭りのような)―」

人波 ひとなみ 大勢の人が押し合って動くようすを波にたとえた言葉。

「―が(絶えない・押し寄せる)/―を(押しのける・掻き分ける)/―に(飲まれる・たたずむ)」

人山 ひとやま 一か所に人があつまったようすを山にたとえた言葉。

「―ができる/見物人が―を築く」

募集 ぼしゅう 広く呼びかけて、人や物などを集めること。

「―を聞きつける/(アシスタント・原稿・従業員・出資者・部員)を―する」

密集 みっしゅう 隙間もないほど集まること。

「(工場・住宅・建物)が―する/びっしりと―する/―して住む」

門前市を成す もんぜんいちをなす 人が多く集まること。客が多いこと。

類聚 るいじゅう 同種の事柄を集めること。類従。るいじゅ。

その他の表現

顔が揃う・肩を寄せ合う・轡くつを並べる・井戸端会議・グループ・モブ・オンパレード・クラスター・コレクション

137

つながる・つづく・つぐ

→ つきあう

基本の表現 ［繋がる・続く・継ぐ・通じる・連絡する・関係する・連続する］

一連（いち れん） 関係のあるひとつながり。「―の（作業・事件・発言・報道）」

永続（えい ぞく） ながくつづくこと。「―を願う／制度を―化させる／―性を確保する／―的な価値」

縁（えん） つながり。関係。「―で（知り合う・結ばれる）／―のある（場所・人）／―を（切る・結ぶ）／（奇妙・不思議）な―」

関与（かん よ） 関係すること。たずさわること。「―の度合いを増す／―を（示唆する・否定する・認める）／積極的な―／第三者の―」

関連（かん れん） かかわりがあること。「AとBとの―に着目する／―を（考慮する・持つ）／（緊密・重要・直接的・密接・有機的）な―／―性」

絆（きずな） 断つことのできない結びつき。「―が（生まれる・強まる・深まる）／―を（感じる・結ぶ）／（愛・家族・心・地域・二人）の―」
＊もと動物をつないでおく綱の意。

継承（けい しょう） うけつぐこと。ひきつぐこと。「―に（努める・取り組む）／―を図る／（王位・技術・文化）の―」

継続（けい ぞく） つづくこと。つづけること。「―が困難になる／事業の―／

―的な支援／―性」

後継（こう けい） あとをつぐこと。あとつぎ。「―が途絶える／―に指名する／―を（争う・決める）／―（者・機）」

持続（じ ぞく） ある状態が保たれること。「（効果・集中力・状態）が―する／―可能な開発目標」

襲名（しゅう めい） 芸名などをうけつぐこと。「―披露」

承継（しょう けい） うけつぐこと。「（技能・義務）の―」

接合（せつ ごう） つなぎあわせること。「―部を補強する／―（面・性）」

接続（せつ ぞく） つながること。つなげること。「（快速電車・国道・ネット）に―する／―が悪い」

相関（そう かん） たがいに関係があること。「―が見られる／―を（示す・持つ）／―（関係・図）／（有意・強い）―」

相続（そう ぞく） 遺産などをうけつぐこと。「―を（受ける・放棄する・巡る）／（家・財産・土地）の―」

続行（ぞく こう） つづけておこなうこと。「―が不可能になる／―を（決める・断念する）／（現役・プレー）―」

存続（そん ぞく） ひきつづき存在すること。「部の―を賭けて戦う／―を脅

138

漢字書き分け

つぐ

【次】すぐ後に続く。
「事件が相次ぐ／首相に次ぐ実力者／富士山に次いで高い山／次の日」

【継】後を受けて続ける。足す。
「跡を継ぐ／引き継ぐ／布を継ぐ／言葉を継ぐ／継ぎ目／継ぎを当てる」

【接】つなぎ合わせる。
「骨を接ぐ／新しいパイプを接ぐ／接ぎ木」

中継（ちゅうけい） 中間でうけつぐこと。なかつぎ。
「一かす／一の危機に直面する／一期間」
「放送の一地点／一基地」

紐帯（ちゅうたい） （ひもと帯の意）むすびつける役割を果たすもの。
「(社会・精神・歴史)的一／一関係」

直結（ちょっけつ） 直接にむすびつけること。
「都心に一する路線／物価高は生活に一する／利益に一する」

踏襲（とうしゅう） そのままうけつぐこと。
「(慣行・前例・デザイン)を一する」

密接（みっせつ） 深く関係すること。
「一に絡む問題／一な(関係・結びつき)／一不可分」

脈絡（みゃくらく） つながり。筋道。
「一がない／一の中で理解する／一を辿る」

誼（よしみ） 親しい交わり。縁故。ゆかり。
「同郷の一で協力する／一を通じる」

連関（れんかん） たがいにかかわりあうこと。関連。
「一しあう関係／一を持つ／密接な一／(意味・全体)の一」

連環（れんかん） つらねた輪。また、輪をつらねるようにつなぎあわせること。

連係（れんけい） つながりをもつこと。**連繋**。
「一を取る／(学生・住民)と一する」

連携（れんけい） （連絡提携の意）協力して物事をおこなうこと。
「(関係各所・地域)と一する／一を(強化する・取る・図る・深める)」

連結（れんけつ） つないで一続きのものにすること。
「車両が一する」

連鎖（れんさ） くさりのようにつながること。
「次世代へ一する／一的に広がる／一を(断ち切る・引き起こす)／食物一」

連接（れんせつ） 関連するようにむすびつけること。
「理論を現場に一させる」

連帯（れんたい） 協力して何かをすること。
「一が生まれる／一を(示す・強める)／地域で一する／一(感・責任)」

その他の表現

一脈・リレーション・コミュニケーション・リンク・報連相（ほうれんそう）

ととのえる・みだれる

→ なおす・なおる

基本の表現
[整える・調える・片付ける・揃える・
準備する・調整する・乱れる]

ととのえる

完備 必要なものを備えてあること。
「冷暖房—」

支度 必要なものを用意すること。
「—を済ませる／（あわてて・手早く）—する／旅—／—金」

始末 片付けること。処理。
「荷物を—する／（すみやかに・あっさり）—する」

常備 つねにそなえていること。
「（薬・非常食・タイヤのスペア）を—する／—菜／家庭—薬」

新調 新しくつくりととのえること。
「（浴衣・スーツ）を—する」

整然 秩序ただしい様子。井然。
「—たる歩み／—とした町並み／—と（進行する・並ぶ）／理路—」

整頓 ととのった状態にすること。
「（家の中・資料・本）を—する／（きれいに・きちんと）—する」

整備 （すぐ使えるように）ととのえること。
「—に（あたる・とりかかる）／（ガイドライン・下水道）を—する」

整理 乱れている状態をととのえること。
「—が行き届く／（部屋・身辺・頭の中・混乱）を—する／—券」

体を成す 形がととのう。
「会社としての—」

秩序 望ましい状態を保つための順序やきまり。
「—が崩れる／—を（維持する・立て直す）／—に（従う・則る）／—の回復をはかる／—立った配列」

調節 ちょうどいい状態にととのえること。
「（音量・温度・タイミング）を—する」

調達 必要に応じてととのえること。
「—に駆けまわる／（衣類・資金・食材）を—する」

調和 つりあいがとれていること。
「自然と人工物とが—を見せる／—が（崩れる・とれる）／—を（損なう・乱す・保つ）」
* もと、「ととのい和らぐ」ことの意。harmonyの訳語となり意味が転じた。

用意 あらかじめととのえておくこと。
「材料を—する／（ぬかりなく・前もって）—する／—（万端・周到）」

予備 （必要なときのために）あらかじめ準備しておくこと。
「—の（食糧・電池）／—（知識・費）」

漢字書き分け

ととのう・ととのえる

【整】乱れがない状態になる。

「体制が整う／整った文章／隊列を整える／身辺を整える／呼吸を整える」

【調】必要なものがそろう。望ましい状態にする。

「家財道具が調う／旅行の支度を調える／費用を調える／味を調える」

みだれる

交錯 こう さく　入り交じること。

「(愛憎・感情・情報・明暗)が一する／夢と現実が一する」

雑然 ざつ ぜん　入り交じってまとまりのないさま。

「一と書類が積まれている／一とした(風景・部屋)」

雑多 ざつ た　いろいろ入り交じっていること。

「一に並べる／種々一」

散在 さん ざい　散らばってあること。

「(あちこちに・点々と)一する」

散漫 さん まん　まとまりのない様子。

「一な(気分・文章)／注意力が一になる／注意一」

散乱 さん らん　ばらばらに散らばること。

「書類が一した部屋／一防止」

しどろ　秩序がなく乱れる様子。

「髪が一に乱れる／一もどろ」

波瀾 は らん　大小の波。転じて騒ぎ・もめごと。**波乱**。

「一が起きる／一一起こす／一に満ちた生涯／一万丈」

蕪雑 ぶ ざつ　(文などが)ととのわずに乱れるさま。

「一な印象を受ける／一な文章」

不整 ふ せい　物事がそろっていないさま。

「脈が一になる／一地」

紛然 ふん ぜん　ごたごたと入り交じっている様子。

「一たる様相を示している」

紛々 ふん ぷん　乱れまじるさま。

「意見が一とする／諸説一」

無秩序 む ちつ じょ　秩序がないこと。そのさま。

「一に並べる／一な(集団・配列)」

乱離骨灰 らん り こっ ぱい　めちゃめちゃになること。また、そのさま。

類台無し

乱雑 らん ざつ　入り乱れて秩序が見られないさま。

「一な(室内・文字)／一に(生い茂る・積み上げる)」

繚乱 りょう らん　もつれて入り乱れるさま。**撩乱**。

「百花一、咲き乱れる」

狼藉 ろう ぜき　秩序なく散りみだれること。

「落花一」

その他の表現

一糸乱れず・コントロール・アレンジ・ケア・クリーン
足の踏み場もない

とまる・とめる・とどめる

→ おわり・おわる／くつろぐ・一休みする／やめる・あきらめる

基本の表現 ┃ 止まる・止める・留める・禁じる

休止〔きゅうし〕 動きがとまること。
「―に追い込む／―状態」

禁圧〔きんあつ〕 （権力で）とめること。
「―を求める／―に働く」

禁止〔きんし〕 してはいけないととめること。
「―を（命じる・解除する）／（立ち入り・独占・撮影・使用・駐車）―／―（法・令・帯・区域・期間）」

禁制〔きんせい〕 （規則などで）禁じること。
「（女人・輸入）―／―の（方針・高札・酒）／―品」

禁断〔きんだん〕 かたく禁じること。
「―を犯す／―の（果実・恋）」

釘付け〔くぎづけ〕 そこから動けなくすること。
「恐怖で―になる／―状態」

係留〔けいりゅう〕 （船などを）つなぎとめること。 繋留。
「―（索・地）」

厳禁〔げんきん〕 きびしく禁じること。
「（火気・土足・遅刻）―」

固定〔こてい〕 動かないようにすること。
「しっかり―する／―電話」

在留〔ざいりゅう〕 ある期間その土地（特に外国）にとどまること。
「―（邦人・資格・期間）」

残留〔ざんりゅう〕 あとに残りとどまること。
「―を望む／―が決まる／―（邦人・農薬・者・物・組・率）」

制止〔せいし〕 おさえとどめること。
「―を（振り切る・無視する・押し切る）／（必死・警察官）の―」

静止〔せいし〕 動かずじっとしていること。
「―（画像・状態・衛星・状態）」

静的〔せいてき〕 動きがとまっている様子。類 スタティック
「―に捉える／―な描写」

阻止〔そし〕 じゃまをして物事の進行をさまたげること。
「シュートを―する／実力で―する／―を狙う／（延焼・渡航）―」

滞在〔たいざい〕 よそに長くとどまること。
「地方に―する／―を満喫する／長期―／―（期間・地）」

滞留〔たいりゅう〕 ①滞在。 ②とどこおって動かなくなること。
「空気の―／―（時間・在庫）」

駐在〔ちゅうざい〕 （派遣されて）そこにとどまっていること。
「―（記者・期間・員・所）」

中止〔ちゅうし〕 途中でやめること。
「（試合・会議）を―する」

中断〔ちゅうだん〕 途中で断ち切ること。
「（話・交渉・治療）を―する」

漢字書き分け

とまる・とめる

【止】動きがなくなる。
「交通が止まる／水道が止まる／小鳥が木の枝に止(留)まる／息を止める／車を止める」

【留】固定される。感覚に残る。
「ピンで留める／ボタンを留める／目に留まる／心に留める」

【泊】宿泊する。停泊する。
「友達を家に泊める／船が港に泊まる」

駐留 ちゅうりゅう　(軍隊が)とどまること。
「―(部隊・基地・軍)」

停止 てい し　途中でとめること。とまること。
「心肺が―する／―(措置・期間)／(出場・思考・免許・営業)―／一時―」

底止 てい し　(行きつくところまで行って)とまること。

定着 てい ちゃく　そこにとどまること。とどめること。
「知識の―を図る／従業員の―率／―(促進・状況)」

停留 てい りゅう　とどまること。とどめること。
「バスの―所」

逗留 とう りゅう　(旅先などで)とどまること。滞在。
「旅館に―する／―客」

不動 ふ どう　動かないこと。動かされないこと。
「―の(姿勢・地位)／直立―」

防止 ぼう し　ふせぎとめること。
「―を(図る・呼びかける・徹底する)／―に(努める・つながる・取り組む)／(飛び出し・犯罪・ぼけ)―／―(対策・活動・策)」

抑止 よく し　おさえつけてとめること。
「(犯罪・戦争・残業)の―／―が(働く・機能する)／―に(つながる・取り組む)／―(力・効果)」

その他の表現

足を止める・腰を据える・立ち往生・二の足を踏む・根が生える・駄目・無用・ストップ・サスペンド・シャットダウン・ステイ・ホールド・ペンディング・フリーズ・じっとする・びくともしない

143

なおす・なおる

→ あらためる/かえる・かわる/かく・しるす/ととのえる・みだれる

基本の表現 | 直す・治す・直る・治る

表現や物事の不具合をなおす

改修 （かい しゅう） 不具合のあるところを直すこと。
「河川を—する/道路の—工事」

回復 （かい ふく） もとどおりになること。また、病気がよくなり健康に戻ること。
「景気が—する/信頼を—する/—が(思わしくない・早い)/—を(促す・待つ・目指す)」
＊病気の意味では**快復**とも書く。

起死回生 （き し かい せい） 危機的な状態を一気に立て直す。
「—を狙う/—の策に出る」

克復 （こく ふく） 困難を乗り越えもとの(平和な)状態にもどすこと。
「平和の—に歓喜する」

再生 （さい せい） 生き返ること。
「—への第一歩/組織を—させる」

叱正 （しっ せい） 詩文を添削・批評してもらうこと。
「ご—をお願いいたします」
＊「叱って直してください」の意。

修正 （しゅう せい） (間違いや不十分なところを)よりよく直すこと。
「(考え・作戦)を—する/—を(促す・

加える・余儀なくされる)/(大幅に・根本的に)—する/—案」

修繕 （しゅう ぜん） なおして(機能を)もとどおりにする。
「(外壁・歩道)を—する/—費用」

修復 （しゅう ふく） (壊れたところを)なおしてもとどおりにする。
「(文化財・道路・関係・データ)を—する/—(工事・作業)」

修理 （しゅう り） (壊れたところを)なおすこと。
「(車・パソコン)を—に出す/—工場」

推敲 （すい こう） 文章を吟味して練りなおすこと。
「—を重ねる/さらに—を要する」

添削 （てん さく） 他人の文章に言葉を添えたり削ったりしてなおすこと。
「—を請う/作文を—する」

批正 （ひ せい） 批判して訂正する。
「御—を乞う」

復元 （ふく げん） もとの状態にもどすこと。**復原**。
「遺跡の—/完全な—/—作業」

復活 （ふっ かつ） (なくなっていたものが)もとにもどること。
「行事が—する/旧交を—する/—気に—する/—が待ち遠しい」

144

復旧 ふっきゅう（壊れたものなどが）もとにもどる（ようにする）こと。

「ダイヤの—を急ぐ／—の目途が立たない／災害—／—作業」

補修 ほしゅう（壊れたところを）補いなおすこと。

「（家・道路）の—／大がかりな—／—工事」

体の不具合をなおす・なおる

快気 かいき 病気がよくなること。

「—祝い」

快癒 かいゆ 病気などがすっかり治ること。

「—を祈る／—に向かう」

加療 かりょう 治療をすること。

「早期に—する／入院—を要す」

寛解 かんかい 病気の兆候や症状が軽くなったり消えたりすること。**緩解**。

「（完全・部分）—／—期」

軽快 けいかい 症状がかるくなること。

「以前より病状が—している」

根治 こんち 病気が根本から治る。**こんじ**。

「—を目指す／—（療法・手術）」

施療 せりょう 治療をほどこすこと。

「—を（行う・受ける）」

全快 ぜんかい 病気などがすっかりよくなること。

「—を祈願する／—祝い」

全治 ぜんち けがや病気がすっかりよくなること。

「—3か月の重傷を負う」

全癒 ぜんゆ 病気などがすっかりよくなること。

「—のお祝い」

治癒 ちゆ 病気やけががなおること。

「—を待つ／（完全・自然）—」

治療 ちりょう 病気をなおすこと。またその処置。

「—が遅れる／—を（受ける・開始する）／—に専念する／（傷・歯）を—する」

難治 なんじ 病気がなおりにくいこと。**なんち**。

「—患者／—性疾患」

復調 ふくちょう（体などの）調子がもどること。

「—に向かう／—の兆し／経済が—する／スランプから—する」

不治 ふじ なおらないこと。**ふち**。

「—の病に冒される」

平癒 へいゆ 病気が治ること。

「病気—を祈願するお守り」

本復 ほんぷく 病気などが完全に治ること。＊「全快」の古風な言い方。

療治 りょうじ 治療。

「荒—／難病—」

療養 りょうよう 治療と養生。

「—に（専念する・努める）／長期の—生活／在宅—／—所」

な

なおす・なおる

その他の表現

膿ぅを出す・襟ぇりを正す・手を入れる・斧正ふぉせいを乞う・リカバリー・キュア・リペア

145

なれる・ならわす

→ つながる・つづく・つぐ

基本の表現　慣れる・馴れる・熟れる・手慣れる・馴染む・
慣わす・染まる・溶け込む・親しむ

ならわし・風習

悪習 あくしゅう　悪い習慣。
「一が身につく／一を(改める・断ち切る)／一に染まる」

悪弊 あくへい　悪い社会習慣。
「一がはこびる／一を(一掃する・助長する)／一から脱却する」

遺風 いふう　後世に残された風習・習慣。
「一を(継ぐ・守る・伝える)／先代の一」

因習 いんしゅう　昔から続いているよくない習慣。
「一に(とらわれる・従う)／一を打破する／一が残る／一から解放される」

慣行 かんこう　ならわしとしておこなわれている事柄。
「一に(従う・習う・基づく)／一を(無視する・破る)／社会的な一」

慣習 かんしゅう　古くからおこなわれているしきたり。
「一に従う／一を(守る・破る・重んじる)／地域の一／古い一」

慣用 かんよう　社会で広くおこなわれていること。
「一に従う／一的な言い回し」

慣例 かんれい　習慣的に何度もくり返されている事柄。

「一を(守る・破る)／一に(従う・反する)／一として行われる」

恒例 こうれい　決まっておこなわれる行事・儀式。
「一の(行事・祭り)／(年末・毎年)一」

習慣 しゅうかん　何度もくり返しておこない自然に身についたきまり。
「早起きが一になる／一が(身につく・定着する)／一を維持する／長年の一／(食・生活)一」

習俗 しゅうぞく　その土地に伝わる習慣や風俗。
「一が残る／一に慣れる／社会一／日本の一」

順応 じゅんのう　状況に適応すること。
「新しい環境に一する／一性」

親炙 しんしゃ　親しく交わり感化を受けること。
「一に浴する」

世故 せこ　世間の付き合い上の諸事万端。
「一に(長ける・暗い・疎い)」

俗習 ぞくしゅう　世間のならわし。
「一に染まる／一にとらわれる」

適応 てきおう　社会や状況になじむこと。
「(環境・時代・変化)に一する／一力」

伝統 でんとう　長い間受けつがれてきた習慣や風俗。

146

「100年の―のある学校／―を(守る・重んじる・破る)／―が薄れる／―に(従う・反する)／―(工芸・芸能・文化・料理)／―的な行事」

風儀 ふう ぎ　ならわし。風習。
「―を(正す・乱す)」

風習 ふう しゅう　地域に根づいた習慣。
「昔ながらの―を守る／特徴的な―を持つ／よく見られる―」

風俗 ふう ぞく　生活のしかた。
「昭和初期の―／当時の―を描く」

弊習 へい しゅう　悪いならわし。悪い風習。
「旧来の―／―を(改める・やめる)」

流弊 りゅう へい　従前から広まっている悪いならわし。
「古来専有の―あり」

良俗 りょう ぞく　よい習慣・風俗。
「公序―／―に反する」

良風 りょう ふう　善良な風俗・習慣。
「―美俗」

陋習 ろう しゅう　改めにくい、よくない風習。
「―を打破する／旧来の―」

慣れてできるようになる

板に付く いた つ　経験をつんで仕事ぶりや動き方がなじむ。
「和服姿が―／板に付いた演技」

腕を上げる うで あ　技術や能力が向上する。
「(ピアノ・授業)の―」

円熟 えん じゅく　十分に上達すること。
「―の境地に達する／―した(演技・文章・人柄)／―(味・期)」

慣熟 かん じゅく　慣れて上達すること。
「―したパイロット／―(訓練・試験・歩行・走行)」

熟れる こな　知識や技術が使いこなせるようになる。
「熟れた(文章・表現・印象)／技が―」

習熟 しゅう じゅく　慣れて上達すること。
「(実務・運転・英語)に―する／―度」

熟達 じゅく たつ　よく慣れて上達すること。
「―した(職人・技)／教育に―する／―(度・者)」

熟練 じゅく れん　よく慣れて巧みなこと。
「―した(腕前・技・手さばき)／―を要する／―(工・者)」

習うより慣れろ なら　なら　教わるよりも経験したほうが身につきやすい。

練熟 れん じゅく　十分に上達すること。
「―した技／―度」

練達 れん たつ　練習を重ねてとても上達すること。
「―の(士・演者)／剣道に―する／―した職人」

老熟 ろう じゅく　経験を重ねて熟達すること。
「―した演技／―の域に達する」

老成 ろう せい　経験を積んで完成されること。
「―した(人物・考え・文章)」

その他の表現

世慣れ・人慣れ・場慣れ・不慣れ・慣れっこ・玄人・エキスパート

になう・つとめる

→ がんばる・ふるう／する・おこなう

基本の表現 [担う・務める・負う・担ぐ]

一翼を担う（大きな仕事などの）一部分を担当する。
「重要な―／（発展・政策・文化）の―」

役務 人の力が必要な仕事。
「―に従事する／―の（提供・対価）」

重荷 手に余るほどの負担。
「―に（感じる・耐える）／―を（背負う・下ろす）／大変な―」

皆勤 一日も休まずにつとめること。
「―を達成する／―（賞・手当）」

恪勤 職務に忠実にはげむこと。
「―が認められる／精励―」

義務 必ずやらなければならないこと。
「―付ける／―が生じる／―を（負う・課す・果たす）／（守秘・説明・努力）―／権利と―」

勤勉 熱心に働くこと。
「―な（人・性格）／―に働く」

勤務 仕事をすること。
「―に（つく・従事する）／―を（終える・命じる）／（短時間・8時間・夜間）―／A社に―」

勤労 ①肉体労働をすること。
「―動員される」

②給料をもらって仕事をすること。
「―に勤しむ／―（者・青年）」

兼任 一人で複数の役目を受け持つこと。
「AとBを―する／役員を―する」

兼務 別の業務を兼ねること。
「AとBを―する／（係・職務）を―する」

執務 業務をとりおこなうこと。
「―に障る／―（時間・室・環境）」

使命 与えられた重要な任務。
「―に（生きる・燃える）／―を（終える・果たす・全うする）／―感／（生まれ持った・本来の）―」

従事 その仕事につくこと。
「農業に―する／医療―者」

重責 重い責任。
「―から解放される／―を（負う・担う・果たす）／（議長・大臣）の―」

就任 （仕事上の）ある役につくこと。
「―から1か月が経つ／―（以来・直後・当初）／（社長・監督）―」

主務 主としてその業務を取り扱うこと。
「―官庁に届け出る／―を放棄する」

職責 仕事のうえでの責任。
「総長の―にある／―に鑑みる

「／―を(果たす・全うする)／―遂行」

遂行 すい こう　物事を成し遂げること。
「円滑な―を図る／任務―／―
(可能・困難・能力)」

精勤 せい きん　職務によく励むこと。
「―ぶりを示す／―手当」

責任 せき にん　しなければならない務め。
「―が(生じる・問われる)／―
から逃れる／彼の―で行う／―の所
在を明確にする／―を(負う・感じる・
問う・果たす・持つ)／自己―」

責務 せき む　責任をもって義務をはたすこ
と。
「秘密を守る―がある／重要な―／
―を(負う・果たす・全うする)」

大黒柱 だい こく ばしら　家や団体の中心になる人。
「一家の―だ／―を失う」

大役 たい やく　だいじな役目。
「―を(終える・務める・果たす・
引き受ける)」

担当 たん とう　仕事や業務を受けもつこと。
「―から外れる／―を(務める・
引き継ぐ)／受付―」

担任 たん にん　学級などを受けもつこと。
「(クラス・教科)―」

忠勤 ちゅう きん　忠実に勤めること。
「―に励む／―を尽くす」

当番 とう ばん　何かをする番にあたること。
「掃除―／休日―／―医」

任務 にん む　その人にまかされた業務。
「―に(当たる・就く)／―を(終
える・遂行する・果たす)／本来の―／
重大―」

一役買う ひと やく か　進んである役目を引き
受ける。

「(立て直し・魅力発信)に―」

負荷 ふ か　責任を引き受けること。負担。
「―に耐える／―を与える」

服務 ふく む　仕事につくこと。
「―規定／―の実態」

負担 ふ たん　費用や役割を引き受けること。
「自治体の―で賄われる／―を
(かける・軽減する)／自己―」

分掌 ぶん しょう　権限と責任を与えられて業務
を分担すること。
「職務を―する／校務―」

分担 ぶん たん　物事をいくつかに分けて引き
受けること。
「仕事の―が決まる／役割―」

本分 ほん ぶん　本来やらなければならないこ
と。
「学生の―をわきまえる／―を尽くす」

本務 ほん む　いちばん主となるつとめ。
「研究を―とする／―の傍らで
教育も行う／―を忘れて夢中になる」

矢面に立つ や おもて た　質問や非難を正面
から受ける。
「(攻撃・交渉・追及・批判)の―」

役目 やく め　責任をもって果たさなければ
ならない仕事。
「―を(終える・兼ねる・担う・果たす・
与える)／―の一つ」

役割 やく わり　割り当てられた役目。
「―を(与える・演じる・担う・果た
す)／中心的な―／―分担」

用務 よう む　仕事。つとめ。
「―先／重要な―がある」

その他の表現

コミット

149

ねがう

→ たのむ・まかせる・ゆずる

基本の表現 　願う・望む・祈る・念じる

哀願 あいがん　同情を引くようにして頼むこと。「―を(重ねる・繰り返す)／―の(声・表情)／―するような目」

依願 いがん　願い出ること。「―退職／―退官」

運を天に任せる うんをてんにまかせる　すべて成り行きにまかせる。「やるだけやった、あとは―しかない」

渇望 かつぼう　強くねがうこと。「―が募る／―を手助けする」

願望 がんぼう　実現を願うこと。「―が(渦巻く・強い・芽生える)／―を(いだく・実現する)」

願を掛ける がんをかける　神仏に強くいのる。「病気快癒の―」

祈願 きがん　願いが成就するよう神仏に祈る。「(安産・安全・立身出世)を―する／神仏に―を込める／―成就」

希求 ききゅう　強く願うこと。「切実に―する／国際平和を―する」

希望 きぼう　そうなってほしいと願うこと。「―が(かなう・膨らむ)／―を寄せる／―に(あふれる・胸を躍らせる)／明日への―／生きる―」

冀う こいねがう　心から願うこと。「(心の平穏・慈悲)を―」

懇願 こんがん　懇ねんごろに願う。熱心に頼む。「―を(受け入れる・拒絶する・無視する)」

懇請 こんせい　真心を込めて、ひたすら願うこと。「援助を―する」

志願 しがん　自分から願い出ること。「―を募る／―者」

志望 しぼう　将来こうなりたいと望むこと。「作家―／―動機」

宿願 しゅくがん　昔からの願い。「―が叶う／―を(遂げる・述べる)」

宿望 しゅくぼう　以前から抱いている望み。「―がかなう／―を(遂げる・果たす)／年来の―」

出願 しゅつがん　願書を出すこと。「(特許・入学・版権)を―する／―(者・期間・書)」

所願 しょがん　願っていること。「―を念じる／―成就」

所望 しょもう　ほしいとたのむこと。「ごーの品／たっての―」

心願 しんがん　心の中の願い。「―が叶う／―を立てる」

申請 <ruby>申<rt>しん</rt></ruby><ruby>請<rt>せい</rt></ruby> 許可や認可を願い出ること。「一を(許可する・却下する)／ビザを一する／窓口に一する／一書」

垂涎 <ruby>垂<rt>すい</rt></ruby><ruby>涎<rt>ぜん</rt></ruby> うらやましく、欲しいと思う。「一の的／マニア一のグッズ」

誓願 <ruby>誓<rt>せい</rt></ruby><ruby>願<rt>がん</rt></ruby> 誓いをたてて神仏に祈ること。「一が(きざす・成就する)／一を遂げる／一を(立てる・掛ける)」

請願 <ruby>請<rt>せい</rt></ruby><ruby>願<rt>がん</rt></ruby> 公的機関に書類を出して願い出ること。「(議会・当局)に一する／一書」

切願 <ruby>切<rt>せつ</rt></ruby><ruby>願<rt>がん</rt></ruby> 切に願うこと。「平和を一する／かねての一」

切望 <ruby>切<rt>せつ</rt></ruby><ruby>望<rt>ぼう</rt></ruby> 実現を強く願うこと。「心から一する／(協力・支援・勝利・存続)を一する」

素懐 <ruby>素<rt>そ</rt></ruby><ruby>懐<rt>かい</rt></ruby> かねてからの願い。「一を(遂げる・果たす)」

大願 <ruby>大<rt>たい</rt></ruby><ruby>願<rt>がん</rt></ruby> 大きな願い。だいがん。「一を立てる／一成就」

待望 <ruby>待<rt>たい</rt></ruby><ruby>望<rt>ぼう</rt></ruby> まちのぞむこと。「一の(雨・新作)／ファン一の来日公演」

大望 <ruby>大<rt>たい</rt></ruby><ruby>望<rt>もう</rt></ruby> 大きな望み。たいぼう。「一を抱く／一に燃える／(ひそかな・見果てぬ)一」

他力本願 <ruby>他<rt>た</rt></ruby><ruby>力<rt>りき</rt></ruby><ruby>本<rt>ほん</rt></ruby><ruby>願<rt>がん</rt></ruby> 他人の力をあてにすること。

無い物ねだり <ruby>無<rt>な</rt></ruby>い<ruby>物<rt>もの</rt></ruby>ねだり そこにないものを欲しがること。「それは一というものだ」

願ったり叶ったり <ruby>願<rt>ねが</rt></ruby>ったり<ruby>叶<rt>かな</rt></ruby>ったり 願ったことがそのとおりになること。

「こんな好機、一だ」

熱望 <ruby>熱<rt>ねつ</rt></ruby><ruby>望<rt>ぼう</rt></ruby> 心から望むこと。「一が叶う／一に応える／市民からの一／(自由・平和)を一する」

念願 <ruby>念<rt>ねん</rt></ruby><ruby>願<rt>がん</rt></ruby> 長いあいだ望むこと。「一が(かなう・通じる)／一を果たす／一のマイホーム」

悲願 <ruby>悲<rt>ひ</rt></ruby><ruby>願<rt>がん</rt></ruby> どうしてもかなえたい願い。「一が(叶う・通じる)」

併願 <ruby>併<rt>へい</rt></ruby><ruby>願<rt>がん</rt></ruby> 受験のときに複数の学校や学部に願書を出すこと。

本懐 <ruby>本<rt>ほん</rt></ruby><ruby>懐<rt>かい</rt></ruby> 長い間思い続けていた願い。「一を(遂げる・忘れる)／政治家としての一」

本願 <ruby>本<rt>ほん</rt></ruby><ruby>願<rt>がん</rt></ruby> 本来の願い。「一を(果たす・達成する)／一成就」

本望 <ruby>本<rt>ほん</rt></ruby><ruby>望<rt>もう</rt></ruby> 前からの望み。本来の望み。「一を(達する・遂げる・果たす)」

野望 <ruby>野<rt>や</rt></ruby><ruby>望<rt>ぼう</rt></ruby> だいそれた望み。「一が(くじかれる・潰える)／一を抱く／一に燃える」

夢 <ruby>夢<rt>ゆめ</rt></ruby> いずれ実現させたいと思っている願い。「子どもの頃からの一が叶う／一を(描く・持つ)／将来の一」

要望 <ruby>要<rt>よう</rt></ruby><ruby>望<rt>ぼう</rt></ruby> こうしてほしいと望むこと。「一が高まる／一を(受け入れる・見過ごす・寄せる)／一に応じる」

な

ねがう

その他の表現

ウィッシュ・ホープ・ドリーム・泣き落とし・手を合わせる・<ruby>袖<rt>そで</rt></ruby>に<ruby>縋<rt>すが</rt></ruby>る

ねむる

→ おわり・おわる／くつろぐ・ひとやすみする

基本の表現 眠る・寝る・睡眠

安眠 ぐっすり眠ること。
「―が訪れる／―を(得る・妨げる・封じる・妨害する・破る)」

一睡 ひと眠りすること。
「わずかに―を盗む／―もできない夜を過ごす／―もしないで働く」

転寝 寝床以外でうとうとすること。
「―から目覚める／―に入る」

永眠 (ながい眠りにつくことから)死ぬこと。
「この地に―する／病気療養中のところ、昨夜―いたしました」

快眠 気持ちよく眠ること。
「―を(得る・促す・もたらす)」

華胥の国に遊ぶ よい気持ちで昼寝をする。
＊「列子」にある故事から。「華胥の国」は黄帝が昼寝の夢で見たという理想郷のこと。

仮睡 短い間、軽く眠ること。
「―に落ちる／わずかな―」

仮眠 短い時間眠ること。
「―を(とる・貪る)／(車中・ソファー)で―する／30分だけ―する」

仮寝 旅先で宿泊する。野宿する。
「―のまま一夜を明かす」

午睡 昼に寝ること。昼寝。
「―を(妨げる・楽しむ)／束の間の―／―の時間」

昏々 意識がなく眠りこんでいるさま。
「―と(眠り続ける・眠る)」

昏睡 意識をなくした状態が続くこと。
「深い―が襲ってくる／―から(目覚める・覚める)／―に(陥る・入る)」

催眠 眠気をもよおすこと。
「―術／―にかかる」

雑魚寝 おおぜいが一つの部屋で寝ること。
「(ごろごろ・広間に・皆で)―する」

嗜眠 病気で半ば眠ったような状態。
「―を(貪る・破る)／―に落ちる／太平の―」

就床 寝床につくこと。
「―時間を守る／―前に歯を磨く／―している病人」

就寝 寝床に入って寝ること。
「早い時間に―する／―前に火の元を点検する」

就眠 寝床に入って眠りにつくこと。
「―を妨げる／―の時刻になる」

熟睡 ぐっすり眠ること。
「―を貪る／―に陥る／(気持

ちよく・ぐっすり・快く・安らかに・何も知らずに)—する」

熟眠（じゅくみん）ぐっすり眠ることの古風な表現。熟睡。

春眠（しゅんみん）春の夜の心地よい眠り。「—暁を覚えず」

白河夜船（しらかわよふね）熟睡し何が起きたのか分からないこと。
「私が目を覚ました横で彼は—のようだった。—で電話に気付かなかった」

睡魔（すいま）眠くなることを魔物にたとえた言い方。
「—が(押し寄せる・襲う)／—をこらえる／—とたたかう」

空寝（そらね）眠ったふりをすること。「—してやり過ごす」

狸寝入り（たぬきねいり）眠ったふりをすること。「—をしてごまかす／—を決め込む」

惰眠（だみん）怠けて眠ること。「—を貪る／—から覚める」

輾転反側（てんてんはんそく）寝返りを打つだけで眠れない。
「—して一夜を過ごす」

冬眠（とうみん）活動をせずに動物が穴の中で冬をこすこと。
「—から覚める／—に入る」

床に就く（とこにつく）寝る。また、病気などで起きられない状態になる。
「早めに—／発熱で—／(病・臨終)の—」

爆睡（ばくすい）疲れきって深く眠りこむこと。「(疲れて・バスの中で・夕方まで)—する」

不貞寝（ふてね）ふてくされて寝ること。「—を決め込む／(叱られて・やる気をなくして)—する」

舟を漕ぐ（ふねをこぐ）居眠りすること。「電車の中で—／椅子に座ったまま**舟を漕いでいる**」

不眠（ふみん）眠らないこと。眠れないこと。「—が(たたる・災いする)／—を(かこつ・ものともしない)」

微睡む（まどろむ）少しの間うとうと眠る。「(いつとはなしに・とろとろと)—／(一瞬・寸時・束の間)—」

まんじり少し眠るようす。「夜が明けるまで—ともしない／—ともせずに朝を迎える」
＊多く打ち消しをともなって、眠れない意をあらわす。

目が冴える（めがさえる）眠気がなくなる。「眠ろうと思うとかえって—／目が冴えて眠れない」

夢を結ぶ（ゆめをむすぶ）安眠する。「安らかに—／ソファーに寝転んで—」

な

ねむる

その他の表現

朝寝・昼寝・ごろ寝・添い寝・早寝・遅寝・二度寝・食っちゃ寝・スリープ・レスト・ぐうぐう・すやすや・すーすー・うつらうつら・こっくりこっくり・とろとろ・ぐうすか・ねんね・zzz…

のがれる・さける

→ かつ・まける／ことわる

基本の表現 ｜ 逃れる・逃げる・避ける・免れる ｜

雨宿り
あま やど

軒先や木の下で雨がやむのを待つこと。

「(軒先・軒下・木の下)で一する／道端のお堂に一する／一して待つ」

言わぬが花
い はな

口にすると趣がなくなる。

「これから先は一だ／自分の功績など一だ」

迂回
う かい

(ある物事を避けて)遠回りすること。

「川が大きな一をつくって流れる／(沖・巨木・水たまり)を一する／(ゆるやかに・大きく)一する／一路を(探す・たどる・設ける)／がけ崩れのため一する／道路工事中なので一して行く／山を一して行く」

潰走
かい そう

戦いに負けてばらばらに逃げること。

「算を乱して一する／敵を一させる」

回避
かい ひ

好ましくない状況にならないように避けること。

「(危機・混乱・破綻・責任・衝突)を一する／(未然に・素早く)一する」

忌諱
き き

忌みはばかること。

「一に触れる／言葉を一する」

忌避
き ひ

いやがって避けること。

「(苦しさを・面会を・人一倍)一

する／一感を抱く」

雲隠れ
くも がく

都合が悪くなったときなど行方をくらますこと。

「(責任者・犯人・容疑者)が一する」

君子危うきに近寄らず
くん し あや ちか

行動に気をつけて、危ない場所は避ける。

＊君子は慎重に行動して、危ないとわかっているところには近寄らないの意。

敬遠
けい えん

尊敬しているふりをして近づかないこと。

「周囲から一される／どうも僕は部下に一されているようだ／面倒な仕事を一する」

触らぬ神に祟りなし
さわ かみ たた

面倒になりそうなことには手出しをするな。

三舎を避ける
さん しゃ さ

(三舎は軍が三日で進む距離)

遠慮して近づかない。

「常にあの人に対しては一」

失踪
しっ そう

行方をくらますこと。

「一を(書き立てる・宣告する・告げる)」

154

言い換え文例

「やっとの思いで逃げた」	➡ 「這々の体で逃れた」
「もう逃げられない」	➡ 「退路を断たれてしまった」
「逃げられちゃった」	➡ 「雲隠れを決め込まれてしまいました」
「この状況は避けたい」	➡ 「この状況を回避する策を練りましょう」
「危ないものは避けたい」	➡ 「君子危うきに近寄らずだ」

出奔（しゅっぽん） その土地をひそかに逃げ出す
こと。
　「―をとがめる／（家・故郷・館）を―す
る／（ふいと・借財を負って）―する」

蒸発（じょうはつ） 行方不明になること。
　「（突如・ふらりと）―する」

待避（たいひ） 危険を避けて過ぎ去るのを待
つこと。
　「一時―する／（車・列車）を―させる」

退避（たいひ） 危険をさけるために安全な場
所へ逃げること。
　「（危険区域・沈む船）から―する／安
全な場所へ―する／防空壕に―する」

退路（たいろ） 退却する道。
　「―を（断たれる・塞ぐ）／敵の
―を断つ／味方の―を開く」

脱出（だっしゅつ） 危険から抜け出すこと。
　「（日本・病院）を―する／（金融
危機・混迷・不振）から―する」

脱走（だっそう） 抜け出して逃げること。
　「―を（企てる・計画する・罰す
る）／（宮殿・刑務所）を―する」

逐電（ちくでん） 行方をくらますことの古い言い
方。
　「江戸を―する／その場から―する」

逃走（とうそう） とらえられている状態から逃
げ出すこと。

「容疑者が―する／犯人に―される」

逃避（とうひ） 困難を避けて逃げ出すこと。
　「―を（図る・繰り返す・企てる）
／現実から―する／―行」

逃亡（とうぼう） 逃げて姿をかくすこと。
　「―を試みる／国外に―する」

遁走（とんそう） （戦場など）危険な場所から逃
げ出すこと。
　「一目散に―する／敵前から―する」

抜け穴（ぬけあな） うまくのがれる方法。
　「法の―をうまく使う」

敗走（はいそう） 戦いに負けて逃げること。
　「―につぐ―／敵を―させる」

避難（ひなん） 危険を避けて別の場所へ行く
こと。
　「山小屋に―する／安全な―所」

這々の体（ほうほうのてい） ひどい目にあってやっ
との思いで逃げだすよ
うす。
　「―で（退却する・逃げ帰る）」

亡命（ぼうめい） 政治的な理由などで外国へ逃
げること。

その他の表現

勝ち逃げ・食い逃げ・その場
逃れ・言い逃れ・エスケープ

155

はげます

→ がんばる・ふるう／すくう・たすける・ささえる／すすめる・さそう

基本の表現 励ます・力づける・奮い立たせる・
労る・労う・慰める

元気づける

油を差す 元気づける。「あとで油を差しておこう」

応援 声援を送りちからづけること。「(選手・夢・推し)を—する／陰ながら—する／—に駆け付ける／—(演説・団・歌)」

活を入れる 元気のない人をはげまして元気づける。「気落ちしている選手たちに大声を上げて—／自分に—」

気を引き立てる 沈んだ気持ちを元気づける。「兄の—」

景気付ける 元気や勢いをつけるようにする。「船出を—」

激励 おおいに励まし元気づけること。「選手を—する／—の言葉をかける／叱咤—」

檄を飛ばす 強い言葉で注意してはげます。「目標達成に向けて—」

* 本来は檄文(自分の主張を述べた文書)をあちこちに送る意。

元気付ける 元気になるようにする。「弱気になっている祖父を—」

鼓吹 はげまし、元気づけること。鼓舞。「自負心を—する」

鼓舞 はげましてふるいたたせること。「(士気・民衆・心・自分)を—する」

策励 おおいにはげますこと。大いにはげむこと。「互いに—する」

叱咤 大きな声ではげますこと。「部下を—する／(自分・社員)を—激励する」

奨学 学問をすすめはげますこと。「—(金・生・制度)」

奨励 ある事柄をするように強くすすめること。「(学問・活動・スポーツ)を—する／—(金・賞)」

尻を叩く やる気を起こさせる。「仲間の—」

声援 声をかけて元気づけること。「—を(送る・受ける)／—が飛

156

「友達の励ましで奮い立った」 ➡ 「友人が背中を押してくれました」
「友人が私を鼓舞してくれました」
「友人には何度も元気付けられました」

「先生が励ましてくれた」 ➡ 「先生の叱咤があったからこそです」
「先生のご鞭撻のおかげです」

ぶ／一にこたえる／熱狂的な一／ファンの一」

切磋琢磨（せっさたくま） はげまし合いながら上達をめざすこと。
「親友と一して勉強する／一のおかげで今日の自分がいる」

背中を押す（せなかをおす） 前に進むように相手をはげます。
「ためらっている友人の一」

壮行（そうこう） 旅立ち・出発を祝い、はげますこと。
「選手に向けて一の言葉を述べる／一(式・会)」

督励（とくれい） 業務を進めるために監督し励ますこと。
「(部下・仕事)を一する／強い一」

捩子を巻く（ねじをまく） ゆるんだ気持ちを引き締める。
「最近たるんでいるので少し捩子を巻いてやろう」

発破を掛ける（はっぱをかける） 強い口調ではげます。
「コーチが選手に一／上司から発破を掛けられる」

鞭撻（べんたつ） 厳しくはげますこと。
「ご指導ご一のほどよろしくお願い申し上げます」

鞭打つ（むちうつ） 強くはげますこと。
「(老骨・疲れた体)に一／怠け心に鞭打って働く」

なぐさめる

慰安（いあん） なぐさめ、日ごろの労をねぎらうこと。
「従業員を一する／一旅行」

慰藉（いしゃ） なぐさめて、いたわること。慰謝。
「一料(=精神的苦痛に対する損害賠償金)」
＊「慰」も「藉」もなぐさめる意。

慰労（いろう） 苦労をねぎらい、いたわること。
「一の言葉／一会」

その他の表現

愛の鞭（むち）・エール・ファイト・どんまい・がんばれ

157

はたらく

→ がんばる・ふるう／する・おこなう／になう・つとめる

基本の表現 働く・稼ぐ・勤める・仕事

仕事をする

足で稼ぐ 自ら行動して、成果を得ること。
「足で稼いだ情報」

汗を流す 一生懸命はたらくこと。
「ボランティアに―／人知れず―」

暗躍 人知れず、ひそかに策略をめぐらし活動すること。
「(裏・陰)で―する」

勤しむ あることに一生懸命になること。
「(勉学・研究・家事・農作業)に―／(ひたすら・せっせと・日夜)―」

営業 利益を得るために事業をすること。
「飲食店を―する／10時まで―している／深夜―／―(時間・中)」

活動 生き生きと動いたり、はたらいたりすること。
「―が盛んになる／―に(打ち込む・参加する)／自主的な―／(クラブ・ボランティア・就職)―」

稼働 人がかせぎ、はたらくこと。また、機械を動かすこと。
「フル―／―(日数・時間)／エアコンが―する／―を停止する」

勤務 組織に属するなどして、仕事をすること。
「(工場・病院)に―する／(在宅・夜間)―／―(態度・時間)」

勤労 心身を使って、一生懸命はたらくこと。
「―に励む／―(所得・意欲)」

激務 忙しく厳しい仕事。
「―をこなす／―に(耐える・就く)／―が続く」

功績 国や社会などに対する立派なはたらき。
「―を(挙げる・残す)／すぐれた―」

作業 からだや頭脳を使って、仕事をすること。また、その仕事。
「―が(進む・はかどる)／―に(あたる・打ち込む)／熱心に―する／骨の折れる―／(流れ・手・単純)―／―(服員・量・時間)」

雑務 本来の仕事以外の、こまごまとした雑多な仕事。
「―に追われる／―をこなす」

残業 規定の勤務時間のあとまで残って仕事をすること。
「2時間―する／―(時間・手当)」

実働 実際に労働すること。
「一日の―時間／休憩1時間、

158

「―7時間の勤務」

＊「実動」と書くと実際に動いている
ことの意。

就職 しょく しょく 職につくこと。
「A社に―する／―(活動・先)」

就労 しゅう ろう 仕事につくこと。また、仕事を
していること。

「―を(支援する・妨げる)／―(ビザ・
時間・経験)」

生業 せい ぎょう 生活するための仕事。**なりわ
い**。

「菓子製造を―とする」

天職 てん しょく その人の生来の性質・能力にふ
さわしい職業。

「―に(出会う・恵まれる)」

転職 てん しょく 職業や勤め先をかえること。
「―を(考える・繰り返す)」

徒労 と ろう 無益な骨折り。
「―に(終わる・帰する)／―感」

内職 ない しょく 本来の職務のほかに(こっそり)
する仕事。

「ちょっとした―」

二足の草鞋 に そく の わらじ 両立できないよう
な二つの職業を一
人の人が持つこと。

「―をはく」

年功 ねん こう 長年勤めた功労。また、長年
の熟練。

「―を積む／―に報いる／―序列」

奉公 ほう こう 家に住み込んで働くこと。ま
た、国のために尽くすこと。

「―に出す／滅私―」

飯の種 めし の たね 生活を営むための手段(で
ある仕事)。

「―にする／―を失う」

労働 ろう どう はたらくこと。
「過酷な―／8時間―／(時間
外・肉体・重)―／―(者・力・時間)」

労務 ろう む 労働すること。また、労働につ
いての事務。

「―管理」

作用する・機能する

機能 き のう からだや機械、組織などに備
わっているはたらき。

「―が(低下する・衰える)／―を(維持
する・活用する・果たす・発揮する)／
検索―／―性の高い衣服」

作用 さ よう あるものがほかのものにはたら
きかけて、影響をおよぼすこ
と。また、そのはたらき。

「薬の―／(マイナスに・有利に)―す
る／炎症を抑える―／殺菌―」

性能 せい のう 機械などの仕事をする能力。
「―を(高める・発揮する)／―
が(劣る・下がる・優れている)／高―
／―比較」

その他の表現

食い扶持を稼ぐ・犬馬の労・
ワーク・ジョブ・ビジネス・タ
スク・アルバイト・バイト・イ
ンターン・オーバーワーク

はなす（話す）

→ いう・とく・のべる／かく・しるす／きく（聞く）／つたえる・しらせる・つげる

基本の表現 話す

会議 <ruby>会<rt>かい</rt></ruby><ruby>議<rt>ぎ</rt></ruby> 関係者が集まって判断のための話し合いをすること。
「一に出席する／緊急一／一室」

会談 <ruby>会<rt>かい</rt></ruby><ruby>談<rt>だん</rt></ruby> （公的な立場で）会って話し合うこと。
「首脳一／一に応じる」

会話 <ruby>会<rt>かい</rt></ruby><ruby>話<rt>わ</rt></ruby> 向かい合って、互いに話をやりとりすること。
「一に加わる／何気ない一／筆談で一する／英一」

侃々諤々 <ruby>侃<rt>かん</rt></ruby><ruby>々<rt>かん</rt></ruby><ruby>諤<rt>がく</rt></ruby><ruby>々<rt>がく</rt></ruby> 遠慮なく議論を戦わせるさま。
「一の議論／一とやり合う」

閑談 <ruby>閑<rt>かん</rt></ruby><ruby>談<rt>だん</rt></ruby> さして重要でない話題で話し合うこと。
「一に（ふける・興じる）」

歓談 <ruby>歓<rt>かん</rt></ruby><ruby>談<rt>だん</rt></ruby> 楽しく話し合うこと。
「夜遅くまで一する／しばし御一下さい」

協議 <ruby>協<rt>きょう</rt></ruby><ruby>議<rt>ぎ</rt></ruby> 関係者が相談して決めること。
「一が（整う・まとまる・決裂する）／一に（入る・臨む）／一を重ねる／鳩首一／善後策を一する／一会」

議論 <ruby>議<rt>ぎ</rt></ruby><ruby>論<rt>ろん</rt></ruby> たがいに意見を述べて、論じ合うこと。
「一が白熱する／一を（重ねる・整理する・呼ぶ）／一の余地がない」

喧々囂々 <ruby>喧<rt>けん</rt></ruby><ruby>々<rt>けん</rt></ruby><ruby>囂<rt>ごう</rt></ruby><ruby>々<rt>ごう</rt></ruby> 大勢の人が口々に喋るさま。
「一たる（非難・抗議）／一と騒がしい」

合議 <ruby>合<rt>ごう</rt></ruby><ruby>議<rt>ぎ</rt></ruby> 相談すること。
「一によって決める／一制」

交渉 <ruby>交<rt>こう</rt></ruby><ruby>渉<rt>しょう</rt></ruby> 取り決めをするために、相手と話し合うこと。
「一が（まとまる・行き詰まる）／一に（当たる・臨む）／一を（重ねる・辞退する）／一のテーブルにつく」

懇談 <ruby>懇<rt>こん</rt></ruby><ruby>談<rt>だん</rt></ruby> たがいにうちとけて、親しく話し合うこと。
「一を続ける／（市長・先生・父母）と一する／一会」

座談 <ruby>座<rt>ざ</rt></ruby><ruby>談<rt>だん</rt></ruby> 何人かで座って、たがいに話し合うこと。また、その話。
「一の席／一会」

雑談 <ruby>雑<rt>ざつ</rt></ruby><ruby>談<rt>だん</rt></ruby> あれこれと気軽に話し合うこと。
「一を（楽しむ・交える）／一の輪に加わる／とりとめのない一」

直談 <ruby>直<rt>じき</rt></ruby><ruby>談<rt>だん</rt></ruby> 直接相手と会って話し合うこと。
「一に及ぶ／一を持ち込む」

示談 <ruby>示<rt>じ</rt></ruby><ruby>談<rt>だん</rt></ruby> 裁判せずに話し合いで解決すること。
「一に応じる／一交渉」

熟議 じゅく ぎ　十分に評議・相談すること。
「―した上の結論」

商談 しょう だん　商売についての話し合い。
「―が成立する／―を進める」

審議 しん ぎ　議案などを会議で検討すること。
「案件を―する／―(事項・会)」

説得 せっ とく　よく話して相手に納得させること。
「―が功を奏する／―を(試みる・続ける)／―に(当たる・応じる・失敗する)／(懸命の・粘り強い)―」

相談 そう だん　物事を決めるために、他に意見を求めたり、話し合ったりすること。
「―を(受ける・持ちかける)／―に乗る／何の―もない／方針を―する／事前に―する／折り入って―したいことがある／人生―／―(事・相手)」

対談 たい だん　ふたりで向かい合って、たがいに話し合うこと。
「―に応じる／―記事」

対話 たい わ　向かい合って、互いに話し合うこと。また、その話。
「―で解決する／―に応じる」

談論風発 だん ろん ふう はつ　盛んに話し合い議論する。
「―を楽しむ」

談話 だん わ　くつろいで話をすること。また、その話。
「なごやかな―／―(室・会)」

鼎談 てい だん　三者で話し合うこと。
「三国の首脳が―する」

討議 とう ぎ　ある事柄について、たがいに意見を述べ合うこと。

「―が過熱する／―を(行う・交わす・尽くす)／―にかける／(提案・問題)を―する／―資料」

討論 とう ろん　たがいに意見を述べて、論じ合うこと。
「(活気のある・自由な)―／―会」

内談 ない だん　内々の相談。
「役員で―する」

筆談 ひつ だん　声を出さず、文字を書いて言葉をやりとりすること。
「―で会話する／―器」

放談 ほう だん　思ったまま自由に話をすること。
「(屈託のない・無責任な)―」

密談 みつ だん　ひとに知られないように、こっそり話をすること。
「―を(交わす・耳にする)」

面談 めん だん　直接会って、話をすること。
「―を申し入れる／―に応じる／(三者・個人)―」

論議 ろん ぎ　たがいに意見を述べて、論じ合うこと。
「―が(活発になる・沸き立つ)／―を(繰り広げる・呼ぶ・尽くす)／―の(争点・的・輪)／闊達な―」

論破 ろん ぱ　議論をして、相手を言い負かすこと。
「完膚なきまでに―する」

は

はなす（話す）

その他の表現

べらべら・ぺらぺら・ぺちゃくちゃ・ぽつりぽつり・ぼそぼそ・ひそひそ・トーク・ディベート

161

はやい・おそい

→ いま・とき

基本の表現 [早い・速い・速やか・遅い・鈍い]

は

はやい・おそい

はやい

快速（かいそく） 気持ちがいいほどに速いようす。
「―電車」

急速（きゅうそく） 物事の進みかたが非常にはやいようす。
「―な(変化・進歩・経済成長)／―に(広まる・発達する)」

高速（こうそく） 非常にはやい速度。
「―で回転する／―運転」

早急（さっきゅう） 非常に急ぐこと。そうきゅう。
「―な措置／―に(検討する・実施する)／―にご連絡ください」

早速（さっそく） 事に応じて速やかに。すぐに。
「―(買い求める・指示を出す・手配する・本題に入る)」

至急（しきゅう） 非常に急ぐこと。
「―お集まりください／大―」

疾風迅雷（しっぷうじんらい） 激しい風と激しい雷。その激しさ。
「―の進撃／―のごとく」

尚早（しょうそう） 事を成すに時期が早過ぎること。
「時期―」

神速（しんそく） 人間業とは思われないほど速いこと。
「―果敢な行動／兵は―を尊ぶ」

迅速（じんそく） 物事の動きが非常に速いさま。
「―な(対応・行動・処理)／―に判断する／―にお届けいたします」

早期（そうき） 早い時期。
「―にがんを発見する／―の実現を期する／―解決」

早計（そうけい） 早まった考え。
「―に(失する・過ぎる)／そう結論するのは―だ」

早々（そうそう） 急ぐようす。早いようす。
「―に(帰る・退く・席を立つ)／用件を―に済ませる」

即座（そくざ） すぐその場で。
「―に(言い返す・答える・応じる・引き受ける・話をつける・決断を下す)／―の機転」

即時（そくじ） 間をおかず、すぐに。
「―に(決心する・実現する・行動を起こす)／―停戦」

即刻（そっこく） 間をおかず、すぐに。
「―(応じる・帰る・入院する・検査にとりかかる)／―判断を下す」

脱兎（だっと） きわめて速いことのたとえ。
「―の勢い／―の如く走り去る」

長足（ちょうそく） (長い足で早く歩くことから)物事の進みが早いこと。
「―の進歩を遂げる」

162

漢字書き分け

はやい・はやまる・はやめる

【早】時期や時刻が前である。時間が短い。予定よりも前になる。
「時期が早い／早く起きる／気が早い／早口／早まった行動／出発時間が早まる／開会の時刻を早める」

【速】スピードがある。速度が上がる。
「流れが速い／投手の球が速い／テンポが速い／改革のスピードが速まる／回転を速める／脈拍が速まる」

夙に ずっと以前から。早くから。
「―知られるところ」

電光石火 きわめて短い時間。動きが速いさま。
「―の(スピード・早わざ)」

敏捷 きびきびと動作が素早いさま。
「―に(動き回る・運動する・立ちまわる・走りまわる)／―性」

敏速 素早いこと。
「―な(活動・身のこなし)／―に(行動する・対応する)」

おそい

後の祭り 時機を逃して、取り返しがつかなくなること。
「今となっては―／もはや―」

蝸牛の歩み (「蝸牛」はカタツムリのこと)物事の進行がきわめて遅いこと。

緩慢 のろのろしている様子。
「―な(動作・対応・口調)」

牛歩 牛のような遅い歩み。
「―戦術」

遅延 おそくなること。
「(列車・回答・対応策)が―する」

遅刻 決められた時刻に遅れること。「(集合時間・待ち合わせ・授業)に―する」

遅参 決められた時刻に遅れること。
「会議に―する／―して申し訳ありません」

遅滞 (期限・予定などより)おくれること。
「―が(起こる・生じる)」

遅々 物事の時間がかかるさま。
「―たる行動／―として進まない／―とした歩み」

低速 速度が遅いこと。
「―で航行する／―運転」

六日の菖蒲十日の菊 時期に遅れて役に立たないこと。
＊菖蒲は5月5日に、菊は9月9日に使うものということから。

その他の表現

遅かれ早かれ・目にも留まらぬ・クイック・スピーディー・アーリー・さっさと・とっとと
スロー・のろのろ・もたもた・ちんたら

ふせぐ・まもる

→ したがう／すくう・たすける・ささえる／のがれる・さける

基本の表現 「 防ぐ・守る・遮る・庇う・保つ・拒む・阻む 」

援護 味方を助け守ること。
「一を失う／物質的な一を受ける／活動を一する／側面から一する／一射撃」

加護 神仏が守り助ける。
「一を祈る／ご一がありますように」

監護 監督し保護すること。
「未成年者を一する／適切な一を受ける」

教護 指導し保護すること。
「非行少年を一する／社会的一」

警衛 警戒し護衛すること。
「一にあたる／一部隊」

警護 (重要人物などを)警戒し守ること。
「一を厳重にする／要人の一にあたる」

警備 (建物や場所などを)警戒し守ること。
「一を強化する／一にあたる／(地域・ビル)を一する」

厳守 (約束や規則などを)かたく守ること。
「(時間・秘密)を一する／期日一でお願いします」

牽制 相手の注意を引きつけて自由に行動させないこと。
「(勇み足・動き)を一する／互いに一しあう」

高庇 「他人が守ってくれること」の敬った言い方。
「御一を(賜る・いただく)」

護衛 つきそい守ること。
「一がつく／一に当たる／一官」

固守 かたく守ること。
「立場を一する／伝統の一」

自衛 自分で自分を守ること。
「一のための戦い／一(策・手段)」

死守 必死に守ること。
「(ゴール・取り分)を一する」

遮断 さえぎり止めること。
「連絡を一する／外部から一される」

守護 安全を守ること。
「一を祈願する／一に当たる／旅人を一する」

守備 攻撃にそなえ守ること。
「一を(固める・任せる)／一にあたる／一範囲を越える」

遵守 規則や命令などにしたがい守ること。順守。

「法律を—する」

遵奉 じゅんぽう 法律や教えなどにしたがい守ること。

「(戒律・主義)を—する」

制止 せいし してはいけないと止めること。

「—が利かない／—を振り切る」

阻害 そがい さまたげること。

「(行動・勢力・発展)を—する」

阻止 そし 力でおしとどめること。

「運動を—する／実力で—する」

鎮護 ちんご 世の乱れをしずめ国を守ること。

「祖国を—する」

庇護 ひご 弱いものをかばい守ること。

「—を受ける／両親の—のもと育つ」

弁護 べんご ある人の利益や名誉を守るためかわりに説明すること。

「—に当たる／被告の—／—士」

防衛 ぼうえい 攻撃をふせぎ守ること。

「—を(強化する・果たす)／正当—」

防御 ぼうぎょ 攻撃をふせぎ守ること。

「盤石の—／—をかためる」

防護 ぼうご 危険や災害をふせぎ守ること。

「全身を—する／—(服・柵)」

防止 ぼうし よくないことが起こるのをふせぐこと。

「事故を—する／未然に—する／労働災害—に努める／再発—／—(対策・措置)」

防除 ぼうじょ 災害や虫害などを防ぐこと。

「(雑草・外来生物)—」

防戦 ぼうせん 攻撃をふせぎ戦うこと。

「—に努める／—態勢」

防犯 ぼうはん 犯罪が起こるのを防ぐこと。

「—(カメラ・訓練)」

防備 ぼうび 敵や災害を防ぐために備えること。

「—が堅い／完璧な—／無—」

墨守 ぼくしゅ (古いやり方などを)頑固に守り通すこと。

「伝統を—する」

保護 ほご 危険からかばい守ること。

「手厚い—を受ける／野鳥を—する」

養護 ようご (体の弱いひとを)守り世話すること。児童・生徒の健康に配慮し成長を助けること。

「—施設／—学校」

擁護 ようご 大事なものをかばい守ること。

「—を主張する／人権—」

抑止 よくし おさえつけて止めること。

「戦争を—する／核—力」

予防 よぼう あらかじめ病気や災害を防ぐ準備をしておくこと。

「風邪を—する／—接種」

その他の表現

身を挺する・芽を摘む・ブロック・ディフェンス・ガード・ヘルプ・レスキュー

ほこる・たたえる

→ あじ・あじわう・かぐ・におい／いう・とく・のべる

基本の表現 　誇る・謳う・褒める・讃える・称える

一唱三嘆 優れた詩文に感嘆する。
「作品の出来栄えに―する」

溢美 ほめすぎること。
「―の言ではない／その評価は―に過ぎている」

謳歌 声をそろえてほめたたえること。
「(この世の春・自由)を―する」

過賞 ほめすぎること。**過称**。**類過**
賞・**過誉**。
「欧米をしのぐというのも―ではない／その称賛は―に思えた」

嘉賞 よいとしてほめたたえること。
「御―の御言葉を賜る」

喝采 おおぜいが拍手し大声でほめること。
「―を(浴びる・送る)／―が起こる／拍手―」

感嘆 非常に感心しほめること。
「―を誘う／―のため息をつく／(しみじみと・しきりに)―する」

毀誉褒貶 ほめたり貶したりする。
「―に一喜一憂する／―のある人物」

激賞 この上ないほどにほめたたえる。

「(出来栄え・作品)を―する」

顕賞 功績を明らかにし、たたえること。
「功労を―する／天下に―する」

嗟嘆 感心してほめる。
「―の声が上がる」

三嘆 深く感心してほめる。心底感心する。
「―に値する」

賛嘆 感心してほめること。
「―を(交える・漏らす)／―のまなざし」

賛美 ほめたたえること。
「―の言を連ねる／―に満ちる／(大いに・露骨に)―する」

賞玩 食べ物のうまさをほめ、味わう。
「(逸品・珍味)を―する」

賞賛 ほめたたえること。**称賛**。
「―を(浴びる・博する)／―に値する／―の(言葉・的)／惜しみない―／心から―する」

頌徳 徳や功績をほめたたえる。
「―碑」

賞美 ほめたたえること。**称美**。
「紅葉を―する」
＊「賞」「称」「美」はほめる意。

166

賞味
しょう み
食べ物をほめ味わって食べる。
「(山海の珍味・自然の妙)を―する/思う存分―する」

称揚
しょう よう
ほめたたえる。
「(先祖の徳・勇敢な行為)を―する」

信賞必罰
しん しょう ひつ ばつ
功のある者は必ず賞し、罪のある者は必ず罰する。賞罰を厳しくする。
「―がはっきりしている」

推賞
すい しょう
よいものとしてほめ、人にすすめること。
「本書を―する」

絶賛
ぜっ さん
このうえなくほめること。
「―を博する/口を極めて―する/彼が―する映画」

選奨
せん しょう
優れたものを選んで世間に広める。
「文化財に―される/芸術―」

嘆賞
たん しょう
感心してほめること。
「―に値する/―の(声・的)」

嘆美
たん び
感じ入ってほめたたえる。
「―の息が漏れる/―の声」

提灯持ち
ちょうちん も
手先となって宣伝してまわること。
「―な記事」

熱賛
ねっ さん
熱烈にほめたたえること。
「―するコメントが寄せられる」

持て囃す
も はや
皆でほめそやす。盛んにほめる。
「(時代・人々)に持て囃される/(英雄・万能薬)のように―」

礼賛
らい さん
素晴らしいとほめること。
「(過大に・手放しで)―する」

得意になる

意気揚々
い き よう よう
誇らしくて得意げなこと。
「―と(引き揚げる・凱旋する)」

有頂天
う ちょう てん
得意になって大喜びすること。
「―に舞い上がる/嬉しさのあまり―になる」

大きな顔
おお かお
(得意になって)えらそうな顔つきや態度。
「―をしてばかりはいられない」

鬼の首を取ったよう
おに くび と
手柄を誇ることのたとえ。
「―な喜びよう/―に大騒ぎをする」

肩で風を切る
かた かぜ き
誇らしげに歩く。
「―かのようにランウェイに登場」

天狗になる
てん ぐ
うぬぼれていい気になる。
「少し褒めるとすぐ―」

自分で自分をほめる

自画自賛
じ が じ さん
自分で自分をほめること。類 自賛
「我ながら上手くできたと―する」

手前味噌
て まえ み そ
自分(の作ったもの)をほめること。
「―を並べる/―ですが……」

その他の表現

鼻高々・鼻に掛ける・胸を張る・ちやほや・よいしょ・プライド・マウントを取る・どや顔

167

みる

→ きく（聞く）／さがす・しらべる

基本の表現 〔 見る・眺める・覗く・睨む・見つめる・仰ぐ 〕

見る・読む

一瞥 いち べつ ちらと見ること。
「一を与える／じろりと一をくれる／一にも値しない／ちらりと一する」

一望 いち ぼう （広い景色を）ひと目で見わたすこと。
「海と街が一のもとに見下ろせる／市街を一する」

一目瞭然 いち もく りょう ぜん 明白であること。
「実力の差は一／誰の目にも一だ」

一覧 いち らん ひととおり目を通すこと。
「一を求める／一に供する／構成を一する」

一見 いっ けん ①ひととおり見ること。
「一の価値がある」
②ちょっと見たところ。
「一優しそうな人」

閲覧 えつ らん （本や書類などを）調べたり読んだりすること。
「インターネットを一する／図書の一／一室」

遠望 えん ぼう 遠くを望み見ること。
「一を楽しむ」

岡目 おか め 他人のしていることをわきから見ること。

「一八目」
＊当事者より第三者のほうが物事のほんとうの姿がよくわかること。

概観 がい かん 全体のようすを大ざっぱに見ること。
「歴史を一する／事件の一を話す」

垣間見る かい ま み る 隙間からこっそりとのぞき見る。
「物陰から一／大人の世界を一」

回覧 かい らん 本や書類を順番に回し読みすること。
「雑誌を一する／一板」

刮目 かつ もく 注意深く見ること。
「一に値する／一して待つ」

看過 かん か 見過ごすこと。見のがすこと。
「あやうく一するところであった／一できない問題」

観察 かん さつ ものごとの様子や変化を注意深く見ること。
「（動き・経過）を一する／一眼」

監視 かん し 人の行動などを見張ること。
「一を続ける／厳重な一」

観賞 かん しょう ものを見て、その美しさを味わうこと。
「一に値する／歌舞伎を一する」

観測 かん そく ①天候や自然現象の変化を観察し測定すること。

「―衛星を打ち上げる」
②ものごとの様子を見て、その成り行きを推しはかること。
「希望的―」

観覧 かん らん 風景や興行などを見物すること。
「この展示は―自由です／―車」

仰視 ぎょう し 上方に顔を向けて見る。
「連山を―する／しばし佇んで―した」

凝視 ぎょう し 目をこらしてじっと見ること。
「強い―／手元を―する」

警邏 けい ら 警戒して見回ること。パトロール。
「―中の巡査」

見学 けん がく 実際に見て学び、知識を身につけること。
「工場―／―旅行」

見物 けん ぶつ 名所や興行などを見て楽しむこと。
「―に出かける／稽古ぶりを―する／―して歩く」

見聞 けん ぶん 実際に見たり聞いたりすること。
「―が広い／―を広める」

高覧 こう らん 見ること。〔尊敬語〕
「御―に供する／なにとぞご―のほどを／―をいただく」

細見 さい けん 詳しく見ること。
「資料を―する／五街道―」

座視 ざ し 黙って見ていて関与しないこと。
「―するだけで行動しない／―するに忍びない」

参観 さん かん その場へ行って見ること。
「―を申し込む／授業―」

視察 し さつ その場所へ行って実際の状況を確かめること。
「―が終わる／―に出かける／被災地を―する／お忍びで―する」

視線 し せん 見ている方向。
「―が合う／―を(上げる・釘付けにする・そらす・投げかける)」

下見 した み なにかをする前にあらかじめ見て調べておくこと。
「会場の―をする／何回も―を重ねる」

実見 じっ けん 実際にそのものを見ること。
「現場を―する／―談」

視認 し にん 実際に見て確認すること。
「標識を―する／―性の高いデザイン」

衆目 しゅう もく 多くの人の見る目。
「―が一致する／―にさらされる」

巡視 じゅん し 警戒・監督のために見回ること。
「校内を―する／―船」

照覧 しょう らん ①神仏や貴人がごらんになること。
「―あれ」
②はっきりと見ること。

上覧 じょう らん 貴人がごらんになること。
「―相撲」

所見 しょ けん 見た結果としての判断・意見。
「医師の―／偶発的―」

初見 しょ けん 初めて見ること。初めて会うこと。
「―で〔＝楽譜を始めて見て〕ピアノを弾く」

静観 せい かん 行動を控えて事態を静かに見守る。
「推移を―する／―的態度をとる」

ま
み
る

169

正視 <ruby>正<rt>せい</rt></ruby><ruby>視<rt>し</rt></ruby>　真正面から見つめること。
「―に堪えない／相手を―する」

空目 <ruby>空<rt>そら</rt></ruby><ruby>目<rt>め</rt></ruby>　見えないのに見えたように思うこと。

他見 <ruby>他<rt>た</rt></ruby><ruby>見<rt>けん</rt></ruby>　他人に見せること。他人が見ること。
「―をはばかる／―他言をしないと誓う」

矯めつ眇めつ <ruby>矯<rt>た</rt></ruby>めつ<ruby>眇<rt>すが</rt></ruby>めつ　いろいろな角度からよく見るようす。
「―見比べる」

着眼 <ruby>着<rt>ちゃく</rt></ruby><ruby>眼<rt>がん</rt></ruby>　あるところに目をつけること。目のつけどころ。
「いいところに―する／独創的な―点」

着目 <ruby>着<rt>ちゃく</rt></ruby><ruby>目<rt>もく</rt></ruby>　注意して見ること。目をつけること。
「将来性に―する／―に値する」

注視 <ruby>注<rt>ちゅう</rt></ruby><ruby>視<rt>し</rt></ruby>　注意深く見つめること。
「―を一身に浴びる／世界が―する／一挙一動を―する」

注目 <ruby>注<rt>ちゅう</rt></ruby><ruby>目<rt>もく</rt></ruby>　関心をもってよく見ること。
「―に値する／―の的／―すべき発言／今後の動向が―される」

鳥瞰 <ruby>鳥<rt>ちょう</rt></ruby><ruby>瞰<rt>かん</rt></ruby>　高所から全体を眺め渡すこと。
「地上を―する／―図／―的な視点が必要だ」

眺望 <ruby>眺<rt>ちょう</rt></ruby><ruby>望<rt>ぼう</rt></ruby>　遠くまで見渡すこと。見渡したながめ。
「―が開ける／―を楽しむ／―のよい部屋／素晴らしい―／海を―する」

直視 <ruby>直<rt>ちょく</rt></ruby><ruby>視<rt>し</rt></ruby>　目をそらさずにまっすぐ見つめること。
「（顔・現実）を―する／冷静に―する」

通覧 <ruby>通<rt>つう</rt></ruby><ruby>覧<rt>らん</rt></ruby>　全体にわたって目を通すこと。
「報告書を―する」

展望 <ruby>展<rt>てん</rt></ruby><ruby>望<rt>ぼう</rt></ruby>　①遠くの景色を見渡すこと。
「―が開ける／―台」
②社会の動向などを見渡すこと。
「未来への―」

天覧 <ruby>天<rt>てん</rt></ruby><ruby>覧<rt>らん</rt></ruby>　天皇がご覧になること。
「―を賜る／―試合」

遠目 <ruby>遠<rt>とお</rt></ruby><ruby>目<rt>め</rt></ruby>　①遠くまでよく見える目。
②遠くから見ること。
「―で見てもわかる」

内見 <ruby>内<rt>ない</rt></ruby><ruby>見<rt>けん</rt></ruby>　内々で見ること。
「（報告・物件）を―する」

内覧 <ruby>内<rt>ない</rt></ruby><ruby>覧<rt>らん</rt></ruby>　内々に見ること。
「書類を―する／―会」

拝観 <ruby>拝<rt>はい</rt></ruby><ruby>観<rt>かん</rt></ruby>　神社・仏閣などをつつしんで見ること。
「―を中止する／大仏を―する」

拝見 <ruby>拝<rt>はい</rt></ruby><ruby>見<rt>けん</rt></ruby>　見ること。[謙譲語]
「お手紙―しました／御手並―／まずは―します」

傍目 <ruby>傍<rt>はた</rt></ruby><ruby>目<rt>め</rt></ruby>　当事者以外の人から見た感じ。
「―を気にする／―にみっともない」

発見 <ruby>発<rt>はっ</rt></ruby><ruby>見<rt>けん</rt></ruby>　それまで知られていなかったものを初めて見つけること。
「いつも―がある／今回の―／間違いを―する／（新しい・面白い）―／大―／早期―」

僻目 <ruby>僻<rt>ひが</rt></ruby><ruby>目<rt>め</rt></ruby>　偏見。思い違い。
「―に過ぎる／それは私の―でしょう」

必見 <ruby>必<rt>ひっ</rt></ruby><ruby>見<rt>けん</rt></ruby>　見たり読んだりしておくべきこと。また、そのもの。
「ファン―の映画／―の資料」

瞳を凝らす（ひとみをこらす）じっと見つめる。「瞳を凝らして探す」

一目（ひとめ）①ちらっと見ること。「一見ておきたい／ちらりと一見る／一なりとも会いたい」
②全体を一度に見渡すこと。「一で明らか」

人目（ひとめ）他人の見る目。「一が多い／一を避ける」

百聞は一見に如かず（ひゃくぶんはいっけんにしかず）何度も聞くより、自分の目で一度見たほうがよくわかる。

俯瞰（ふかん）高い場所から見おろすこと。「全体を一する／一図を広げる」

傍観（ぼうかん）かかわりを持たずそばでただ見ていること。「一は許されない／成り行きを一する／一者に徹する」

目の当たり（まのあたり）自分の目の前。「（現実・圧倒的な強さ）を一にする」

目に留まる（めにとまる）①目に入る。「彼の姿がふと一」
②印象に残る。「スカウトの一」

目撃（もくげき）（事件や犯人などを）その場で実際に見ること。「事故を一する／一証人」

目視（もくし）目で見ること。「一で確認する」

黙視（もくし）成り行きを黙って見ていること。

「一するしかない状況」

夜目（よめ）夜に暗い中でものを見ること。「一遠目笠のうち」

脇見（わきみ）見なければいけないものを見ずに他のものを見ること。「授業中に一する／一運転」

脇目（わきめ）よそを見ること。脇見。「一も振らずに突き進む」

診察する

往診（おうしん）医者が患者の家に行って診察すること。「一を頼む／急患を一する」

検診（けんしん）病気かどうかを調べるために診察すること。「定期的に一する／歯科一」

診察（しんさつ）医者が患者の体を調べて病状や原因を判断すること。「一を受ける／急病人を一する」

診断（しんだん）医者が患者を診察し、病状を判断すること。「一を仰ぐ／正確な一」

診療（しんりょう）医者が患者を診察し治療すること。「土曜日は午前中のみ一します」

その他の表現

ウォッチ・ビュー・きょろきょろ・ぎょろぎょろ・じろじろ・ちらちら・まじまじ・しげしげ

もつ

→ とまる・とめる・とどめる／になう・つとめる

基本の表現 [持つ・携える・抱える・提げる・
掴む・擁する・有する]

所持する

携行（けいこう）身につけて持っていくこと。
「一に便利なサイズ／一（品・食糧）」

携帯（けいたい）身につけたり手に持ったりしていること。
「一可能な形状／一（電話・食糧）」

小脇に抱える（こわきにかかえる）軽いものを脇の下にはさむようにして持つ。
「（書物・バッグ）を一」

持参（じさん）持っていくこと。持ってくること。
「お弁当を一する／ご一ください」

所持（しょじ）持っていること。
「薬を一する／密かに一する／一（金・者・品・数・資格・アイテム）」

把持（はじ）しっかりと持つこと。
「一して放さない／権力を一する」

必携（ひっけい）必ず持っておく必要があるもの。
「防寒具が一だ／一（品・書）」

所有する

愛蔵（あいぞう）大事にしてしまっておく。
「一（版・本・品・物）／一の絵」

確保（かくほ）確実に手に入れること。
「（自由時間・人材）を一する」

旧蔵（きゅうぞう）昔から所蔵していること。以前所蔵していたこと。
「一の品／一（文書・本）」

享有（きょうゆう）（権利・能力などを）生まれつきもっていること。
「権利を一する／国民は、すべての基本的人権の一を妨げられない」

具備（ぐび）必要なものがそなわっていること。
「（要素・必要条件）を一する」

具有（ぐゆう）才能や性質をそなえもつこと。
「（知識・能力）を一する」

堅持（けんじ）考えや主張などをかたく守って妥協しないこと。
「（主張・方針）を一する」

兼備（けんび）二つ以上の要素をかねそなえていること。
「才色一／知識も発想力も一している」

現有（げんゆう）現在所有していること。
「一（勢力・車両・施設）」

私蔵（しぞう）個人で所有すること。
「古書を一する／一（品・書）」

死蔵（しぞう）使われずにしまいこむこと。
「一されていた宝石／一品」

172

私有 しゆう 個人が所有すること。
「―の財産／―(林・化・物・地)」

手中 しゅちゅう あるものを自分で所有していること。
「―に(落ちる・握る・おさめる・陥る)」

掌中 しょうちゅう 自分が支配している範囲。
「―の玉／―に(帰する・おさめる)」

所蔵 しょぞう 貴重なものを自分のものとしてしまっておくこと。
「当館―の資料に限ります／―(品・物・館・図書)」

所有 しょゆう 自分のものとして持っていること。
「―(物・地・権・者・車・主・品)／土地を―する」

占有 せんゆう 自分だけのものにすること。
「土地を―する／―(権・物)」

専有 せんゆう ひとりで所有すること。
「―(者・面積・物)／権利を―する」

装備 そうび 武器や備品を身につけること。また、そのもの。
「―(品・アイテム・一式)」

独占 どくせん ひとりじめすること。
「人気を―する／―(放送・状態・欲)」

内蔵 ないぞう 内部に持っていること。
「―(スピーカー・カメラ・メモリ)」

把握 はあく 間違いなく理解すること。
「(情報・状況)を―する」

秘蔵 ひぞう とても大切なものとして人に見せずしまっておくこと。
「―品／―のコレクション／名画を―する」

保有 ほゆう 自分のものとして持ち続けること。
「個人が―する能力／―(権・国・者)」

門外不出 もんがいふしゅつ 貴重なものを秘蔵しておくこと。
「―の(書・宝物)」

領有 りょうゆう 自分のものとして持つこと。
「―(権・地・国)／―をめぐる問題／―下にある土地」

我が物 わがもの 自分の所有物。自分のものの。
「自由を―とする／―顔」

受け持つ

担当 たんとう うけもつこと。
「―(者・エリア・役員)／―を任される／―から外される」

担任 たんにん 任務をひきうけること。とくに学校で教師が学級・教科をうけもつこと。
「国語科を―する」

分掌 ぶんしょう 分掌して受け持つこと。
「―(組織・規定)／事務を―する／二つの課が―している／職務―」

分担 ぶんたん 仕事や役目を分けて受け持つこと。
「役割を―する／費用―／―(執筆・管理・生産・金)」

その他の表現

キープ・シェア・ポータブル

173

やめる・あきらめる

→ あらためる／おわり・おわる／くつろぐ・ひとやすみする／ことわる

基本の表現 「止める・辞める・諦める・退く・切り上げる・よす」

やめる・退く

引退 仕事やスポーツなどで、現役からしりぞくこと。
「全勝で一の花道を飾る／(警察・現役・人生)を一する／スター選手が一する／一興行」

隠遁 俗世間との交渉を断ち、ひそかに隠れ住むこと。
「一生活を夢想する／一者」

解除 禁止・制限などの措置や契約関係を取りやめて、もとの状態に戻すこと。
「(規制・契約・警報)を一する／(警報・統制)が一になる／武装一」

休止 やすむこと。やめること。
「(事業・生産)を一する／(運転・営業)一／一手続き」

辞職 自ら職をやめること。
「一を(勧告する・迫る)／混乱の責任を取って一する／内閣総一／一願」

辞任 自らその職務をやめること。
「閣僚の一が相次ぐ／一を(促す・迫る・告げる)／(首相・会長・役員)を一する」

終止 おわりにすること。おしまい。
「一符を打つ」

退職 それまで勤めていた職をやめること。
「一を申し出る／会社を一する／定年で一する／依願一／一金」

退陣 その地位を退くこと。
「一を(要求する・迫る・表明する)／一に追い込む／異例の一劇」

退任 その任務を退くこと。
「一を(発表する・表明する)／(委員長・取締役)を一する／任期途中で一する」

中止 途中でやめること。計画をとりやめること。
「一を決める／一に追い込まれる／(工事・使用・取引)を一する／雨天一」

停止 途中で止まること。途中でやめること。
「(運動・思考)が一する／(業務・サービス)を一する／(操業・活動)一」

撤退 市場から退くこと。
「海外事業からの一を発表した」

撤廃 とりやめること。
「一を求める／制度を一する／(差別・関税・規制)一」

廃業 それまでの職業や商売をやめること。
「一に追い込まれる／店を一する」

174

廃止 <ruby>廃<rt>はい</rt></ruby><ruby>止<rt>し</rt></ruby> それまでおこなわれてきたことをやめること。

「(赤字路線・現行制度)を―する」

閉鎖 <ruby>閉<rt>へい</rt></ruby><ruby>鎖<rt>さ</rt></ruby> 仕事や活動をやめること。

「工場を―する/学級―」

見送る <ruby>見<rt>み</rt></ruby><ruby>送<rt>おく</rt></ruby>る 先にのばすこと。やめること。

「(実施・採用・着工)を―」

身を引く <ruby>身<rt>み</rt></ruby>を<ruby>引<rt>ひ</rt></ruby>く それまでの地位・立場からはなれること。

「(第一線・政界)から―」

勇退 <ruby>勇<rt>ゆう</rt></ruby><ruby>退<rt>たい</rt></ruby> 自ら進んで官職などをやめること。

「会長職を―する/後進に道を譲って―する」

あきらめる

往生際 <ruby>往<rt>おう</rt></ruby><ruby>生<rt>じょう</rt></ruby><ruby>際<rt>ぎわ</rt></ruby> 追いつめられて、ついにあきらめるときの態度や決断力。

「―が(悪い・よくない)」

覚悟 <ruby>覚<rt>かく</rt></ruby><ruby>悟<rt>ご</rt></ruby> あきらめること。観念すること。

「もうここまでだ、と―する」

観念 <ruby>観<rt>かん</rt></ruby><ruby>念<rt>ねん</rt></ruby> あきらめること。覚悟すること。

「そこまでだ、もう―しろ」

匙を投げる <ruby>匙<rt>さじ</rt></ruby>を<ruby>投<rt>な</rt></ruby>げる （薬を調合する匙を捨てる意から）医者が治療をあきらめる。転じて、見込みがないとして、あきらめる。

断念 <ruby>断<rt>だん</rt></ruby><ruby>念<rt>ねん</rt></ruby> あきらめること。

「(計画・渡航・進学)を―する/(ついに・きっぱりと・やむなく)―する」

諦観 <ruby>諦<rt>てい</rt></ruby><ruby>観<rt>かん</rt></ruby> 悟りあきらめて、ながめること。

「―の境地」

諦念 <ruby>諦<rt>てい</rt></ruby><ruby>念<rt>ねん</rt></ruby> 道理を悟った、迷いのないあきらめの気持ち。

「―に(達する・満ちる)」

泣き寝入り <ruby>泣<rt>な</rt></ruby>き<ruby>寝<rt>ね</rt></ruby><ruby>入<rt>い</rt></ruby>り 不当な仕打ちを不満に思いながら、そのままあきらめてしまうこと。

「どんなひどい目に遭っても―はしないと決める」

見切りをつける <ruby>見<rt>み</rt></ruby><ruby>切<rt>き</rt></ruby>りをつける 見込みがないとあきらめて、かかわることをやめること。

「(前途・交渉)に―/早々に―」

その他の表現

足を洗う・手を引く・店を畳む・暖簾<rt>れん</rt>を下ろす・幕引き・お手上げ・棒を折る・思い切る・見限る・ストップ・リタイア・ドロップアウト・ギブアップ・ギブ

175

やる・もらう

→ あたえる／おくる・むかえる／かす・かりる・かえす／つながる・つづく・つぐ

基本の表現　あげる・遣る・貰う・くれる・授かる・賜る

享受 きょうじゅ 受け入れること。また、味わい楽しむこと。
「(生・自由・権利・利益・快楽・自然の恵み・豊かな生活)を―する／―に値する／最大限―する」

継承 けいしょう 地位・身分・財産・権利・義務・仕事などをうけつぐこと。
「(王位・債務・伝統・精神・文化)を―する／―をめぐる(問題・戦い)／―を(図る・認める)／―者」

恵贈 けいぞう 人から物を贈られることの敬語。
「御―にあずかる／御―賜りまして……／御―の品」

恵与 けいよ 与えられることを敬っていう言葉。
「御―にあずかる／御―いただく／御―された品物」

後継 こうけい 地位・財産・職務・業務などをうけつぐこと。
「―を(決める・育成する)／―をめぐる問題／―に(指名する・推薦する)／―者」

査収 さしゅう 金品・書類などを、よく調べて受け取ること。
「御―ください／御―いただければと思います」

収受 しゅうじゅ 金品などを、受け取って収めること。
「(金銭・運賃)を―する／犯人が―した賄賂／―印」

収納 しゅうのう お金や品物を受け取って、おさめること。
「国庫に―する／衣類を―する／―(場所・家具・スペース)」

収賄 しゅうわい 賄賂を受け取ること。
「―が発覚する／―容疑で逮捕される／―(罪・事件)」

受給 じゅきゅう 給与・年金・配給などを受けること。
「(年金・生活保護)を―する／―(者・資格)」

授受 じゅじゅ 授けることと、受けること。受け渡し。やりとり。
「(金銭・金品・記念品・政権)の―」

受注 じゅちゅう 注文を受けること。
「(業務・工事)を―する／大量に―する／海外からの―／―生産」

受納 じゅのう 受け取っておさめること。
「(授業料・金品)を―する／粗品ですが、どうぞ御―下さい」

授与 じゅよ 賞・証書などをさずけあたえること。
「(勲章・学位・賞状)を―する／―式／

いただく…「もらう」の謙譲語
お(ご)～くださる…「～てくれる」の尊敬語
「何卒ご了承くださいませ」
くださる…「くれる」の尊敬語

差し上げる…「やる」の謙譲語
「ご希望の方に差し上げます」
賜る…「もらう」の謙譲語
「貴重なご意見を賜りました」
頂戴する…「もらう」の謙譲語

卒業証書一式」

受容 じゅよう 受け入れること。
「東アジアにおける日本文化の一／一と共感／死の一／一(力・体)」

受理 じゅり 書類・届けなどを、受けつけること。
「(届出・辞表・婚姻届・願書・訴状)を一する／無事一された」

受領 じゅりょう 受け取ること。
「(金品・代金・商品)を一する／一のサイン／一(証・印・者)」

笑納 しょうのう おくりものをするときに、つまらないものだから笑ってお納め下さい、という意味を込めて用いる言葉。
「御一下されば幸いです／どうぞ御一ください」

神授 しんじゅ 神からさずかること。
「王権一説」

頂戴 ちょうだい もらうことをへりくだっていう言葉。いただく。
「ありがたく一いたします／(命・お茶・謝礼・メール)を一する」

入手 にゅうしゅ 手に入れること。
「(情報・資料・チケット・アルバム・食糧)を一する／一(経路・困難・可能)」

拝受 はいじゅ 受け取ること。[謙譲語]
「(お手紙・メール)一いたしました／貴著を一する」

拝領 はいりょう 目上の人や身分の高い人から物をいただくこと。
「主君から一した刀」

奉戴 ほうたい つつしんでいただくこと。
「朝廷の意向を一する／大詔一日」

落手 らくしゅ 手紙や品物などを受け取ること。
「お手紙一いたしました／近いうちに一できる見込みだ」

落掌 らくしょう 手紙や品物などを受け取ること。
「御書状一いたしました／無事一する」

領収 りょうしゅう 金銭などを受け取ること。
「(会費・代金)を一する／一(書・証)」

その他の表現

プレゼント・ギフト

よい

→ すぐれる・ひいでる／わるい

基本の表現 | 良い・好い・善い |

ちょうどいい・望ましい

誂え向き（あつらえむき） 要求や希望にぴったりなこと。

「—の靴が見つかった」

剴切（がいせつ） ぴったり当てはまること。適切なこと。

「—な例を引く」

恰好（かっこう） ちょうどよいこと。似つかわしいこと。**格好**。

「歓迎会に—な店を見つけた」

究竟（くっきょう） とても都合がいいこと。

「—の機会を逃す／—な隠れ場所」

結構（けっこう） 欠点がなく満足できること。

「—な腕前」

好個（こうこ） ちょうどよいこと。

「実に—な例／—の材料」

好都合（こうつごう） 都合がよいこと。

「—に事が運ぶ／なにかと—な話／会社から近くて—だ」

好適（こうてき） ちょうどよく当てはまること。

「スポーツに—な季節／—の人材」

最適（さいてき） 最も適していること。

「—な環境／—の解決策」

絶好（ぜっこう） （あることをするのに）とても都合がよいこと。

「—の（運動会日和・コンディション・チャンス）」

妥当（だとう） よく当てはまり適切なこと。

「—な（結論・判断）／—性がある」

適宜（てきぎ） その場の状況にふさわしいさま。

「—判断する／—昼食をとる」

適正（てきせい） 適切で正しいこと。

「—な（価格・仕事量・配置）」

適切（てきせつ） ぴったり当てはまること。

「—な（言い方・配慮・答え）／—に運用する」

適度（てきど） 程度がほどよいこと。

「—な（距離・温度）／—の運動」

適当（てきとう） 目的・要求などによく当てはまること。

「条件に—な土地を見つける」

良好（りょうこう） （状態や様子などが）よいこと。好ましいこと。

「—な（関係・経過・天候・栄養状態）／（おおむね・おしなべて）—」

すばらしい・すぐれている

天晴れ（あっぱれ） すばらしいこと。みごとなこと。

「—な振る舞い／我ながら—だ」

178

言う事無し（いうことなし）申し分がない。満足だ。文句なし。
「この出来なら―だ」

佳良（かりょう）ある程度よいこと。
「―な作品／品質―」

最高（さいこう）この上なくすばらしいこと。
「―の傑作／―水準／もう―！」

最善（さいぜん）最もよいこと。
「―の方法／―の索を練る」

最良（さいりょう）最もよいこと。
「―の(結論・策・日)」

純良（じゅんりょう）まじりけがなく質がよいこと。
「―な(食品・水質・バター)」

淳良（じゅんりょう）すなおで人がいいこと。
「―な青年」

上々（じょうじょう）このうえなくよいこと。
「―の(売れ行き・滑り出し)／気分は―だ」

上出来（じょうでき）できばえがよいこと。
「―な(作品・スピーチ)／試験は自分としては―だった」

素敵（すてき）とてもすばらしいこと。
「―な(部屋・旅行・アイデア)／息を飲むほど―だった」

絶佳（ぜっか）とてもすばらしいこと。
「眺望―／風光―の地」

絶妙（ぜつみょう）この上なくすぐれてたくみなこと。
「―な(演技・手際)／―のタイミング」

善良（ぜんりょう）すなおでおだやかなこと。
「―な心の持ち主／―な市民」

満更でも無い（まんざらでもない）かなりよい。
「―(顔・気分)／内心―様子」
＊遠回しな言い方。

見事（みごと）すばらしいこと。立派なこと。
「―に合格する／―な(色合い・仕事ぶり・夕焼け)」

申し分が無い（もうしぶんがない）非難すべきところがない。
「―(相手・力量)／いずれも―」

優（ゆう）（成績や等級が）すぐれていること。
「―を(取る・もらう)」

優秀（ゆうしゅう）ひときわすぐれていること。
「―な(指導者・人材)／成績―」

優等（ゆうとう）（成績や技能が）他よりもすぐれていること。
「―の成績を収める／―生」

優良（ゆうりょう）（性質や品質が）他よりもすぐれていること。
「―な(人格者・製品・銘柄)／健康―児／―(運転者・株)」

理想的（りそうてき）理想に合致していること。
「―な(条件・住まい)／―に解釈する」

立派（りっぱ）すぐれていて文句のつけようがないこと。
「―な建物／―にやりとげる／(段違いに・すこぶる)―」

や
よい

その他の表現

グッド・ベター・ベスト・ナイス・エクセレント・トレビアン・ワンダフル・ファンタスティック・宜（よろ）しい・いいね

179

よぶ・まねく

→ おくる・むかえる／すすめる・さそう／つどう・あつまる・あつめる

基本の表現 呼ぶ・招く・声を掛ける

声をかける

呼号 こごう 派手に大声で呼び叫ぶこと。
「業界一と一する／天下に一する」

指呼 しこ 呼べば答えるほどの近い距離。
「一のうちにある」

疾呼 しっこ 激しく早口で叫ぶこと。
「大声で一する」

召喚 しょうかん 人を呼びつけること。特に裁判所が被告人や証人などを呼びつけること。
「裁判所に一される」

召還 しょうかん 派遣した人を呼びもどすこと。
「大使を一する／本国に一する」

召集 しょうしゅう 大勢の人を呼び集めること。
「(国会・代表選手)を一する」

招集 しょうしゅう 会議などのために呼び集めること。
「一を(掛ける・要求する)」

招請 しょうせい 招いて来てもらうこと。しょうじょう。
「一を(受ける・拒む)／(委員・教授・講師)を一する／一状」

招待 しょうたい 客を招くこと。招いてもてなすこと。
「一を(受ける・辞退する)／一に応じる／関係者を一する／家に一する」

招致 しょうち 招いて来てもらうこと。
「一に(失敗する・成功する)／オリンピックを一する／参考人一」

招聘 しょうへい 礼を尽くして人を招くこと。
「一を(受ける・実現する)／(交響楽団・有識者)を一する」

招来 しょうらい ①招いて来るようにすること。
「技術者を一する」
②(よくない状態を)引き寄せること。
「資源の枯渇を一する／悪感情を一する／予想外の事態を一する」

大呼 たいこ 大声で呼びかけたり、叫んだりすること。
「一して敵に迫る」

点呼 てんこ 一人ずつ名前を呼んで、全員そろっているかどうかを確かめること。
「一をとる／全員を一する」

動員 どういん ある目的のために人や物を集めること。
「一を(かける・頼む)／一に駆り出される／(学生・関係者)を一する／持っている知識をフルー する」

誘致 ゆうち すすんで招き寄せること。
「一を(進める・申し出る)／一に成功する／(観光客・企業・テナント・工場)を一する」

連呼〔れん こ〕同じことを何度もくりかえしよぶこと。

「候補者名を—する/同じフレーズを—する/—の声が響く」

称する

改称〔かい しょう〕名前・呼び名をあらためること。

「—を(届け出る・発表する)/(駅名・チーム名・社名)を—する」

敬称〔けい しょう〕①人名や官職名につけて敬意を表す言い方。

「—を(省略する・つける)/—略」
②相手に対する敬意を表す言い方。

「—は正しく使いましょう」

謙称〔けん しょう〕自分の側をへりくだって言う呼び方。「小生」「愚息」など。

公称〔こう しょう〕表向きに言っていること。

「資本金1億と—する」

呼称〔こ しょう〕名前をつけて呼ぶこと。その名前。

誇称〔こ しょう〕自慢して大げさに言うこと。

「最高傑作だと—する」

自称〔じ しょう〕(実際はそうではないのに)自分で称すること。

「—ジャーナリスト/自らのことを天才と—する」

総称〔そう しょう〕仲間をひとまとめにして呼ぶこと。その呼び名。

「日常の生活習慣が発症に及ぼす影響が大きいものを—して生活習慣病という」

通称〔つう しょう〕(正式ではないが)一般に言いならわしている呼び名。

「—で(通す・呼ぶ)/仕事上では—を使っている」

汎称〔はん しょう〕同類の仲間をひとまとめにしてよぶこと。また、そのよび名。

併称〔へい しょう〕すぐれたものとして、ならび称すること。

命名〔めい めい〕名前をつけること。

「—の由来/子を—する/—式」

その他の表現

コール・ネーム・おいでおいで

わるい

→ よい

基本の表現 [悪い・ひどい・劣る]

わ
わるい

道徳的にわるい

悪徳（あくとく） 道義にそむいた悪いおこない。「一を(味わう・犯す・重ねる)／一(業者・商法)」

悪辣（あくらつ） たちが悪いこと。やり口が悪どいこと。「一な(計画・手口)／一非道」

悪し様（あしざま） 悪意をこめて事実よりも悪く言うこと。「一な言いよう／一に言いたてる」

陰険（いんけん） 心に悪意を隠しているさま。「一な(やり方・態度)」

奸悪（かんあく） 心がひねくれて悪いこと。そういう人。姦悪。「一な人物／一狡猾（こうかつ）」

凶悪（きょうあく） 残忍でひどいことを平気ですること。「一な犯罪を引き起こす／一事件」

下劣（げれつ） 人柄がいやしく、下品なこと。「一な(行為・言葉)／品性一」

極悪（ごくあく） 残忍で非常に悪いこと。「一非道／一な犯罪」

邪悪（じゃあく） よこしまで悪意に満ちていること。「一な(イメージ・振る舞い)」

諸悪（しょあく） さまざまな悪行や悪事。「一の根源／社会の一の元凶」

俗悪（ぞくあく） 下品で程度が低いこと。「一な(人物・番組・趣味)」

罪深い（つみぶかい） 人の道に外れていて罪が重いこと。「一行為／なんと一ことか／一身」

低劣（ていれつ） 品性などが低く劣っているさま。「一な(趣味・内容・読み物)」

背徳（はいとく） 人の道に反する。「一を(感じる・自責する)／一の香り／一行為」

腹黒い（はらぐろい） 心がひねくれていて悪だくみをもっている。「一奴／意外と一ことを言う」

卑怯（ひきょう） 正々堂々としていないこと。「一な手段を使われる／一な真似をするな／一め！」

卑劣（ひれつ） やり方などがずるくて汚いこと。「一な(行為・振る舞い)／一極まりない蛮行／卑劣一」

不穏当（ふおんとう） おだやかでなくさしさわりがあること。「一な(言動・対応)」

不義理（ふぎり） 義理を欠くこと。とくに借りたお金を返さないこと。「一を(重ねる・背負う・許す)」

不健全 ①体や精神がすこやかでないこと。
「—な思想」
②物事の状態がゆがんでいること。
「—な運営方法の会社」

不正 正しくないこと。法や道義に反すること。
「—が(横行する・からむ・発覚する)／—を(あばく・繰り返す・働く)／—に手を染める」

不都合 ①都合が悪いこと。
「—が生じる／—な結果／オンライン会議には—な部屋」
②ものの道理に合わないこと。
「—を(もたらす・棚に上げる)／あなたがち—とは思っていない」

不適切 適切でないこと。ふさわしくないこと。
「—な(扱い・支出・行為)／—と言わざるを得ない」

不徳 徳が足りないこと。
「—が災いする／—を働く／—な生活／私儀の—の致すところ」

不埒 法や道義に反していること。
「—を働く／—な(生き方・考え)」

暴悪 乱暴で道理に外れていること。
「—な人間／無類の犯人」

邪 正しくないこと。道に外れていること。
「—な(期待・情欲・人間)」

陋劣 いやしくて劣っていること。下劣。
「—な(感情・心事)／—姑息」

わ
わるい

劣っている

最悪 状態や様子が最も悪いこと。
「—の(気分・タイミング・出来)／事態は—だ」

粗悪 粗末で質が悪いこと。
「—な(生地・商品・食事)／—品」

粗末 品質や作りが雑で悪いこと。
「—な(衣服・朝食)／生命を—にしてはならない」

不出来 出来が悪いこと。
「—な作品／出来—／今年の花はすこし—だ」

不良 品質や状態がよくないこと。
「—な部品／(作柄・天候)が—だ／(発育・天候・消化)—」

有害 害があること。
「タバコの煙は—だ／—物質」

劣悪 性柄や品質が劣っていて悪いさま。
「—な(環境・労働条件・品質)」

劣等 能力などが水準より劣っている。
「—を(与える・植えつける・持つ)／—に甘んじる／—感」

その他の表現

箸にも棒にも掛からない・煮ても焼いても食えない・ワースト・バッド・ダーティー・やばい

183

あ

愛飲 ································ 118
相変わらず ············· 32
哀願 ································ 150
愛顧 ·································· 8
愛好 ·································· 8
愛情 ·································· 8
あいする［愛する］
·· 8
愛蔵 ································ 172
愛着 ·································· 8
相槌 ································ 84
相反する ················· 123
愛用 ································ 124
あう ································ 10
仰ぐ ································ 168
暁 ······································ 34
あきらめる［諦める］
·· 174
悪習 ································ 146
悪戦苦闘 ················· 112
悪徳 ································ 182
悪弊 ································ 146
倦む ································ 88
悪用 ································ 124
悪辣 ································ 182
明けても暮れても
·· 32
あげる ························ 176
顎が落ちる ············· 12
憧れる ························ 100
朝な夕な ····················· 32
朝晩 ······························ 32
あじ［味］··················· 12
足が向く ····················· 28
悪し様 ························ 182
足で稼ぐ ················· 158
味見 ································ 12
あじわう［味わう］

·································· 12
味を利く ····················· 12
足を延ばす ············· 28
汗を流す ················· 158
啞然 ······························ 54
あそび ························ 14
あそぶ［遊ぶ］········ 14
あたえる［与える］

·································· 16
あたたかい［温かい・
暖かい］··················· 18
頭を悩ませる ········· 88
あたらしい［新しい］

·································· 20
あつい［暑い］········ 18
圧巻 ································ 104
圧勝 ································ 68
天晴れ ························ 178
あつまる［集まる］

·································· 136
あつめる ················· 136
誂え向き ················· 178
後の祭り ················· 163
油を差す ················· 156
雨宿り ························ 154
怪しむ ························ 42
操る ································ 124
危ぶむ ························ 42
あらそう［争う］

·································· 112
あらためる［改める］

·································· 22
慌てる ························ 30
泡を食う ····················· 54
安逸 ······························ 78
暗礁に乗り上げる

·································· 88
安心 ······························ 78
安息 ······························ 78
暗中模索 ··················· 92

安堵 ······························ 78
暗闘 ······························ 112
案内 ································ 134
安穏 ······························ 78
安眠 ································ 152
暗黙 ······························ 27
暗躍 ································ 158

い

慰安 ································ 157
言い返す ····················· 84
唯々諾々 ····················· 94
いう［言う］··········· 24
言う事無し ············· 179
遺戒 ······························ 36
生かす ························ 124
依願 ································ 150
如何ともし難い ····· 88
行き来する ············· 28
依拠 ······························ 94
意気揚々 ················· 167
委曲 ······························ 82
熱れ ······························ 18
息を呑む ····················· 54
いく［行く］··········· 28
意向 ······························ 59
委細 ······························ 82
異彩 ································ 104
誘う ································ 106
諫める ························ 36
違算 ································ 120
意思 ······························ 59
頤使 ································ 124
異質 ································ 120
遺失 ································ 40
慰藉 ································ 157
蝟集 ································ 136
移譲 ································ 116
委譲 ································ 116

異常 ································ 120
委嘱 ································ 116
維新 ································ 22
移送 ································ 48
急がば回れ ············· 30
いそぐ［急ぐ］······ 30
勤しむ ··········· 72, 158
依存 ································ 116
委託 ································ 116
板に付く ················· 147
労る ································ 156
一群 ································ 136
一見 ································ 10
一期一会 ················· 10
一言 ································ 24
一言一句 ················· 24
一助 ································ 102
一団 ································ 136
一堂に会する ········· 136
一任 ································ 116
一念発起 ··········· 72, 76
一瞥 ································ 168
一望 ································ 168
一目瞭然 ················· 168
意中 ································ 56
一翼を担う ············· 148
一覧 ································ 168
一連 ································ 138
一 ······························ 122
一括 ································ 136
一巻の終わり ········· 60
一驚 ································ 54
慈しむ ··························· 8
一見 ································ 168
一考 ································ 57
一刻 ································ 34
一刻を争う ············· 30
一蹴 ··················· 68, 86
一緒 ································ 136
一生懸命 ················· 72

184

さくいん
あ

一唱三嘆 ……… 166
一新 ……… 22
一心不乱 ……… 72
一睡 ……… 152
逸する ……… 40
一寸 ……… 47
一戦 ……… 112
一掃 ……… 40
一致 ……… 122
一知半解 ……… 96
一時 ……… 34
一敗地に塗れる ……… 70
溢美 ……… 166
一臂 ……… 102
一筆 ……… 64
一服 ……… 78
一変 ……… 62
一報 ……… 134
いつも ……… 32
凍てつく ……… 18
意図 ……… 57
異同 ……… 120
愛しい ……… 8
営む ……… 108
挑む ……… 112
委任 ……… 116
命懸け ……… 72
命の洗濯 ……… 14, 78
祈る ……… 150
意表を突く ……… 54
遺風 ……… 146
訝しむ ……… 42
訝る ……… 42
異変 ……… 62
いま［今］……… 34
いましめる［戒める］
……… 36
今様 ……… 20
今際 ……… 60
弥栄 ……… 90

依頼 ……… 116
慰労 ……… 157
異論 ……… 59
いわい ……… 38
いわう［祝う］……… 38
言わぬが花 ……… 154
慇懃 ……… 128
陰険 ……… 182
因習 ……… 146
印象 ……… 56
飲食 ……… 118
殷賑 ……… 90
殷盛 ……… 90
引率 ……… 94
引退 ……… 174
隠遁 ……… 174
隠忍 ……… 110
飲用 ……… 118

う

上下 ……… 123
迂回 ……… 154
受ける ……… 48
胡散臭い ……… 42
うしなう［失う］……… 40
失せる ……… 40
謳う ……… 166
うたがう［疑う］……… 42
転寝 ……… 152
内祝 ……… 38
打ち解ける ……… 128
有頂天 ……… 167
腕を上げる ……… 147
鵜呑みにする ……… 96
生まれる ……… 50
生み出す ……… 130
烏有に帰す ……… 40
裏表 ……… 123
裏腹 ……… 123

狼狽える ……… 88
胡乱 ……… 42
上手 ……… 104
雲散霧消 ……… 40
雲集 ……… 136
運送 ……… 48
雲泥の差 ……… 80
云々 ……… 24
運用 ……… 124
運を天に任せる ……… 150

え

栄華 ……… 90
営業 ……… 158
英気を養う ……… 78
栄枯 ……… 90
永続 ……… 138
穎脱 ……… 104
英断 ……… 76
永眠 ……… 152
役務 ……… 148
閲覧 ……… 168
会得 ……… 96
栄耀栄華 ……… 90
えらぶ［選ぶ］……… 44
選りすぐる ……… 44
選り抜く ……… 44
縁 ……… 138
嚥下 ……… 118
縁が切れる ……… 11
援護 ……… 164
円熟 ……… 147
援助 ……… 102
遠征 ……… 28
演説 ……… 24
遠大 ……… 46
縁の下の力持ち
……… 102
遠望 ……… 168

援用 ……… 124
遠来 ……… 28
遠慮 ……… 57, 86

お

負う ……… 148
応援 ……… 102, 156
謳歌 ……… 166
往還 ……… 28
応酬 ……… 84
往生 ……… 88
往生際 ……… 175
往診 ……… 171
逢瀬 ……… 10
旺盛 ……… 90
応戦 ……… 112
応対 ……… 84
応答する ……… 84
懊悩 ……… 88
往復する ……… 28
応報 ……… 84
応用 ……… 124
往来 ……… 28
終える ……… 60
大急ぎ ……… 30
大型 ……… 46
大形 ……… 46
大柄 ……… 46
おおきい［大きい］
……… 46
大きな顔 ……… 167
大粒 ……… 46
大目玉 ……… 36
大目に見る ……… 110
岡目 ……… 168
起き臥し ……… 32
憶測 ……… 57
送り出す ……… 48
送り届ける ……… 48

おくる［送る］ …… **48**
おこなう［行う］
　………… **108**
おこる［起こる］‥ **50**
おしえる［教える］
　………… **52**
推す …………… 106
おそい［遅い］…… **162**
落ち合う ……… 10, 136
お茶を濁す ……… 110
おっしゃる ……… 24
おっつかっつ …… 122
押っ取り刀 ……… 30
訪れる …………… 28
訪う ……………… 28
劣る …………… 182
おどろく［驚く］‥ **54**
おなじ［同じ］…… **120**
鬼の居ぬ間に洗濯
　………………… 78
鬼の首を取ったよう
　……………… 167
おめでたい ……… 38
御目見得 ………… 10
おもう［思う］… **56**
玩具にする ……… 15
重荷 …………… 148
赴く ……………… 28
慮る ……………… 56
折 ………………… 34
折柄 ……………… 34
折節 ……………… 34
おわり …………… 60
おわる［終わる］‥ **60**
恩愛 ……………… 8
温故知新 ………… 96
恩賜 ……………… 16
恩借 ……………… 66
温順 ……………… 18
音信不通 ………… 84

温暖 ……………… 18
温和 ……………… 18

か

賀意 ……………… 38
改悪 ……………… 22
改革 ……………… 22
凱歌を奏する …… 68
概観 …………… 168
快気 …………… 145
会議 …………… 160
懐疑 ……………… 42
皆勤 …………… 148
解決 ……………… 60
会見 ……………… 10
回顧 ……………… 57
邂逅 ……………… 10
外交 …………… 128
開口一番 ………… 24
戒告 ……………… 36
開催 …………… 108
改作 …………… 130
改竄 ……………… 22
解釈 ……………… 96
改修 ……… 22, 144
解除 …………… 174
快勝 ……………… 68
改称 …………… 181
会食 …………… 118
外食 …………… 118
改心 ……………… 22
改新 ……………… 22
快進撃 …………… 68
灰燼に帰す ……… 40
会する ………… 136
解説 ……………… 24
割切 …………… 178
改善 ……………… 22
回想 ……………… 57

回送 ……………… 48
潰走 …………… 154
改造 …………… 130
介添え …………… 94
快速 …………… 162
会談 …………… 160
開陳 ……………… 24
改定 ……… 22, 76
改訂 ……………… 22
解答 ……………… 84
回答 ……………… 84
該博 ……………… 96
回避 …………… 154
回復 …………… 144
外聞 ……………… 74
改変 ……… 22, 62
改編 ……………… 23
快報 …………… 134
垣間見る ……… 168
快眠 …………… 152
快癒 …………… 145
回遊 ……………… 14
外遊 ……………… 14
海容 …………… 110
外来 ……………… 28
快楽 ……………… 14
回覧 …………… 168
乖離 …………… 120
改良 ……………… 23
会話 …………… 160
かえす［返す］… **66**
顧みる …………… 56
かえる …………… **62**
かおり …………… 12
顔を出す ………… 28
抱える ………… 172
下記 ……………… 64
火急 ……………… 30
蝸牛の歩み …… 163
かく［書く］…… **64**

かぐ［嗅ぐ］…… **12**
確言 ……………… 24
覚悟 ……… 76, 175
格差 …………… 120
較差 …………… 120
確信 …………… 100
革新 ……… 20, 23
愕然 ……………… 54
角逐 …………… 112
画定 ……………… 76
確定 ……………… 76
格闘 …………… 112
確答 ……………… 84
確認 ……………… 96
確保 …………… 172
革命 ……………… 23
隔離 ……………… 11
駆け足 …………… 30
陰になり日向になり
　……………… 102
欠ける ………… 40
加護 …………… 164
過誤 …………… 120
加工 …………… 130
寡作 …………… 130
下賜 ……………… 16
かじかむ ………… 18
嘉賞 …………… 166
過小 ……………… 47
過賞 …………… 166
賀正 ……………… 38
華胥の国に遊ぶ
　……………… 152
通信 …………… 100
臥薪嘗胆 …… 72, 110
化す ……………… 62
かす［貸す］…… **66**
仮睡 …………… 152
賀する …………… 38
加勢 …………… 102

稼ぐ ……………………… 158
過大 …………………………… 46
片付ける ……………… 140
肩で風を切る …… 167
片時 ……………………………… 34
肩を並べる ……………… 80
荷担 …………………………… 102
関を上げる ……………… 68
かつ［勝つ］ ……… **68**
赫々 …………………………… 104
担ぎ出す ……………… 106
活況 …………………………… 90
渇仰 …………………………… 100
恪勤 …………………………… 148
担ぐ …………………………… 148
恰好 …………………………… 178
喝采 …………………………… 166
合作 …………………………… 130
合戦 …………………………… 112
葛藤 …………………………… 112
活動 …………………………… 158
喝破 …………………………… 96
活発 …………………………… 90
渇望 …………………………… 150
刮目 …………………………… 168
活用 …………………………… 124
活を入れる ……… 156
合点 …………………………… 96
合点がいかない …… 42
稼働 …………………………… 158
庇う …………………………… 164
加筆 …………………………… 64
下付 …………………………… 16
兜を脱ぐ …… 70, 94
鎌を掛ける ……… 106
がまんする［我慢する］ ……………………… **110**
佳味 …………………………… 12
仮眠 …………………………… 152
通う …………………………… 28

仮寝 …………………………… 152
佳良 …………………………… 179
加療 …………………………… 145
かりる［借りる］… **66**
かわる ……………………… **62**
奸悪 …………………………… 182
勘案 …………………………… 57
看過 ……………… 110, 168
寛解 …………………………… 145
感懐 …………………………… 56
感慨 …………………………… 56
かんがえる［考える］
……………………………………… **56**
鑑みる …………………… 56
閑々 …………………………… 78
侃々諤々 ……………… 160
寒気 …………………………… 18
喚起 …………………………… 50
緩急 …………………………… 30
勧業 …………………………… 106
勘繰る …………………… 42
歓迎 …………………………… 49
関係する ……………… 138
完結 …………………………… 60
管見 …………………………… 59
換言 …………………………… 24
甘言 …………………………… 24
還元 …………………………… 66
諫言 …………………… 24, 36
監護 …………………………… 164
敢行 …………………………… 108
箝口 …………………………… 27
勘考 …………………………… 57
慣行 …………………………… 146
観光 …………………………… 14
勘合 …………………………… 80
勧告 …………………………… 106
換骨奪胎 ……………… 62
監査 …………………………… 92
鑑査 …………………………… 92

完済 …………………………… 67
監察 …………………………… 92
観察 …………………………… 168
監視 …………………………… 168
甘受 …………………………… 110
慣習 …………………………… 146
慣熟 …………………………… 147
寛恕 …………………………… 110
勧奨 …………………………… 106
完勝 …………………………… 68
観賞 …………………………… 168
完食 …………………………… 118
間食 …………………………… 118
かんじる［感じる］
……………………………………… **56**
感心 …………………………… 56
冠絶 …………………………… 104
歓送 …………………………… 48
観想 …………………………… 57
贋造 …………………………… 130
観測 …………………………… 168
感嘆 …………………………… 166
歓談 …………………………… 160
閑談 …………………………… 160
感知 …………………… 56, 96
関知 …………………………… 96
噛んで含める …… 36
敢闘 …………………………… 112
感得 …………………………… 96
堪忍 …………………………… 110
観念 …………………………… 175
乾杯 …………………………… 118
完敗 …………………………… 70
簡抜 …………………………… 44
がんばる［頑張る］
……………………………………… **72**
完備 …………………………… 140
還付 …………………………… 67
感奮 …………………………… 72
勘弁 …………………………… 110

願望 …………………………… 150
緩慢 …………………………… 163
含味 …………………………… 12
玩味 …………………………… 12
緘黙 …………………………… 27
勧誘 …………………………… 106
関与 …………………………… 138
慣行 ……………… 124, 146
涵養 …………………………… 52
歓楽 …………………………… 14
観覧 …………………………… 169
完了 …………………………… 60
寒冷 …………………………… 19
慣例 …………………………… 146
関連 …………………………… 138
願を掛ける ……… 150

き

機運 …………………………… 34
疑雲 …………………………… 42
帰依 …………………………… 100
消える …………………… 40
気負う …………………… 72
機会 …………………………… 34
気が置けない …… 128
気が軽くなる ……… 78
気が緩む ……………… 78
祈願 …………………………… 150
忌諱 …………………………… 154
疑義 …………………………… 42
聞き耳を立てる … 74
棄却 …………………………… 86
危急 …………………………… 30
希求 …………………………… 150
聴く …………………………… 74
きく［聞く］ ……… **74**
疑懼 …………………………… 42
奇遇 …………………………… 10
聞く耳を持たない

……… 74	
揮毫 …… 64	
記載 …… 64	
兆す …… 50	
気散じ …… 78	
起死回生 …… 144	
喜捨 …… 16	
既述 …… 24	
記述 …… 64	
帰順 …… 94	
疑心 …… 42	
疑心暗鬼 …… 42	
帰趨 …… 60	
築く …… 130	
絆 …… 138	
期する …… 76	
帰する所 …… 60	
きそう［競う］…… 112	
寄贈 …… 16	
寄託 …… 116	
疑団 …… 42	
窺知 …… 96	
既知 …… 96	
吉事 …… 38	
記帳 …… 64	
喫驚 …… 54	
喫緊 …… 30	
吉慶 …… 38	
拮抗 …… 80, 112	
喫食 …… 118	
喫する …… 12, 118	
吉報 …… 134	
既定 …… 76	
木で鼻を括る …… 86	
疑点 …… 42	
気に入る …… 8	
記入する …… 64	
疑念 …… 42	
機能 …… 159	
気迫 …… 72	

気晴らし …… 14, 78	
気張る …… 72	
忌避 …… 154	
驥尾に付す …… 94	
希望 …… 150	
気保養 …… 78	
義務 …… 148	
きめる［決める］…… 76	
肝を冷やす …… 54	
疑問 …… 42	
疑問符 …… 42	
虐使 …… 124	
逆用 …… 124	
却下 …… 86	
求愛 …… 8	
休意 …… 78	
救援 …… 102	
休暇 …… 78	
嗅覚 …… 13	
急遽 …… 30	
休業 …… 79	
休憩 …… 79	
急激 …… 30	
急行 …… 30	
旧交 …… 128	
躬行 …… 108	
糾合 …… 136	
急告 …… 134	
救済 …… 102	
休止 …… 79, 142, 174	
旧式 …… 21	
鳩首 …… 136	
救出 …… 102	
救助 …… 102	
休心 …… 79	
急進 …… 30	
窮する …… 88	
急造 …… 130	
旧蔵 …… 172	
休息 …… 79	

急速 …… 162	
旧態依然 …… 21	
急転直下 …… 62	
急場 …… 30	
急迫 …… 30	
給付 …… 16	
急変 …… 62	
牛歩 …… 163	
急報 …… 134	
旧遊 …… 14	
休養 …… 79	
興 …… 14	
起用 …… 124	
凶悪 …… 182	
驚異 …… 54	
教育 …… 52	
共栄 …… 90	
教化 …… 52	
恭賀 …… 38	
教戒 …… 36	
驚愕 …… 54	
教学 …… 52	
共感 …… 56	
驚嘆 …… 54	
協議 …… 160	
教訓 …… 36, 52	
教護 …… 164	
強行 …… 108	
競合 …… 112	
教唆 …… 106	
共済 …… 102	
競作 …… 130	
共作 …… 130	
教示 …… 52	
仰視 …… 169	
凝視 …… 169	
享受 …… 176	
教授 …… 52	
教習 …… 52	
供述 …… 24	

恭順 …… 94	
興じる …… 14	
狂信 …… 100	
競争 …… 80, 112	
強大 …… 46	
驚嘆 …… 54	
共通 …… 122	
仰天 …… 54	
共闘 …… 112	
驚倒 …… 54	
教導 …… 52	
凶報 …… 134	
享有 …… 172	
供与 …… 16	
共用 …… 124	
供用 …… 125	
享楽 …… 14	
協力 …… 102	
協和 …… 128	
極言 …… 24	
極小 …… 47	
極大 …… 46	
御慶 …… 38	
挙行 …… 108	
巨細 …… 82	
拒絶 …… 86	
巨大 …… 46	
曲解 …… 97	
拒否 …… 86	
虚報 …… 134	
毀誉褒貶 …… 166	
切り上げる …… 174	
記録する …… 64	
議論 …… 160	
疑惑 …… 42	
際立つ …… 104	
気を引き立てる …… 156	
禁圧 …… 142	
謹賀 …… 38	
緊急 …… 30	

さくいん

き

謹告	134	屈従	94	警戒	36	係留	142
僅少	120	屈する	68	軽快	145	激賞	166
禁止	142	屈服	70	警咳に接する	10	激戦	113
謹書	64	くつろぐ［寛ぐ］	78	継起	50	激闘	113
禁じる	142	苦闘	112	景気付ける	156	激動	62
禁制	142	愚答	84	警護	164	撃破	68
謹製	130	苦悩	88	携行	172	激変	62
緊切	30	具備	172	経口	118	激務	158
禁断	142	首を横に振る	86	警告	37	激励	156
謹聴	74	雲隠れ	154	慶事	38	檄を飛ばす	156
謹呈	16	苦悶	88	慶祝	38	怪訝	42
勤勉	148	具有	172	敬称	181	懸想	8
吟味	92	くらべる［比べる］	80	継承	138, 176	決意	76
勤務	148, 158	くる［来る］	28	警鐘	37	欠勤	79
勤労	148, 158	くれる	176	経常	32	決行	108
		黒星	70	軽症	118	結構	86, 104, 178
		黒山	136	敬神	100	傑作	104
く		くわしい［詳しい］	82	軽信	100	結集	136
空前	20	訓育	52	慶する	38	傑出	104
空想	57	訓戒	36	形成	130	欠食	118
ぐうの音も出ない	70	訓告	36	恵送	16	決心	76
偶発	50	訓示	36	恵贈	176	決する	76
空費	125	訓辞	36	継続	138	欠席	79
釘付け	142	君子危うきに近寄らず	154	携帯	172	決戦	113
釘を刺す	36	群衆	136	兄たり難く弟たり難し	122	決選投票	44
愚考	57	群小	47	軽暖	18	決断する	76
駆使	125	薫陶	52	傾注	72	決着	60
苦戦	112	軍配が上がる	68	傾聴	74	決定する	76
下す	68, 76	訓諭	36	慶弔	38	決闘	113
降す	68	群を抜く	104	傾倒	100	決別	11
口車に乗せる	24			経年	21	結末	60
口火を切る	24	**け**		啓発	52	欠務	79
口を利く	24			警備	164	結論	60
口を酸っぱくする	36	敬愛	8	敬服	94	閲する	92
口を出す	25	警衛	164	敬慕	100	けりが付く	60
口を挟む	25	敬遠	154	警報	134	下劣	182
口を開く	25	慶賀	38	啓蒙	52	検閲	92
口を割る	25			恵与	176	現下	34
究竟	178			警邏	169	懸隔	120
屈指	104					見学	169

さくいん

く

厳寒 ⋯⋯⋯⋯⋯ 19
嫌疑 ⋯⋯⋯⋯⋯ 42
元気付ける ⋯⋯⋯ 156
言及 ⋯⋯⋯⋯⋯ 25
厳禁 ⋯⋯⋯⋯⋯ 142
喧々囂々 ⋯⋯⋯ 160
兼行 ⋯⋯⋯⋯⋯ 108
現行 ⋯⋯⋯⋯⋯ 34, 108
現今 ⋯⋯⋯⋯⋯ 34
現在 ⋯⋯⋯⋯⋯ 34
検索 ⋯⋯⋯⋯⋯ 92
検査する ⋯⋯⋯ 92
堅持 ⋯⋯⋯⋯⋯ 172
現時 ⋯⋯⋯⋯⋯ 34
見識 ⋯⋯⋯⋯⋯ 59
原始的 ⋯⋯⋯⋯⋯ 21
現時点 ⋯⋯⋯⋯⋯ 34
厳守 ⋯⋯⋯⋯⋯ 164
検出 ⋯⋯⋯⋯⋯ 92
検証 ⋯⋯⋯⋯⋯ 92
謙称 ⋯⋯⋯⋯⋯ 181
顕賞 ⋯⋯⋯⋯⋯ 166
献上 ⋯⋯⋯⋯⋯ 16
検診 ⋯⋯⋯⋯⋯ 171
牽制 ⋯⋯⋯⋯⋯ 164
譴責 ⋯⋯⋯⋯⋯ 37
建設 ⋯⋯⋯⋯⋯ 130
厳選 ⋯⋯⋯⋯⋯ 44
建造 ⋯⋯⋯⋯⋯ 130
現代 ⋯⋯⋯⋯⋯ 34
幻聴 ⋯⋯⋯⋯⋯ 74
健闘 ⋯⋯⋯⋯⋯ 113
検討 ⋯⋯⋯⋯⋯ 92
賢答 ⋯⋯⋯⋯⋯ 84
兼任 ⋯⋯⋯⋯⋯ 148
堅忍 ⋯⋯⋯⋯⋯ 110
兼備 ⋯⋯⋯⋯⋯ 172
見物 ⋯⋯⋯⋯⋯ 169
検分 ⋯⋯⋯⋯⋯ 92
見聞 ⋯⋯⋯⋯⋯ 169

厳密 ⋯⋯⋯⋯⋯ 82
兼務 ⋯⋯⋯⋯⋯ 148
言明 ⋯⋯⋯⋯⋯ 25
けんもほろろ ⋯⋯ 86
現有 ⋯⋯⋯⋯⋯ 172
兼用 ⋯⋯⋯⋯⋯ 125
賢慮 ⋯⋯⋯⋯⋯ 57
験を担ぐ ⋯⋯⋯ 100

こ

恋しい ⋯⋯⋯⋯⋯ 8
恋い慕う ⋯⋯⋯⋯⋯ 8
恋する ⋯⋯⋯⋯⋯ 8
冀う ⋯⋯⋯⋯⋯ 150
乞う ⋯⋯⋯⋯⋯ 116
請う ⋯⋯⋯⋯⋯ 116
好意 ⋯⋯⋯⋯⋯ 8
光陰 ⋯⋯⋯⋯⋯ 34
後援 ⋯⋯⋯⋯⋯ 102
甲乙付け難い ⋯⋯ 122
更改 ⋯⋯⋯⋯⋯ 23
口外 ⋯⋯⋯⋯⋯ 25
交歓 ⋯⋯⋯⋯⋯ 128
交換する ⋯⋯⋯ 62
興起 ⋯⋯⋯⋯⋯ 50, 72
後記 ⋯⋯⋯⋯⋯ 64
香気 ⋯⋯⋯⋯⋯ 13
交誼 ⋯⋯⋯⋯⋯ 128
厚誼 ⋯⋯⋯⋯⋯ 128
好誼 ⋯⋯⋯⋯⋯ 128
高誼 ⋯⋯⋯⋯⋯ 128
合議 ⋯⋯⋯⋯⋯ 160
抗拒 ⋯⋯⋯⋯⋯ 86
興行 ⋯⋯⋯⋯⋯ 108
後継 ⋯⋯⋯⋯⋯ 138, 176
後見 ⋯⋯⋯⋯⋯ 102
公言 ⋯⋯⋯⋯⋯ 25
巧言 ⋯⋯⋯⋯⋯ 25
広言 ⋯⋯⋯⋯⋯ 25

抗言 ⋯⋯⋯⋯⋯ 25
高言 ⋯⋯⋯⋯⋯ 25
好個 ⋯⋯⋯⋯⋯ 178
豪語 ⋯⋯⋯⋯⋯ 25
広告 ⋯⋯⋯⋯⋯ 134
考査 ⋯⋯⋯⋯⋯ 92
光彩 ⋯⋯⋯⋯⋯ 104
交際する ⋯⋯⋯ 128
交錯 ⋯⋯⋯⋯⋯ 141
工作 ⋯⋯⋯⋯⋯ 130
耕作 ⋯⋯⋯⋯⋯ 130
考察 ⋯⋯⋯⋯⋯ 57
降参 ⋯⋯⋯⋯⋯ 94
行使 ⋯⋯⋯⋯⋯ 125
好事 ⋯⋯⋯⋯⋯ 38
口述 ⋯⋯⋯⋯⋯ 25
交渉 ⋯⋯⋯⋯⋯ 160
公称 ⋯⋯⋯⋯⋯ 181
交情 ⋯⋯⋯⋯⋯ 128
恒常 ⋯⋯⋯⋯⋯ 32
困じる ⋯⋯⋯⋯⋯ 88
更新 ⋯⋯⋯⋯⋯ 23
後塵を拝する ⋯⋯ 94
更正 ⋯⋯⋯⋯⋯ 23
構成 ⋯⋯⋯⋯⋯ 130
合成 ⋯⋯⋯⋯⋯ 130
功績 ⋯⋯⋯⋯⋯ 158
交戦 ⋯⋯⋯⋯⋯ 113
後送 ⋯⋯⋯⋯⋯ 48
抗争 ⋯⋯⋯⋯⋯ 113
高速 ⋯⋯⋯⋯⋯ 162
交代 ⋯⋯⋯⋯⋯ 62
広大 ⋯⋯⋯⋯⋯ 46
巧緻 ⋯⋯⋯⋯⋯ 82
構築 ⋯⋯⋯⋯⋯ 131
好都合 ⋯⋯⋯⋯⋯ 178
好適 ⋯⋯⋯⋯⋯ 178
好転 ⋯⋯⋯⋯⋯ 62
口答 ⋯⋯⋯⋯⋯ 84
高庇 ⋯⋯⋯⋯⋯ 164

公表 ⋯⋯⋯⋯⋯ 134
交付 ⋯⋯⋯⋯⋯ 16
降伏 ⋯⋯⋯⋯⋯ 70, 94
候補 ⋯⋯⋯⋯⋯ 44
公募 ⋯⋯⋯⋯⋯ 136
広報 ⋯⋯⋯⋯⋯ 134
興亡 ⋯⋯⋯⋯⋯ 50
香味 ⋯⋯⋯⋯⋯ 12
交友 ⋯⋯⋯⋯⋯ 128
交遊 ⋯⋯⋯⋯⋯ 128
豪遊 ⋯⋯⋯⋯⋯ 14
公用 ⋯⋯⋯⋯⋯ 125
行楽 ⋯⋯⋯⋯⋯ 14
高覧 ⋯⋯⋯⋯⋯ 169
興隆 ⋯⋯⋯⋯⋯ 90
合流 ⋯⋯⋯⋯⋯ 136
交流する ⋯⋯⋯ 128
考慮 ⋯⋯⋯⋯⋯ 57
考量 ⋯⋯⋯⋯⋯ 57
恒例 ⋯⋯⋯⋯⋯ 146
香を聞く ⋯⋯⋯ 13
護衛 ⋯⋯⋯⋯⋯ 164
声を掛ける ⋯⋯ 180
呼応 ⋯⋯⋯⋯⋯ 84
古雅 ⋯⋯⋯⋯⋯ 21
誤解 ⋯⋯⋯⋯⋯ 97
互角 ⋯⋯⋯⋯⋯ 122
小型 ⋯⋯⋯⋯⋯ 47
小形 ⋯⋯⋯⋯⋯ 47
枯渇 ⋯⋯⋯⋯⋯ 40
小柄 ⋯⋯⋯⋯⋯ 46
狐疑 ⋯⋯⋯⋯⋯ 43
極悪 ⋯⋯⋯⋯⋯ 182
酷使 ⋯⋯⋯⋯⋯ 125
告示 ⋯⋯⋯⋯⋯ 134
告知 ⋯⋯⋯⋯⋯ 134
酷熱 ⋯⋯⋯⋯⋯ 18
告白 ⋯⋯⋯⋯⋯ 134
克服 ⋯⋯⋯⋯⋯ 68, 144
克明 ⋯⋯⋯⋯⋯ 82

極楽蜻蛉 ……… 79
孤軍奮闘 ……… 113
互恵 ……… 16
呼号 ……… 180
小言 ……… 37
心得る ……… 96
誤差 ……… 120
古参 ……… 21
誤算 ……… 120
固辞 ……… 86
古式 ……… 21
固守 ……… 164
呼集 ……… 136
扈従 ……… 94
互助 ……… 102
呼称 ……… 181
誇称 ……… 181
古色 ……… 21
拵える ……… 130
腰を上げる ……… 108
腰を抜かす ……… 54
誤信 ……… 100
鼓吹 ……… 156
午睡 ……… 152
互選 ……… 44
護送 ……… 48
御足労 ……… 28
こたえる［答える・応
える］ ……… 84
堪える ……… 110
酷寒 ……… 19
極寒 ……… 19
克己 ……… 68, 110
刻苦 ……… 72
小粒 ……… 47
固定 ……… 142
誤答 ……… 84
悟得 ……… 97
異なる ……… 120
異にする ……… 120

言葉を返す ……… 84
言葉を尽くす ……… 25
寿ぐ ……… 38
ことわる［断る］… 86
事を運ぶ ……… 108
熟れる ……… 147
誤認 ……… 97
このむ［好む］……… 8
拒む ……… 86, 164
小春日和 ……… 18
鼓舞 ……… 156
古風 ……… 20
五分五分 ……… 122
誤聞 ……… 74
誤報 ……… 134
こまかい［細かい］
……… 82
細々 ……… 82
こまる［困る］……… 88
五味 ……… 13
小耳に挟む ……… 74
御免被る ……… 86
雇用 ……… 125
誤用 ……… 125
堪える ……… 110
娯楽 ……… 14
懲らしめる ……… 36
顧慮 ……… 58
頃 ……… 34
小脇に抱える ……… 172
懇意 ……… 128
懇願 ……… 150
困却 ……… 88
困窮 ……… 88
困苦 ……… 88
昏々 ……… 152
根性 ……… 72
懇親 ……… 128
渾身 ……… 72
昏睡 ……… 152

懇請 ……… 150
根絶 ……… 40
混戦 ……… 113
懇談 ……… 160
根治 ……… 145
困難 ……… 88
今日 ……… 34
懇望 ……… 116
混用 ……… 125
建立 ……… 131
困惑する ……… 88

さ

差異 ……… 120
最悪 ……… 183
再会 ……… 10
猜疑 ……… 43
細工 ……… 131
採決 ……… 76
裁決 ……… 76
歳月 ……… 35
細見 ……… 169
最期 ……… 60
最後 ……… 60
催行 ……… 108
最高 ……… 179
細事 ……… 82
採集 ……… 136
菜食 ……… 118
最新 ……… 20
細心 ……… 82
再生 ……… 144
細説 ……… 25
最善 ……… 179
最先端 ……… 20
細大漏らさず ……… 82
採択 ……… 44
細緻 ……… 82
裁定 ……… 76

最適 ……… 178
再燃 ……… 50
栽培 ……… 131
再発 ……… 50
採否 ……… 44
細微 ……… 82
細部 ……… 82
細密 ……… 82
催眠 ……… 152
採用 ……… 44, 125
再来 ……… 28
在留 ……… 142
最良 ……… 179
冴え返る ……… 19
遮る ……… 164
さかえる［栄える］
……… 90
逆さま ……… 120
さがす［探す・捜す］
……… 92
盛る ……… 90
作業 ……… 158
座興 ……… 14
索引 ……… 92
錯誤 ……… 120
作成 ……… 131
作製 ……… 131
策定 ……… 76
探る ……… 92
策励 ……… 156
さける［避ける］
……… 154
提げる ……… 172
雑魚寝 ……… 152
些々 ……… 47
些細 ……… 47
ささえる［支える］
……… 102
査察 ……… 92
座視 ……… 169

差し上げる ········ 16
差し金 ········ 106
差し出す ········ 16
査収 ········ 92, 176
座食 ········ 118
匙を投げる ········ 175
刺す ········ 19
授かる ········ 176
授ける ········ 16
さそう［誘う］····· **106**
定める ········ 76
嗟嘆 ········ 166
座談 ········ 160
雑感 ········ 56
早急 ········ 31, 162
作興 ········ 72
昨今 ········ 35
刷新 ········ 23
雑然 ········ 141
早速 ········ 162
雑多 ········ 141
雑談 ········ 160
察知 ········ 97
雑務 ········ 158
査定 ········ 92
諭す ········ 36
悟る ········ 96
差別 ········ 121
瑣末 ········ 47
さむい［寒い］···· **18**
査問 ········ 93
作用 ········ 159
去る者は追わず ··· 48
触らぬ神に祟りなし
········ 154
散逸 ········ 40
傘下 ········ 94
参賀 ········ 38
参観 ········ 169
残業 ········ 158

参考 ········ 80
三顧の礼 ········ 116
散在 ········ 141
散財 ········ 125
散失 ········ 40
三舎を避ける ··· 154
参集 ········ 136
産出 ········ 131
賛助 ········ 102
参照 ········ 80
参上 ········ 28
斬新 ········ 20
三嘆 ········ 166
賛嘆 ········ 166
暫定 ········ 76
惨敗 ········ 70
三拝九拝 ········ 116
散発 ········ 50
賛美 ········ 166
散漫 ········ 141
散乱 ········ 141
残留 ········ 142

し

慈愛 ········ 8
思案 ········ 58
思案に暮れる ····· 88
思惟 ········ 58
自衛 ········ 164
使役 ········ 125
支援 ········ 103
潮時 ········ 35
時下 ········ 35
自戒 ········ 37
自画自賛 ········ 167
自家製 ········ 131
叱る ········ 36
志願 ········ 150
時間 ········ 34

時期 ········ 34
時機 ········ 35
児戯 ········ 14
時宜 ········ 35
直談 ········ 160
直筆 ········ 64
支給 ········ 16
至急 ········ 31, 162
自彊 ········ 72
時限 ········ 35
指呼 ········ 180
思考 ········ 56
施行 ········ 108
至高 ········ 104
試行 ········ 108
嗜好 ········ 8
時刻 ········ 34
地獄耳 ········ 74
仕事 ········ 158
子細 ········ 82
思索 ········ 58
試作 ········ 131
自作 ········ 131
視察 ········ 169
四散 ········ 11
持参 ········ 172
支持 ········ 103
指示 ········ 52
死守 ········ 164
始終 ········ 32
自称 ········ 181
試食 ········ 118
辞職 ········ 174
自信 ········ 100
辞する ········ 86
時世 ········ 35
視線 ········ 169
自薦 ········ 106
使嗾 ········ 106
思想 ········ 56

死蔵 ········ 172
私蔵 ········ 172
持続 ········ 138
辞退 ········ 86
時代 ········ 34
時代がかる ········ 21
慕う ········ 8
したがう［従う］··· **94**
舌が肥える ········ 12
舌が回る ········ 25
支度 ········ 140
親しむ ···· 128, 146
舌鼓を打つ ········ 12
仕立てる ········ 130
舌に残る ········ 12
下見 ········ 169
舌を巻く ········ 55
示談 ········ 160
視聴 ········ 74
試聴 ········ 74
実感 ········ 56
躾ける ········ 52
失言 ········ 25
実見 ········ 169
疾呼 ········ 180
執行 ········ 108
実行する ········ 108
実施する ········ 108
失する ········ 40
叱正 ········ 37, 144
叱責 ········ 37
実戦 ········ 113
実践 ········ 108
失踪 ········ 154
叱咤 ········ 156
失墜 ········ 40
実働 ········ 158
執筆 ········ 64
疾風迅雷 ········ 162
尻尾を巻く ········ 70

執務 148	終焉 61	就任 148	熟練 147
指定 76	集会 136	執念 56	守護 164
時点 35	習慣 146	十年一日 32	首肯 97
死闘 113	臭気 13	収納 176	取捨 44
私闘 113	祝儀 38	集配 137	授受 176
指導 52	終局 61	重箱の隅 83	酒色 14
自得 97	終極 61	秀抜 104	受託 116
しどろ 141	終結 61	終盤 61	手中 173
指南 52	集結 136	修復 144	受注 176
視認 169	祝言 38	終幕 61	主張する 24
辞任 174	修好 128	臭味 13	述懐 26
思念 56	集合する 136	周密 83	出願 150
凌ぐ 110	終始 32	就眠 152	出現 50
忍ぶ 110	終止 61, 174	襲名 138	熟考 58
自白 134	従事 108, 148	衆目 169	出色 104
自筆 64	終止符を打つ 61	集約 137	出席 28
思慕 100	収受 176	修理 144	出来 50
志望 150	収集 136	終了 61	出動 28
始末 60, 140	習熟 147	就労 159	出奔 155
滋味 13	従順 94	収賄 176	主導 53
地道 72	就床 152	雌雄を決する 114	受忍 110
嗜眠 152	周章狼狽 55	主観 59	受納 176
使命 148	就職 159	受給 176	守備 164
邪悪 182	執心 8	祝意 39	朱筆を入れる 64
借財 66	就寝 152	祝賀 39	趣味 14
釈然としない 43	集成 137	宿願 150	主務 148
灼熱 18	修正（する）	熟議 161	授与 16, 176
借用 66, 125	22, 144	祝辞 39	受容 177
借覧 66	集積 137	熟思 58	受理 177
社交 128	重責 148	祝勝 39	受領 177
邪推 43	修繕 144	祝す 38	峻拒 87
謝絶 87	収束 61	熟睡 152	準拠 94
遮断 164	終息 61	熟達 147	巡視 169
惹起 50	習俗 146	熟知 97	遵守 164
借金 66	集大成 137	祝杯 39	順応 146
邪念 56	集団 137	祝福 39	準備する 140
喋る 24	周知 97	祝砲 39	遵奉 165
赦免 110	祝着 39	宿望 150	春眠 153
私有 173	集中する 136	熟眠 153	巡遊 15
秀逸 104	袖珍 47	熟慮 58	準用 125

さくいん

し

193

淳良 179
純良 179
諸悪 182
私用 126
試用 126
情愛 8
照応 84
消化 97
奨学 156
償還 67
召喚 180
召還 180
賞玩 12, 166
上記 64
情誼 129
償却 67
小休止 79
上京 28
消去する 40
承継 138
憧憬 100
衝撃 55
小考 58
照合 80
小差 121
詳細 82
消散 40
賞賛 166
常時 32
消失 40
盛者必衰 90
召集 137, 180
招集 137, 180
常住 32
詳述 26
浄書 64
常勝 68
上々 179
小食 118
しょうじる［生じる］ **50**
消尽 40
精進 72
使用する 124
招請 180
上製 131
詳説 26
饒舌 26
尚早 162
消息 134
招待 180
常態 32
商談 161
承知 97
招致 180
掌中 173
上出来 179
譲渡 16, 116
唱導 53
上等 104
常套手段 32
頌徳 166
焦熱 18
情念 56
笑納 177
勝敗 68
蒸発 155
消費 40, 126
焦眉 31
賞美 166
常備 140
勝負 112
招聘 180
譲歩 116
詳報 134
賞味 12, 167
詳密 83
消滅 40
譲与 117
称揚 167
慫慂 106
常用 126
招来 180
照覧 169
上覧 169
勝利 68
渉猟 93
奨励 106, 156
所懐 56
所願 150
暑気 18
書記 64
食事 118
食す 118
職責 148
嘱託 117
触発 50
食用 118
処決 76
初見 169
所見 59, 169
助言 53
所持 172
所述 26
叙述 26
所信 100
緒戦 114
所蔵 173
所存 56
処置 108
助長 103
所定 76
所望 150
所有 173
所与 16
助力 103
白河夜船 153
しらせる［知らせる］ **134**
白羽の矢が立つ 44
しらべる［調べる］ **92**
退く 174
退ける 86
尻に火が付く 31
思慮 58
思量 58
尻を叩く 156
しる［知る］ **96**
しるす［記す］ **64**
四六時中 32
白旗を上げる 70
白星 68
皺を伸ばす 79
信愛 100
親愛 8
仁愛 8
新鋭 20
震駭 55
震撼 55
心願 150
新奇 20
新規 20
審議 161
心機一転 62
新機軸 20
新旧 20
信教 101
心境 56
信仰 101
新興 50
深交 129
親交 129
進行 28
人工 131
審査 93
新作 131
診察 171
新式 20
唇歯輔車 103

さくいん

し

親炙 …… 146
神授 …… 177
辛勝 …… 69
進上 …… 16
尋常 …… 32
信賞必罰 …… 167
しんじる［信じる］
…… **100**
新進 …… 20
信心 …… 101
尽瘁 …… 72
申請 …… 151
新鮮 …… 20
親善 …… 129
新鮮味 …… 20
新造 …… 131
人造 …… 132
神速 …… 162
迅速 …… 162
甚大 …… 46
進退窮まる …… 89
信託 …… 101, 117
診断 …… 171
伸張 …… 90
新調 …… 140
進呈 …… 17
伸展 …… 90
信任 …… 101, 117
信念 …… 101
信憑性 …… 101
新風 …… 20
信服 …… 101
心服 …… 95
辛抱 …… 110
信奉 …… 101
親睦 …… 129
新米 …… 20
新味 …… 20
親密 …… 129
信用 …… 101

信頼 …… 101
新来 …… 20
審理 …… 93
心慮 …… 58
深慮 …… 58
診療 …… 171
尽力 …… 72
進路 …… 28
親和 …… 129

す

推挙 …… 106
水魚の交わり …… 129
推敲 …… 144
遂行 …… 109, 149
随行 …… 95
随時 …… 32
随従 …… 95
随順 …… 95
推奨 …… 106
推賞 …… 167
推薦 …… 106
垂涎 …… 151
随想 …… 57
推挽 …… 107
随伴 …… 95
衰亡 …… 40
睡魔 …… 153
睡眠 …… 152
衰滅 …… 41
末広がり …… 90
縋る …… 116
好き …… 8
すくう［救う］…… **102**
すぐれる［優れる］
…… **104**
すずしい［涼しい］
…… **18**
すすめる［薦める・勧
める］…… **106**
巣立つ …… 10
頭痛の種 …… 89
素敵 …… 179
ずば抜ける …… 104
済ます …… 60
速やか …… 162
済む …… 60
相撲にならない …… 80
する …… **108**
寸借 …… 66
寸分違わない …… 122

せ

盛運 …… 90
清栄 …… 90
盛栄 …… 90
声援 …… 156
静穏 …… 79
盛会 …… 91
静観 …… 169
誓願 …… 151
請願 …… 151
生起 …… 50
性急 …… 31
盛況 …… 91
生業 …… 159
精勤 …… 149
精巧 …… 83
精査 …… 93
精彩 …… 104
精細 …… 83
制作 …… 132
製作 …… 132
生産 …… 132
制止 …… 142, 165
正視 …… 170
静思 …… 58
静止 …… 142

清書 …… 64
生食 …… 118
清新 …… 21
生新 …… 21
制する …… 68
精製 …… 132
精選 …… 44
聖戦 …… 114
整然 …… 140
星霜 …… 35
製造 …… 132
盛大 …… 46, 91
贅沢 …… 126
精緻 …… 83
清聴 …… 74
静聴 …… 74
精通 …… 97
制定 …… 77
静的 …… 142
青天の霹靂 …… 55
征討 …… 69
整頓 …… 140
性能 …… 159
制覇 …… 69
征伐 …… 69
整備 …… 140
精密 …… 83
精妙 …… 83
清遊 …… 15
整理 …… 140
清涼 …… 19
精励 …… 73
責任 …… 149
惜敗 …… 70
責務 …… 149
急く …… 30
世故 …… 146
是正 …… 23
設営 …… 132
絶佳 …… 104, 179

切願 151
説教 37
絶句 27
接見 10
切言 37
接合 138
絶交 11
絶好 178
切磋琢磨 73, 157
絶賛 167
接触 129
摂食 118
節食 118
絶食 119
接する 128
接戦 114
舌戦 114
接続 138
絶大 46
絶体絶命 89
設定 77
説得 97, 161
刹那 35
切迫 31
切羽詰まる 31, 89
切望 151
絶妙 179
説明する 24
絶滅 41
説諭 37
背中を押す 157
施療 145
競る 112
選 44
前衛的 21
選外 44
全快 145
前記 64
選挙 44
先駆的 21

先決 77
専決 77
宣言する 24
先行 109
専行 109
選考 44
宣告 134
繊細 83
詮索 83, 93
千思万考 58
前借 66
選出 44
先勝 69
選奨 107, 167
扇情 107
全勝 69
専心 73
全盛 91
善戦 114
前代未聞 21
選択 44
全治 145
選定 45
宣伝する 134
戦闘 114
先導 53
扇動 107
善導 53
先入観 59
選任 45
専念 73
全敗 71
選抜 45
選別 45
千変万化 62
全癒 145
占有 173
専有 173
専用 126
千慮 58

浅慮 58
善良 179
善隣 129

そ

粗悪 183
相違 121
造営 132
相関 138
送還 48
想起 57
早期 162
遭遇 10
早計 162
送迎 48
造形 132
造詣が深い 97
壮行 157
倉皇 31
壮行 48
雑言 26
創作 132
捜索 93
造作 132
捜査する 92
相思 9
相識 98
喪失 41
創出 132
総称 181
送信 48
増大 91
創成 132
創生 132
創製 132
造成 132
創設 132
早々 162
匆々 31

創造 132
想像 56
相続 138
倉卒 31
壮大 46
送達 48
争奪 114
相談 161
想定 58
送呈 17
贈呈 17
掃討 69
相当 122
総嘗め 69
想念 56
争覇 114
装備 173
送付 48
送別 48
贈与 17
争乱 114
爽涼 19
素懐 151
阻害 165
俗悪 182
即応 85
即座 162
即時 162
俗習 146
促進 31
俗信 101
即製 132
即答 85
速答 85
俗念 56
続発 50
側聞 74
速報 134
齟齬 121
底冷え 19

粗餐 119
阻止 142, 165
租借 66
咀嚼 12
粗食 119
粗製 132
疎通 98
速記 64
速急 31
速決 31, 77
即決 31, 77
即行 31, 109
続行 138
即刻 162
率先 109
粗末 183
染まる 146
空寝 153
空耳 74
空目 170
揃える 140
尊信 101
存ずる 96
存続 138
尊慮 58

た

大安吉日 39
対応 85
大願 151
耐久 110
対極 123
大群 137
大慶 39
対決 114
大言 26
大呼 180
対抗 80, 114
代行 62, 109

大黒柱 149
大差 121
滞在 142
退治 69
貸借する 66
代書 64
対照 80
大勝 69
大小 46
退職 174
大食 119
退陣 174
対戦 114
代替 62
対談 161
大団円 61
対置 80
対等 122
台頭 50
帯同 28, 95
体得 98
体認 98
退任 174
大敗 71
対比 80
待避 155
退避 155
耐乏 110
待望 151
対面 10
大望 151
大役 149
貸与 17, 66
代用 62, 126
代理 62
対立 123
滞留 142
退路 155
対話 161
体を成す 140

絶える 40
たえる［耐える］
 110
妥協 117
択一 45
卓越 104
託する 116
卓絶 104
託送 48
諾々 95
卓抜 104
甜 91
長ける 104
他見 170
多言 26
他言 26
多食 119
たすける［助ける］
 102
携える 172
訪ねる 28
他薦 107
只今 35
たたえる［称える・讃
 える］ **166**
たたかう［戦う・闘
 う］ **112**
絶つ 86
卓見 59
達見 59
脱出 155
脱走 155
脱兎 162
立て直す 22
妥当 178
打倒 69
狸寝入り 153
楽しむ 14
たのむ［頼む］ 116
多発 50

他聞 74
多聞 74
たべる［食べる］
 118
黙る 24
賜る 176
惰眠 153
屯 137
矯めつ眇めつ 170
駄目を出す 87
保つ 164
袂を分かつ 11
他用 126
多用 126
頼る 116
他力本願 151
戯れる 14
啖呵を切る 26
暖気 18
探求 93
探究 93
断金の交わり 129
断言 26
探検する 92
単行 109
断行 109
探査 93
探索 93
断食 119
嘆賞 167
探勝 93
誕生 50
断じる 76
断然 105
探知 93, 98
探偵 93
断定する 76
担当 149, 173
担任 149, 173
断念 175

嘆美 167
探訪 93
短絡 98
団欒 15
短慮 58
談論風発 161
談話 161
暖を取る 18

ち

ちいさい［小さい］
46
遅延 163
ちがう［違う］ 120
違える 120
知覚 98
力添え 102
力づける 156
置換 63
逐一 83
築造 133
逐電 155
竹馬の友 129
遅刻 163
遅参 163
知悉 98
遅滞 163
遅々 163
秩序 140
血の気が引く 55
緻密 83
着眼 170
着手 109
着目 170
治癒 145
注記 65
忠勤 149
中継 139
忠言 37

中古 21
忠告 37
駐在 142
中止 142, 174
注視 170
抽出 45
注進 134
抽籤 45
紐帯 139
中断 142
注目 170
駐留 143
注力 73
寵愛 9
超越 105
懲戒 37
鳥瞰 170
調教 53
聴講 74
長考 58
超克 69, 111
調査する 92
聴取 74
徴集 137
聴衆 75
聴従 95
長ずる 104
調整（する）
133, 140
朝夕 33
調節 140
超絶 105
長足 162
長大 46
頂戴 177
調達 140
提灯に釣り鐘 80
提灯持ち 167
挑発 107
諜報 135

眺望 170
聴聞 75
頂門の一針 37
重用 126
朝令暮改 63
調和 140
直言 26
直視 170
直送 48
直答 85
直面 10
著作 133
著述 65
直感 56
直結 139
直行 29, 109
治療 145
沈吟 58
鎮護 165
沈思 58
賃借 66
陳述 26
沈潜 58
賃貸 66
沈黙 27

つ

追憶 57
追懐 57
追記 65
追従 95
追随 95
追送 48
追慕 9, 101
費やす 124
痛感 56
痛言 26
通暁 98
通交 129

通告 135
通称 181
通常 32
通じる 96, 138
通達 98, 135
通知する 134
通牒 135
通報 135
通用 126
通覧 170
使いこなす 124
つかう［使う・遣う］
124
摑む 172
つきあう［付き合う］
128
付き従う 94
月と鼈 80
尽きる 60
つぐ［継ぐ］ 138
つくる［作る・造る・創る］ 130
つげる［告げる］
134
辻褄が合わない 121
つたえる［伝える］
134
土を踏む 29
つづく［続く］ 138
突っ撥ねる 87
つどう［集う］ 136
尻に 163
つとめる［務める］
148
勤める 158
努める 72
つながる［繋がる］
138
常 32
常々 33

常に ……………… 32
常日頃 …………… 33
具に ……………… 83
粒選り …………… 45
詳らか …………… 82
罪深い …………… 182
露 ………………… 47

て

出会う …………… 10
手合わせ ………… 114
諦観 ……………… 175
提供 ……………… 17
定見 ……………… 59
定刻 ……………… 35
偵察 ……………… 93
停止 ………… 143, 174
底止 ……………… 143
定時 ……………… 35
挺身 ……………… 109
訂正 ……………… 23
低速 ……………… 163
鼎談 ……………… 161
定着 ……………… 143
諦念 ……………… 175
停留 ……………… 143
低劣 ……………… 182
手掛ける ………… 109
出掛ける ………… 28
溺愛 ……………… 9
適応 ……………… 146
適宜 ……………… 178
適従 ……………… 95
適正 ……………… 178
適切 ……………… 178
適度 ……………… 178
適当 ……………… 178
適用 ……………… 126
出くわす ………… 10

手子摺る ………… 89
手製 ……………… 133
手助け …………… 102
撤退 ……………… 174
手伝う …………… 102
撤廃 ……………… 174
手取り足取り …… 53
出直す …………… 22
手慣れる ………… 146
手解き …………… 53
手前味噌 ………… 167
出迎える ………… 48
出向く …………… 28
照らす …………… 80
手を切る ………… 11
手を下す ………… 109
手を染める ……… 109
転換 ……………… 63
転記 ……………… 65
天狗になる ……… 167
点検 ……………… 93
点呼 ……………… 180
電光石火 ………… 163
伝言 ……………… 135
添削 ……………… 144
伝授 ……………… 53
天助 ……………… 103
天職 ……………… 159
転職 ……………… 159
転じる …………… 62
転成 ……………… 63
転送 ……………… 48
転貸 ……………… 66
伝達する ………… 134
輾転反側 ………… 153
転倒 ……………… 123
伝統 ……………… 146
伝播 ……………… 135
天秤に掛ける …… 80
伝聞 ………… 75, 135

展望 ……………… 170
天与 ……………… 17
転用 ……………… 126
天覧 ……………… 170

と

同一 ……………… 122
動員 ……………… 180
同格 ……………… 122
同感 ……………… 56
登記 ……………… 65
討議 ……………… 161
同慶 ……………… 39
投降 ……………… 71
同行 ……………… 29
同工異曲 ………… 122
当今 ……………… 35
踏査 ……………… 93
洞察 ……………… 98
答辞 ……………… 85
踏襲 ……………… 139
同舟相救う ……… 103
答申 ……………… 85
当世 ……………… 35
当節 ……………… 35
当選 ……………… 45
同然 ……………… 122
逃走 ……………… 155
闘争 ……………… 114
当代 ……………… 35
撞着 ……………… 121
盗聴 ……………… 75
同調 ……………… 117
動転 ……………… 55
同等 ……………… 123
討伐 ……………… 69
当番 ……………… 149
同伴 ……………… 95
逃避 ……………… 155

答弁 ……………… 85
逃亡 ……………… 155
冬眠 ……………… 153
瞠目 ……………… 55
陶冶 ……………… 53
投与 ……………… 17
登用 ……………… 126
盗用 ……………… 126
当用 ……………… 126
同様 ……………… 123
到来 ……………… 29
道楽 ……………… 15
逗留 ……………… 143
同類 ……………… 123
同列 ……………… 123
討論 ……………… 161
当惑 ……………… 89
遠出 ……………… 29
遠目 ……………… 170
とき［時］……… 34
時めく …………… 91
とく［説く］…… 24
解く ……………… 84
特異 ……………… 105
徳化 ……………… 53
独言 ……………… 26
特出 ……………… 105
得心 ……………… 98
特製 ……………… 133
毒舌 ……………… 26
特薦 ……………… 107
特選 ……………… 45
督戦 ……………… 114
独占 ……………… 173
特大 ……………… 46
独断 ……………… 77
独白 ……………… 26
特筆 ……………… 65
毒見 ……………… 12
督励 ……………… 157

溶け込む …………… 146
渡航 ………………… 29
床に就く …………… 153
徒食 ………………… 119
読解 ………………… 98
突貫工事 …………… 31
特記 ………………… 65
特急 ………………… 31
独行 ………………… 109
突発 ………………… 51
届ける …………… 48
ととのえる［整える・
　調える］………… 140
とどめる［留める］
　…………………… 142
徒費 ……………… 126
飛ぶ鳥を落とす勢い
　…………………… 91
訪う ……………… 29
途方に暮れる ……… 89
戸惑う ……………… 88
とまる［止まる］
　…………………… 142
とめる［止める］
　…………………… 142
渡来 ……………… 29
努力 ……………… 73
取る物も取り敢えず
　…………………… 31
吐露 ……………… 26
徒労 ……………… 159
団栗の背比べ ……… 81
貪食 ……………… 119
遁走 ……………… 155

な

内見 ……………… 170
内職 ……………… 159
内蔵 ……………… 173

内談 ……………… 161
内偵 ……………… 93
内定 ……………… 77
内服 ……………… 119
内紛 ……………… 114
内聞 ……………… 75
無い物ねだり …… 151
内覧 ……………… 170
なおす［直す・治す］
　…………………… 144
なおる［直る・治る］
　…………………… 144
眺める ……………… 168
泣き寝入り ……… 175
慰める ……………… 156
なくす ……………… 40
梨の礫 ……………… 85
馴染む …………… 146
為す ……………… 108
納得 ……………… 98
生あたたかい ……… 18
生返事 ……………… 85
涙を呑む ………… 111
なやむ［悩む］…… 88
習うより慣れろ … 147
並べる ……………… 80
ならわす［慣わす］
　…………………… 146
なれる［慣れる・馴れ
　る・熟れる］…… 146
難儀 ……………… 89
難治 ……………… 145
難渋 ……………… 89
難色 ……………… 87

に

におい ……………… 12
におう ……………… 12
賑わう ……………… 90

賑わす ……………… 90
肉筆 ……………… 65
逃げる …………… 154
二足の草鞋 ……… 159
日常 ……………… 32
日常茶飯 …………… 33
日夜 ……………… 33
日用 ……………… 126
似て非なる ……… 121
になう［担う］…… 148
二の句が継げない
　…………………… 55
入手 ……………… 177
入選 ……………… 45
睨む ……………… 168
二六時中 …………… 33
忍苦 ……………… 111
認識 ……………… 98
忍従 ………… 95, 111
任ずる …………… 116
忍耐 ……………… 111
認知 ……………… 98
認定 ……………… 77
任務 ……………… 149

ぬ

抜きん出る ……… 104
抜け穴 …………… 155
ぬるい ……………… 18

ね

願い下げ …………… 87
ねがう［願う］…… 150
願ったり叶ったり
　…………………… 151
労う ……………… 156
猫の額 ……………… 47
捩子を巻く ……… 157

熱愛 ………………… 9
熱賛 ……………… 167
熱心 ……………… 73
熱戦 ……………… 115
熱望 ……………… 151
熱を上げる ………… 9
寝ても覚めても …… 33
寝耳に水 …………… 55
ねむる［眠る］… 152
寝る ……………… 152
音を上げる ………… 89
年賀 ……………… 39
年がら年中 ………… 33
念願 ……………… 151
年功 ……………… 159
念じる …………… 150
年代物 ……………… 21

の

濃淡 ……………… 121
のがれる［逃れる］
　…………………… 154
覗く ……………… 168
望む ……………… 150
則る ……………… 94
のべる［述べる］
　…………………… 24
のむ［飲む］…… 118
暖簾を分ける ……… 11
鈍い ……………… 162

は

把握 …………… 98, 173
灰色 ……………… 43
拝賀 ……………… 39
拝観 ……………… 170
拝顔 ……………… 10
廃業 ……………… 174

拝見 170
廃止 175
拝辞 87
拝借 66
拝受 177
陪従 95
背信 101
敗訴 71
敗走 71, 155
配送 49
敗退 71
拝聴 75
背徳 182
拝眉 10
敗北 71
背離 121
配慮 58
拝領 177
破戒 37
秤に掛ける 81
博愛 9
博識 98
拍車を掛ける 31
薄暑 18
白状 26
爆睡 153
白眉 105
舶来 29
はげます [励ます] **156**
化ける 62
派遣 49
運ぶ 48
把持 172
馬耳東風 75
派出 49
派生 51
把捉 98
肌寒い 18
傍目 170

はたらく [働く] **158**
破竹 91
抜群 105
発見 170
発現 51
発言する 24
発祥 51
抜粋 45
発する 50
発生 50
発送 49
発展する 90
発動 51
発破を掛ける 157
発表 135
発奮 73
初耳 75
発揚 73
果てる 60
はなす [話す] **160**
鼻に付く 13
花冷え 19
離れる 10
鼻を突く 87
撥ね付ける 87
羽を伸ばす 79
歯の根が合わない 19
阻む 164
はやい [早い・速い] **162**
早耳 75
流行る 90
腹黒い 182
腹を括る 77
波瀾 141
張り切る 72
歯を食い縛る 111
繁栄する 90

半解 99
挽回 67
板書 65
汎称 181
繁盛 91
半信半疑 43
反芻 12
反対 120
判定 77
万物流転 63
繁忙 91
判明 99
反面教師 37
煩悶 89
汎用 127
繁用 127

ひ
ひいでる [秀でる] **104**
微温 18
比較する 80
僻目 170
悲願 151
引き合いに出す 81
卑怯 182
比況 81
比肩 81, 115, 123
庇護 165
尾行 29
日頃 33
微差 121
微細 47
肘鉄砲 87
微小 46
美食 119
批正 144
秘蔵 173
肥大 46

筆記 65
必携 172
必見 170
筆写 65
必勝 69
筆談 161
筆答 85
否定 87
ひどい 182
人垣 137
人心地がつく 79
人出 137
一時 35
人波 137
一花咲かせる 91
瞳を凝らす 171
一目 171
人目 171
一役買う 149
ひとやすみする [一休みする] **78**
人山 137
避難 155
微々 47
非凡 105
百聞は一見に如かず 171
謬見 59
氷解 99
評釈 99
氷炭相容れず 121
評定 77
平等 123
豹変 63
飛来 29
比率 81
比類 81
卑劣 182
披露 135
敏捷 163

便乗 ················ 127
敏速 ················ 163
頻発 ················· 51

ふ

吹聴 ················· 26
風化 ················· 41
富貴 ················· 91
風儀 ················ 147
風習 ················ 147
風俗 ················ 147
風味 ················· 13
不穏当 ············· 182
負荷 ················ 149
不可解 ············· 99
俯瞰 ··············· 171
付記 ················· 65
布教 ················· 53
不義理 ············· 182
馥郁 ················· 13
復元 ··············· 144
服従する ··········· 94
復調 ··············· 145
服務 ··············· 149
服用 ··············· 119
付言 ················· 26
不健全 ············· 183
布告 ··············· 135
ふざける ··········· 14
蕪雑 ··············· 141
不治 ··············· 145
扶助 ··············· 103
不詳 ················· 99
不承知 ············· 87
不信 ················· 43
不審 ················· 43
付随 ················· 95
不整 ··············· 141
不正 ··············· 183

ふせぐ［防ぐ］···· **164**
不戦勝 ············· 69
不即不離 ·········· 129
付託 ··············· 117
負託 ··············· 117
二つ返事 ··········· 85
負担 ··············· 149
普段 ················· 32
復活 ··············· 144
復旧 ··············· 145
復興 ················· 51
不都合 ············· 183
物色 ················· 93
筆が立つ ··········· 65
不出来 ············· 183
不適切 ············· 183
不貞寝 ············· 153
筆を折る ··········· 65
不動 ··············· 143
不徳 ··············· 183
腑に落ちない ······ 43
腑に落ちる ········· 99
舟を漕ぐ ··········· 153
訃報 ··············· 135
不眠 ··············· 153
付与 ················· 17
賦与 ················· 17
扶養 ··············· 103
不埒 ··············· 183
不良 ··············· 183
振る ················· 86
ふるい［古い］····· **20**
奮い立たせる ······ 156
奮い立つ ··········· 72
篩に掛ける ········· 45
ふるう［奮う］···· **72**
古臭い ············· 20
古びた ············· 20
古めかしい ········· 20
触れ合う ·········· 128

付和雷同 ··········· 95
奮起 ················· 73
分岐 ················· 11
刎頸の交わり ····· 129
粉骨砕身 ··········· 73
分散 ················· 11
紛失 ················· 41
分掌 ········· 149, 173
奮戦 ··············· 115
奮迅 ················· 73
紛然 ··············· 141
紛争 ··············· 115
分担 ········· 149, 173
分断 ················· 11
聞知 ················· 99
奮闘 ··············· 115
奮発 ················· 73
踏ん張る ··········· 72
紛々 ··············· 141
芬々 ················· 13
分別 ················· 99
分与 ················· 17
分離 ················· 11
返事する ··········· 84
変質 ················· 63
返書 ················· 85
返上 ················· 67
偏食 ··············· 119
返信 ··········· 67, 85
変ずる ············· 62
弁舌 ················· 27
変遷 ················· 63
返送 ················· 67
閉鎖 ··············· 175
弊習 ··············· 147
併称 ··············· 181
平常 ················· 33
平生 ················· 33
平素 ················· 33
平年 ················· 33
併発 ················· 51

へ

併願 ··············· 151
併記 ················· 65
並行 ··············· 109
閉口 ················· 89

平癒 ··············· 145
併用 ··············· 127
辟易 ················· 89
別格 ··············· 105
別記 ················· 65
別送 ················· 49
別物 ··············· 121
別離 ················· 11
偏愛 ··················· 9
変移 ················· 63
変改 ················· 23
変革 ··········· 23, 63
変化する ··········· 62
弁が立つ ··········· 26
変換 ················· 63
返還 ················· 67
返却 ················· 67
偏見 ················· 59
変幻自在 ··········· 63
弁護 ··············· 165
変更する ··········· 62
返済 ················· 67
分裂 ················· 11
奮励 ················· 73
分別 ················· 99
分与 ················· 17
分離 ················· 11
返事する ··········· 84
変質 ················· 63
返書 ················· 85
返上 ················· 67
偏食 ··············· 119
返信 ··········· 67, 85
変ずる ············· 62
弁舌 ················· 27
変遷 ················· 63
返送 ················· 67
難詰 ··············· 157
変転 ················· 63
返電 ················· 85
返答 ················· 67
変動 ················· 63
返答する ··········· 84
返納 ················· 67
返品 ················· 67

返付 67
変貌 63
返報 85
変容 63
返戻 67
返礼 67, 85
勉励 73

ほ

暴悪 183
暴飲 119
防衛 165
奉還 67
傍観 171
蜂起 51
防御 165
放言 27
暴言 27
防護 165
奉公 159
芳香 13
報告 135
防止 143, 165
亡失 41
忘失 41
奉祝 39
芳純 13
幇助 103
防除 165
飽食 119
暴食 119
放心 79
防戦 165
呆然 55
放送 135
奉戴 177
放談 161
報知 135
逢着 10

傍聴 75
報道 135
棒に振る 41
放任 117
防犯 165
防備 165
報復 67
這々の体 155
亡命 155
訪問 29
芳烈 13
頬張る 118
補記 65
墨守 165
撲滅 41
保護 165
ほこる [誇る] 166
補佐 103
補修 145
募集 137
保守的 21
補助 103
慕情 9
補正 23
発起 51
没却 41
勃興 51
発作 51
勃発 51
補導 53
骨休め 79
補筆 65
褒める 166
保有 173
惚れる 8
本懐 151
本願 151
本復 145
本分 149
本末転倒 123

本務 149
本望 151
凡慮 59

ま

真新しい 20
毎度 33
毎々 33
負かす 68
まかせる [任せる] 116
幕引き 61
負けず劣らず 123
まける [負ける] 68
摩擦 115
交わる 128
又聞き 75
末期 61
抹殺 41
抹消 41
真っ平 87
末路 61
微睡む 153
真に受ける 101
免れる 154
まねく [招く] 180
目の当たり 171
豆粒 47
まもる [守る] 164
眉に唾を付ける 43
眉を顰める 43
丸投げ 117
満期 61
満喫 119
満更でも無い 179
まんじり 153
漫遊 15
満了 61

み

見送る 48, 87, 175
味覚 12
味方 102
砌 35
見切りをつける 175
三行半 11
未決 77
見事 104, 179
微塵 47
水に流す 111
水を向ける 107
みだれる [乱れる] 140
みちびく [導く] 52
見繕う 45
密告 135
密集 137
密接 139
密造 133
密談 161
見つめる 168
未定 77
味得 99
認める 96
耳に逆らう 75
耳に障る 75
耳にする 75
耳に胼胝ができる 75
耳に付く 75
耳に留まる 75
耳を貸す 75
耳を傾ける 75
耳を澄ます 75
耳を欹てる 75
脈絡 139
みる [見る] 168
身を切る 19

身を引く ·········· 175
身を焼く ·············· 9

む

六日の菖蒲十日の菊
················· 163
向かう ················ 28
むかえる［迎える］
················· **48**
無限大 ················ 46
向こうを張る ········ 81
霧散 ················ 41
矛盾 ················ 121
夢想 ················ 57
無双 ················ 105
鞭打つ ·············· 157
無秩序 ·············· 141
胸を焦がす ·········· 9
無比 ················ 81

め

目新しい ············ 20
明記 ················ 65
明言 ················ 27
明細 ················ 83
迷信 ················ 101
瞑想 ················ 58
明断 ················ 77
名答 ················ 85
明察 ················ 85
命名 ················ 181
迷惑だ ·············· 88
目が冴える ········· 153
目がない ············· 9
恵む ················ 16
巡り会う ············ 10
目溢し ·············· 111
飯の種 ·············· 159

目玉が飛び出る ···· 55
滅却 ················ 41
滅失 ················ 41
滅尽 ················ 41
滅亡 ················ 41
愛でる ················ 8
目に留まる ········· 171
芽生える ············ 50
目を疑う ············ 55
目を瞑る ············ 111
目を見張る ·········· 55
面会 ················ 10
免罪 ················ 111
面識 ················ 99
免じる ·············· 110
面接 ················ 10
面談 ················ 161
面と向かう ·········· 10
綿密 ················ 83

も

妄言 ················ 27
申し分が無い ······· 179
盲従 ················ 95
妄信 ················ 101
盲信 ················ 101
申す ················ 24
妄想 ················ 58
蒙を啓く ············ 53
目撃 ················ 171
黙視 ················ 171
目視 ················ 171
黙想 ················ 58
模索 ················ 93
模造 ················ 133
もたらす ············ 16
モダン ················ 21
用いる ·············· 124
もつ［持つ］······· **172**

黙過 ················ 111
目下 ················ 35
黙考 ················ 58
弄ぶ ················ 15
持て囃す ············ 167
戻す ················ 66
もらう［貰う］······ **176**
盛り上がる ·········· 90
門外不出 ··········· 173
門戸を開く ·········· 49
門前市を成す ······· 137
門前払い ············ 87
問答 ················ 85
門を叩く ············ 29

や

矢面に立つ ········· 149
約言 ················ 27
約定 ················ 77
役目 ················ 149
役割 ················ 149
休む ················ 78
安らぐ ·············· 78
痩せ我慢 ··········· 111
藪から棒 ············ 55
敗れる ·············· 68
野望 ················ 151
やめる［止める・辞
める］··········· **174**
やる ················ 108
やる［遣る］······· **176**

ゆ

遺言 ················ 27
優 ················· 179
優位 ················ 105
誘引 ················ 107
誘掖 ················ 53

優越 ················ 105
有害 ················ 183
友誼 ················ 129
遊戯 ················ 15
遊技 ················ 15
遊興 ················ 15
憂苦 ················ 89
友好 ················ 129
融資 ················ 66
優秀 ·········· 104, 179
宥恕 ················ 111
優勝 ················ 69
有数 ················ 105
融通 ················ 66
有する ·············· 172
優勢 ················ 105
勇戦 ················ 115
勇退 ················ 175
雄大 ················ 46
勇断 ················ 77
誘致 ·········· 107, 180
優等 ················ 179
誘導 ················ 107
誘発 ················ 51
憂悶 ················ 89
遊楽 ················ 15
遊覧 ················ 15
優良 ················ 179
遊歴 ················ 15
融和 ················ 129
誘惑 ················ 107
諭告 ················ 37
遊山 ················ 15
諭旨 ················ 37
ゆずる［譲る］····· **116**
輸送 ················ 49
委ねる ·············· 116
湯水の様 ··········· 127
夢 ················· 151
夢を結ぶ ··········· 153

ゆるす［許す］ …… **110**

よ

よい［良い・善い・
好い］ …………… **178**
用意 ………………… 140
陽気 ………………… 18
容疑 ………………… 43
擁護 ………………… 165
養護 ………………… 165
容赦 ………………… 111
擁する ……………… 172
用立てる …………… 66
用に供する ………… 127
用に立てる ………… 127
要望 ………………… 151
用務 ………………… 149
予感 ………………… 56
抑止 …………… 143, 165
予言 ………………… 27
予行 ………………… 109
余香 ………………… 13
予告 ………………… 135
邪 …………………… 183
誼 ………………… 129, 139
よす ………………… 174
預託 ………………… 117
与奪 ………………… 17
予知 ………………… 99
予定 ………………… 77
世に逢う …………… 91
余念 ………………… 56
予備 ………………… 140
よぶ［呼ぶ］ ……… **180**
予報 ………………… 135
予防 ………………… 165
夜目 ………………… 171
寄り合う …………… 136
選り取り …………… 45

選りに選って ……… 45
慶ぶ ………………… 38
弱る ………………… 88

ら

礼賛 ………………… 167
来場 ………………… 29
来訪 ………………… 29
来遊 ………………… 15
来臨 ………………… 29
落差 ………………… 122
落手 ………………… 177
楽勝 ………………… 70
落掌 ………………… 177
落城 ………………… 71
落選 ………………… 45
落着 ………………… 61
埒が明かない ……… 77
落花流水 …………… 9
乱離骨灰 …………… 141
乱作 ………………… 133
乱雑 ………………… 141
乱戦 ………………… 115
乱造 ………………… 133
乱闘 ………………… 115
乱筆 ………………… 65
濫用 ………………… 127

り

理会 ………………… 99
理解する …………… 96
力説 ………………… 27
力戦 ………………… 115
力闘 ………………… 115
力む ………………… 72
履行 ………………… 109
離散 ………………… 11
理想的 ……………… 179

立脚 ………………… 95
立食 ………………… 119
立派 …………… 105, 179
離別 ………………… 11
略述 ………………… 27
略記 ………………… 65
流失 ………………… 41
流出 ………………… 41
隆昌 ………………… 91
隆盛 ………………… 91
流弊 ………………… 147
流用 ………………… 127
降々 ………………… 91
凌駕 …………… 70, 105
了解 ………………… 99
料簡 ………………… 59
良好 ………………… 178
了察 ………………… 99
量産 ………………… 133
療治 ………………… 145
領収 ………………… 177
諒恕 ………………… 111
了承 ………………… 99
利用する …………… 124
良俗 ………………… 147
了知 ………………… 99
良風 ………………… 147
領有 ………………… 173
両用 ………………… 127
療養 ………………… 145
繚乱 ………………… 141
臨書 ………………… 65
凜冽 ………………… 19

る

類聚 ………………… 137
類比 ………………… 81
屢述 ………………… 27
縷説 ………………… 27

流伝 ………………… 135
縷々 ………………… 83

れ

冷気 ………………… 19
励行 ………………… 73
零細 ………………… 47
隷従 ………………… 95
例年 ………………… 33
零敗 ………………… 71
冷涼 ………………… 19
歴戦 ………………… 115
歴訪 ………………… 29
劣悪 ………………… 183
列記 ………………… 65
劣等 ………………… 183
恋愛 ………………… 9
連環 ………………… 139
連関 ………………… 139
連係 ………………… 139
連携 ………………… 139
連結 ………………… 139
連呼 ………………… 181
連行 ………………… 29
連鎖 ………………… 139
練熟 ………………… 147
連勝 ………………… 70
連接 ………………… 139
連想 ………………… 57
連続する …………… 138
連帯 ………………… 139
練達 ………………… 147
連覇 ………………… 70
連敗 ………………… 71
連発 ………………… 51
恋慕 ………………… 9
連絡（する）
………………… 135, 138

ろ

陋習 ……………… 147
老熟 ……………… 147
老成 ……………… 147
狼藉 ……………… 141
労働 ……………… 159
浪費 ……………… 127
朗報 ……………… 135
労務 ……………… 159
陋劣 ……………… 183
論議 ……………… 161
論及 ……………… 27
論述 ……………… 27
論破 ……………… 161

わ

矮小 ……………… 47
我が物 …………… 173
わかる［分かる・解る］ ……………… **96**
わかれる［分かれる・別れる］ ………… **10**
弁える ……………… 96
脇見 ……………… 171
脇目 ……………… 171
分ける ……………… 10
和合 ……………… 129
和親 ……………… 129
和製 ……………… 133
渡す ……………… 16
わるい［悪い］ …… **182**
悪いことは言わない ……………… 107

さくいん

ろ

辞典は言葉をたくさん掲載していますが、どんな言葉を使うのが適切かという解答を示すものではありません。

言葉遣いに迷うときなどに参考になるものをここに挙げます。インターネット検索等でご確認ください。

● 「分かり合うための言語コミュニケーション」文化審議会国語分科会報告（平成30年3月2日）

言語コミュニケーションにおいて意識すべき大切な要素として、「正確さ」「分かりやすさ」「ふさわしさ」「敬意と親しさ」の四つを掲げています。

ほかにも、文化庁のウェブサイトでは、日本でおこなわれている国語施策（わかりやすく通じやすい日本語のためのよりどころとなるもの）が確認できます。

● 『新しい国語表記ハンドブック』三省堂

主に日本語の表記について、国語施策を網羅した資料集です。「常用漢字表」「送り仮名の付け方」「「異字同訓」の漢字の使い分け例」※などの国語施策だけでなく、独自に編集した「同音異義語の使い分け」「常用漢字表 音訓索引（小・中・高等学校段階別音訓割り振り付き）」などが一冊になっています。

※本書の 漢字書き分け は、「「異字同訓」の漢字の使い分け例」をもとにしました。

● 各種コーパス類

公開されているコーパス（言語資料。ことばのデータベース）には、コロケーション（語と語の慣習的なつながり）を検索できるものもあります。

2022 年 12 月 20 日　　初版発行

伝わる ことば探し辞典

2022 年 12 月 20 日　　第 1 刷発行

編　者　　三省堂編修所
発行者　　株式会社 三省堂　代表者 瀧本多加志
印刷者　　三省堂印刷株式会社
発行所　　株式会社 三省堂
　　　　　〒 102-8371
　　　　　東京都千代田区麹町五丁目 7 番地 2
　　　　　電話 (03)3230-9411
　　　　　https://www.sanseido.co.jp/

〈伝わることば探し辞典・208pp.〉

落丁本・乱丁本はお取り替えいたします。

ISBN978-4-385-13971-5

本書の内容に関するお問い合わせは、弊社ホームページの「お問い合わせ」フォーム（https://www.sanseido-publ.co.jp/support/）にて承ります。